第69回

青少年読書感想文全国コンクール
入賞作品集

考える読書

全国学校図書館協議会［編］

小学校の部
（低学年・中学年・高学年）
中学校の部
高等学校の部

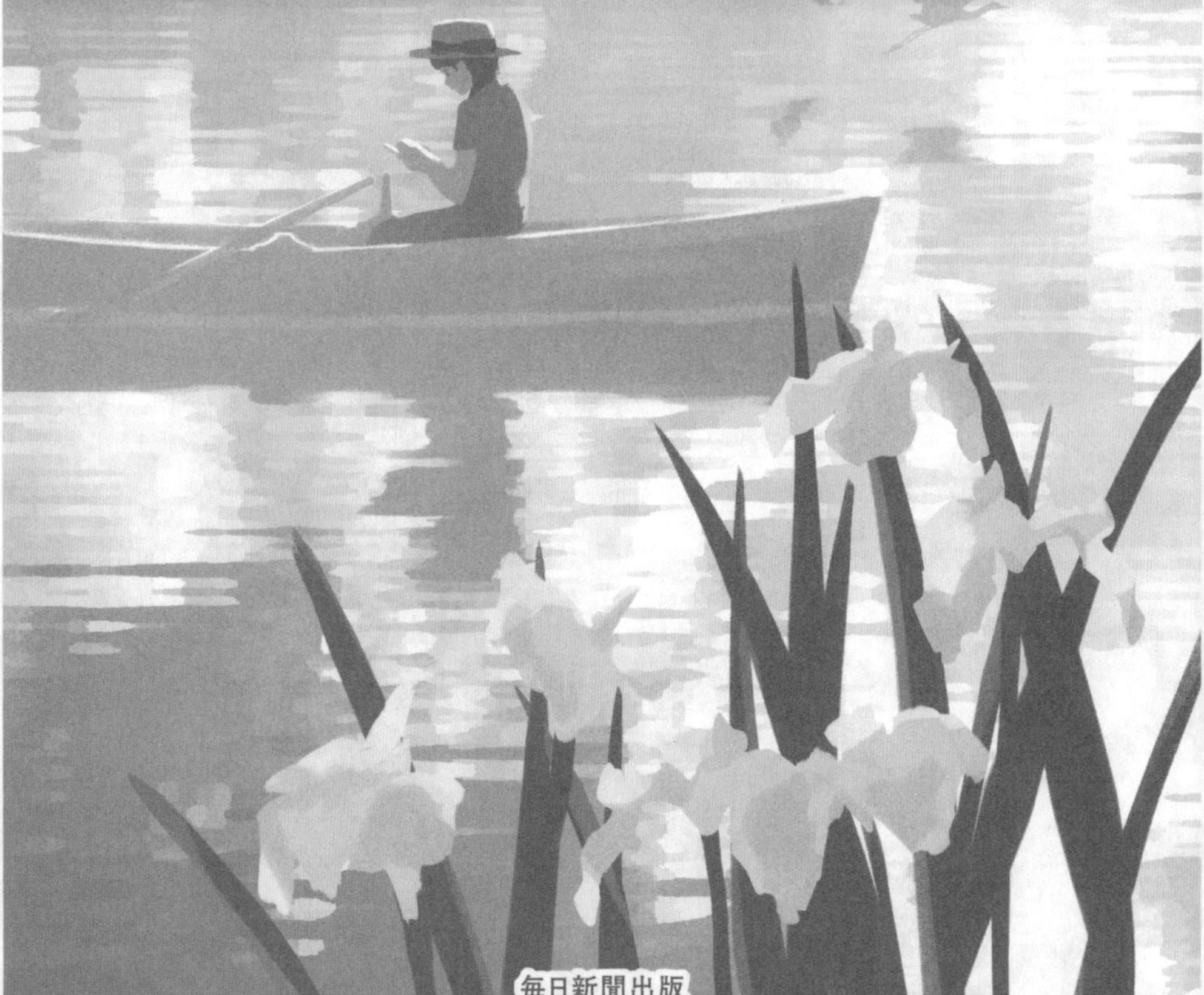

毎日新聞出版

読解力や語彙力を育む『考える読書』で主体的・対話的で深い学びを

公益社団法人全国学校図書館協議会理事長　設　楽　敬　一

二〇二三年十二月に経済協力開発機構（ＯＥＣＤ）は、「国際学習到達度調査」（ＰＩＳＡ）の結果を公表しました。日本は「読解力」が第三位（前回十八年は第十五位）、「数学的リテラシー」は第五位（同　第六位）、「科学的リテラシー」は第二位（同　第五位）と、世界トップレベルを維持しました。

特に「読解力」の伸びは著しいと捉えることができます。日本経済新聞によりますと、このことについては、「小中学校での授業改善が進み、複数の文章やデータの読み比べなどＰＩＳＡが求める資質が磨かれた」と京都女子大の水戸部修治教授（国語科教育学）が分析しています。

つまり、ＰＩＳＡが求めている読解力は、複数の文章やデータを読み比べることで育まれるといえます。こうした活動が織り込まれる授業形態としては、調べ学習や探究学習を思い浮かべる人も多いはずです。特に探究学習では、課題の設定、情報の収集、情報の吟味、まとめや発表などの学習課程で常に資料の内容を批判的な視点で読み解く（本来の読解）必要があります。ＰＩＳＡが求める読解力は、読書量を増やすだけではなく、資料の内容を精査する読書の質の向上が大切になります。

一方、中・高校生に対する不読率の低減も大きな課題です。当会の学校読書調査でも不読者の調査をしております。二〇二三年度の調査では、小学生は約七％でしたが、中学生が約十三で、二〇二一年の過去最低の約十％に次ぐ低さです。高校生は約四十三％で、二〇〇四年の過去最低の約四十二％に次ぐものです。特に、高校三年生は前年より男子が約十五ポイント、女子が約十六ポイント減少しています。このことは、高等学校での「総合的な探究の時間」や「探究」科目によるものと思います。

前述の探究的な学習の課程と読書感想文を書く課程は、次のような類似点があります。課題設定はどんな本を読むか、情報の収集は本の内容についての根拠を調べたり類書を読み比べたりすること、情報の吟味は本と対話しながら自分の考えを整理すること、まとめや発表は本から得た感動を読み手に伝わりやすいような文書構成することです。

このように、青少年読書感想文全国コンクールは、読書感想文を書く過程が大切だと捉えています。本の内容を読み解く力や要約する力、まとめてわかりやすく発表するための語彙力などを通して、多様な見方や考え方の育成を目指しています。読書感想文を書くことを通して、著者や登場人物の考えを深く読み解いたうえで、主体的な見方や考え方を培い、自分の主張を論理的に述べることができるようになってほしいと願っています。

第六十九回コンクールは、全国の小・中・高等学校や海外の日本人学校の二万三千八百三十二校で学ぶ皆さんから、二百六十五万四千二百三十五編の応募がありました。表彰式は、四年ぶりに上位入賞者をすべてご招待して開催いたしました。表彰式には、秋篠宮皇嗣妃殿下のご臨席を賜り、受賞者への温かいお祝いのおことばを頂戴いたしました。

『考える読書』は、読書指導に欠かせない資料として、長年にわたり活用されています。これからは教科指導の資料として、主体的・対話的で深い学びに必要な多様な見方や考え方などの参考になる作品が数多く掲載されていることに注目してほしいと思います。特に、課題読書では、同じ対象図書でも一人ひとりが本に問いかけ、それぞれ異なる視点で考えを文章に書き表しています。『考える読書』に掲載された作品を読むことで、異なる視点や新たな見方・考え方が書かれた感想文と出会えます。それぞれの感想文を仲間と共に読み解き、意見を交換することで、対象図書の内容をこれまでよりも深く読み解けるようになるはずです。読書感想文を書くことや読むことが、深い学びへと導くきっかけとなることを願ってやみません。

考える読書

第69回青少年読書感想文全国コンクール入賞作品集

目次

小学校中学年の部（三年・四年生）

高等学校の部

第69回青少年読書感想文全国コンクール入賞作品集

課題読書　主催者の指定した図書。

自由読書　自由に選んだ図書。フィクション、ノンフィクションを問わない。

小学校低学年の部（一年・二年生）

内閣総理大臣賞

ぼくがちきゅうのためにできること

佐賀県杵島郡江北町立江北小学校
二年　高田　匡

ぼくは、夏休みに「海ごみアート」というイベントにさんかしました。海にあつまったプラスチックごみをつかってアートさくひんを作りました。その時に、海にながれてくるプラスチックごみで、多くの生きものたちがきずついていることを知りました。ぼくは、プラスチックごみについてもっと知りたくなり、この本を読んでみることにしました。

ぼくは、プラスチックごみが有明海に広がるようすをみて、プラスチックはわるいものだと思いました。しかし、この本を読んで、プラスチックはぼくたちの生かつをべんりにしてくれたものだと知りました。ふくもプラスチックでできたのがあると知りおどろきました。今、プラスチックは人間の生かつにかかせないものとなっています。しかし、ぼくたち人間がごみを正しくすてなかったり、つかいすぎてしまったりしているせいで、海の生きものたちにめいわくをかけているのです。海がめが、ポリぶくろをくらげとまちがえて食べてしまったり、あしかや魚が、海におきっぱなしにされたあみにからまってうごけなくなってしまったり。人間がすてたごみのせいで多くの生きものがいのちをおとしています。ぼくは、くるしむ生きものたちのしゃしんを見て、心がいたさんのごみがおちていることに気がつきました。そんな気もちでいえのまわりを見てみると、思ったよりたくさんのごみがおちていることに気がつきました。ラジオ体そうに行くみち、いえの近くをながれる川。そこには、おかしのふくろやペットボトル、たばこのすいがらがおちていました。ぼくは思わず、ゆるせない！と声が出ました。このごみも雨や風で川におち、いつか海の生きものをきずつけるかもしれません。ぼくは、弟といっしょに目についたごみをひろいました。これからも、すすんでごみをひろったり、ごみになるものをなるべくへらしたりしていきます。海の生きものたちが安心してくらせるように。

ニール・レイトン・作・絵　いわじょうよしひと・訳「プラスチック星にはなりたくない！：地球のためにできること」（ひさかたチャイルド）自由読書

●——文部科学大臣賞

ありのままっていいな

宮城県柴田郡柴田町立船岡小学校
一年　清水　恵

わたしは、いもうとのこうちゃんにえ本をかいてあげるのがすきです。かみをはんぶんにおってテープでとめて、本のかたちにして、うみのおはなしや赤ちゃんのじかんのつかいかたのおはなしなどをかきました。なにをかこうかかんがえているとわくわくするので、文しょうをかくのが大すきです。でも、学校のじゅぎょうのさく文では、かきたいことがおもいうかんでも一文字もかけませんでした。

きつねはやまねこに、「きつねのえなんて、だっせえ。」といわれたり、あひるに、「もっときちんといろをぬらなくてはだめですよ。」といわれて、大すきなえがかけなくなりました。でも、わたしはだれからもなにもいわれていないのにかけなくなりました。それがどうしてなのか、もう一ど本をよみながらかんがえました。きっと、わたしの心の中にもやまねこやあひるがいて、「もっと上手にかかないとだめですよ。」というので、みんなにどうおもわれるかが心ぱいになって、なにをかいたらいいのかわからなくなったのだとおもいます。

きつねは、うさぎといっしょにたからものをみつけました。心のおもうとおりに、たのしくかく気もちです。わたしもこんどからは、人にどうおもわれるかよりも、心の中のどきどきわくわくする気もちを大切にしたいです。

わたしは、きつねのえをみながらきつねとうさぎがたのしくはなしているばめんがすきです。お母さんは、わたしが小さいころにかいたえをたくさんとっておいてくれています。そのえをかぞくでみているときとにているなあとおもいました。わたしの小さいころのえは、すごく下手です。でも、お父さんとお母さんはぜんぶたからものだといってくれます。それは、かいたときのたのしい気もちがこもっているからだとおもいます。上手か下手かではなく、ありのままのわたしを大切にしてくれているのだと気づいたら、心がぽかぽかしてきました。こんど心の中のやまねこやあひるがでてきても、わたしはもうまけません。

礒みゆき・作　はたこうしろう・絵「それで、いい!」(ポプラ社)課題読書

●——毎日新聞社賞

ヒーローになろう

神奈川県平塚市立松原小学校
二年　堀江貴裕

「えいゆう」ってどういういみだろう。本を読んでいるとちゅうにしらべてみた。えい語では、ヒーローと言うらしい。このことばならぼくもよく知っている。わるものをやっつけたり、みんなをまもるかっこいいやつだ。

この本の中に、「えいゆうにでもなったつもりかい？」とねずみが言われていたが、ねずみをえいゆうとよぶのは、大げさだなとぼくは思った。なぜならば、わるものをたおしているわけでもないし、かっこよくもない。どちらかと言うとよわいねずみだ。

でも、もしこのお話にねずみがいなかったらどんなお話になっていただろうと考えてみた。けんかをした人は、人のせいにしてずっとなかなおりできないままだ。ぼくも、けんかをした時にあやまれなかったことがある。けんかをしている時は、けんかにかちたい、おこられたくないとぼくは、思った。でも、そのあと、大すきなごはんもおいしいとかんじなかったし、ずっといやな気もちのままだった。きっとこのきょうだいもぼくみたいな気もちになったのではないだろうか。よく考えてみると、けんかのたねにさいしょに立ちむかっていったのは、ねずみだ。そして、みんながなかなおりできたのもねずみのおかげだ。ぼくは、はじめにあやまることができたねずみをゆう気があってかっこいいと思うようになった。
ぼくは、この本を読みおえて、ぼくの中のヒーローのせかいが広がった。わるものをやっつけるだけがヒーローではない。さいしょにごめんねが言える人もヒーローだということを知った。ぼくもこれからは、友だちや家ぞくとなかがわるくなった時は、この本のことを思い出したい。そして、わるかったなと思った時は、あやまりたい。そうすれば、ぼくもあい手もいやな気もちのままにはならない。これならぼくもヒーローになれそうだ。大人になってもこのことは、わすれないようにしたい。

ラッセル・ホーバン・作　小宮由・訳　大野八生・絵「けんかのたね」（岩波書店）課題読書

●——毎日新聞社賞

「よるのあいだに…」

愛媛県西予市立多田小学校
二年　吉岡　晄

「よるのあいだに…」の「…」って何だろう。ぼくはまず、それが気になりました。夜の間に何があるんだろう、どんなことがおきるんだろうと、ちょっとドキドキしました。

するると、なるほど。この本は、みんなのために夜の間にはたらく人たちのお話だったのです。「…」はきっと、みんなが知らない間に、たくさんの人たちががんばっているんだよ、といういみなのだと思います。

ぼくは、この本を読むまで、夜はたらく人のことを考えたことがありませんでした。ビルのそうじをする人、みんなのいのちやあんぜんをまもる人、ニュースをつたえる人。ぼくたちがねむっている間に、だいじなおしごとをする人は、いっぱいいるのです。

ぼくが一ばんこころにのこったのは、スーパーなどにもつのはいたつをするおしごとです。なぜなら、ぼくたちが買いものに行ったとき、買いたいものがいつもお店にあるのは、この人たちのおかげだからです。今まで当たり前に思っていたことも、夜にはたらく人たちのおかげだということを、ぼくははじめて知ったのです。

ぼくは、この本のひみつにも気がつきました。それは、オレンジ色のバスが、ぜんぶのページにのっていることです。このバスをうんてんしているのは、女の子のママ。夜はたらく人たちが、え顔でおうちに帰れるように、このママもずっとがんばっているのです。

ぼくのお父さんも、おしごとで夜おそい日があります。今までは、お父さんがおそい日は一人でおふろに入らなければならないので、さびしくていやでした。でも今は、みんなのために夜もはたらくお父さんてかっこいいな、と思えてうれしくなりました。

ぼくも、つかれたお父さんがえ顔でおしごとから帰ってこられるように、いつもありがとう、と言っておむかえしたいです。そして、夜の間にはたらくみなさんにも、いつもぼくたちのためにありがとう、と言いたいです。

ポリー・フェイバー・文　ハリエット・ホブデイ・絵　中井はるの・訳「よるのあいだに……：みんなをささえるはたらく人たち」（BL出版）課題読書

●――毎日新聞社賞

どきどきするけど会いたいな

静岡県島田市立伊久美小学校
二年　藤原汐希

わたしのすんでいるいくみには、いろんなつりばしがあります。ちょっとゆれるはしと高いところにあるはしをわたったことがあります。わたしはつりばしがちょっとこわいけれど、つりばしのむこうはどうなっているのか、わくわくしながらわたります。

だから、きつねの子がたに川にかかる長いつりばしをわたるとき、ちょっとこわかった気もちがよく分かります。きつねの子は、はじめはこわくて、すぐにもどってしまったけれど、毎日一歩一歩わたるきょりをのばして半分のところまで行けるようになりました。つりばしのむこうにいるきつねの女の子に、会いたかったからです。つりばしのむこうがわの子と、友だちになりたかったんじゃないかなあと思います。わたしは、「もうすこしで女の子に会えるから、がんばってつりばしをわたって。」と心の中でおうえんしました。

わたしが通っているいくみ小は、三月にへい校になります。今、二年生はわたしだけなので、いつも一人でべんきょうをしています。でも、三年生になったら、大きい学校になって、同きゅう生がいっぱいふえます。きつねの子がつりばしのむこうのきつねの子に会いたいように、わたしは、まだ会ったことがない友だちに会うことが、とても楽しみです。

でも、本当はすこし心ぱいです。「こまったことや分からないことがあったときに、自分から友だちにこえをかけられるかなあ。」と考えると、どきどきします。つりばしをわたったときみたいに。そんなとき、ちょっとゆう気を出して、きつねの子みたいになん回もちょうせんすれば、どきどきしないで話せるようになるような気もします。

きつねの子は、きっとつりばしをさい後までわたって、きつねの女の子に会えたと思います。二人は友だちになって、とてもよろこんだと思います。わたしもきつねの子みたいに、あたらしい学校で友だちをたくさんつくりたいです。

もりやまみやこ・作　つちだよしはる・絵「つりばしゆらゆら」（あかね書房）自由読書

●――毎日新聞社賞

きらきらじるし

石川県珠洲市立みさき小学校
一年　竹森晴香

「きらきらさがし」というだいめいをきいて、きらきらをさがすおはなしかな？きらきらって、ほうせきとかひかっているものかなぁとおもいました。よんでみると、なんと、あっちゃんがてつぼうをがんばってできたまめがきらきらじるしでした。ほかにも、きらきらじるしがたくさんでてくるおはなしでした。ほうせきは一こもでてきませんでした。

あっちゃんのてのまめがきらきらじるしなんてびっくりしました。きらきらしていないけど、がんばったしるしがきらきらなのです。おとうさんのめがねをとっても、めがねをしているみたいなひやけのあとのきらきらじるしがおもしろかったです。


ほんをよんだあと、クラスのともだちが、そうじがおわったあと、

「みてみて、きらきらじるし。」

とかおのあせをせんせいにみせていました。

「ほんとや！そうじをがんばったきらきらじるしやね。」

とせんせいがいいました。わたしは、ほんとうだとおもいました。わたしもきらきらじるしをみつけようとおもいました。ととのきらきらじるしは、おしごとがんばったきんにくもりもり。かあちゃんのきらきらじるしは、いろんなおしごとがんばったてのかさかさ。にいにのきらきらじるしは、ぶかつをがんばったあせ。いつも、くさいっていってたけど、がんばったきらきらなんだとおもいました。にいにに、おしえたら、びっくりしたかおをしました。

　きらきらがいっぱいみつかりました。どれもひかってないけどかっこいいです。がんばって、かっこよくてきらきらです。わたしは、うんていをじょうずになりたいです。がんばってれんしゅうしたら、あっちゃんみたいにてにまめができるかな。うんていのさいごまではやくいけるように、がんばるぞ！これからもおもしろいきらきらじるしをたくさんみつけたいです。

新井悦子・作　さこももみ・絵「きらきらさがし」（岩崎書店）自由読書

●——毎日新聞社賞

ちがうかな、おなじかな

横浜市立瀬谷小学校
一年　菊地貴仁

ぼくは、せんそうときくとわるい人をたおしたり、ころしたりすることだとおもっていました。でも、この本をよんだら、みかたとてきのかおはおなじでした。てきは目がつりあがっていて、わるい人だとおもっていたのに、ぼくとおなじかおでした。まちがいかとおもってなんどもよみかえしました。みかたとてきの赤ちゃんのえがおがおなじページにあって、もっとはっきりわかりました。おなじえがおでした。

ぼくはこわくなって、ドキドキしました。おなじかおなら、だれがてきで、だれがみかたかくべつがつきません。てきはどこにいるのか、だれとたたかえばいいのかわからなくならないのでしょうか。

ぼくは、せんそうをたいけんしたひいおばあちゃんから、せんそうは、てきからみをまもるためにやることだよとおしえてもらいました。じぶんをまもることはとてもだいじなことだけど、てきとみかたはおなじかおの人です。ほんとうにてきをころしてもよかったのでしょうか。おばあちゃんもこたえられなくてなやんでしまいました。

おじいちゃんにもきいてみました。せんそうは大人のけんかだとおしえてくれました。けんかならぼくにもわかります。おにいちゃんとよくけんかをします。じぶんの気もちをわかってほしくて、わざとおにいちゃんのいやがることをします。せんそうは、いいたいことがあっても、うまくつたえられないからおこるのかなとおもいました。

おにいちゃんは、口でやめてほしいというけれど、しかえしをしたりしません。だからぼくは「ごめんなさい」がすなおにいえます。くにもおにいちゃんのように、あいてのことをかんがえてやさしさをもっていれば、せんそうにならないのかなとおもいました。くにとくにには、かんがえをつたえてから、おなじかおの人どうしやさしさをもっていたらしあわせがつづくのかなとおもいました。

たにかわしゅんたろう・ぶん　Noritake・え「へいわとせんそう」（ブロンズ新社）自由読書

●——全国学校図書館協議会長賞

もっと知りたくなったよ

島根県邑智郡邑南町立口羽小学校
二年　茂久田　海　珠

あ、これって、カマキリと同じだ。タコのお母さんのページを見て、そう思ったよ。わたしは虫が大すき。いつも図かんを見たり、虫をかったりしている。虫のとくちょうを、友だちに教えてあげられる。今回この本を読んで、虫と海の中の生きもののにているところやちがうところがわかったよ。タコのお母さんがたまごをうむのは一生に一どだけ。そして、そのあとお母さんはしんでしまうんだって。これは、カマキリと同じだ。海の中の生きものにもいることがわかったよ。

この本のどのページにも、魚の親とたまごがいっしょにうつったしゃしんがあるよ。でも、虫の図かんではうんだたまごのそばに親がいるしゃしんは見たことがないよ。虫のたまごは、葉っぱや土の中にうみつけられているものが多いし、親が世話をしないからかな。

わたしは、海の中の生きものと虫のたまごの育て方にちがいがあることがわかったよ。一番びっくりしたのは、お父さんがきょう力してたまごを育てる魚がいることだよ。口の中に入れて、てきからまもったり、ひれであおいで、たまごのまわりの水がいつでも新しくなるようにしたりする。中には、お父さんのおなかの中でたまごがかえり、お父さんが赤ちゃんをうんだみたいになる魚もいる。本当にびっくりだ。
でも、一どにたくさんのたまごをうんで育てるところは、虫も魚もよくにている。虫の場合、たまごや赤ちゃんが親になるまで生きのこれないから、たくさんのたまごをうむんだけど、魚も同じだと思ったよ。虫よりたまごをまもる知えがさいきょうだね。たぶん、たまごがぶじに育つまでがたいへんなのは、海の中でくらす生きものの方じゃないかな。だから、ちがうまもり方をする魚もいそうな気がする。それに、わたしのすきな虫の世界にも、たまごをまもるくふうをしている虫がいるかもしれないと思ったよ。わたしは、もっともっと知りたくなったよ。

高久至・しゃしん　かんちくたかこ・ぶん「うまれてくるよ海のなか」（アリス館）課題読書

●——全国学校図書館協議会長賞

わたしもみつけたよ。すごいもの

千葉県市川市立宮久保小学校
一年　酒井夢奏

いっしょだ!!わたしもえをかくのが大すき。せんせいがいいといったら、プリントにもかいちゃうし。ノートやおてがみ、きつねさんとおなじでじめんにもかく。でも、きつねさんみたいにかべにはかかないけどね。

わたしは、きょねんかいたえをコンクールにだしたよ。おかあさんはじょうずとほめてくれたけれど、しょうにはえらばれなかった。でも、いっしょにかいたおとうとのえが、すごいしょうにえらばれた。メダルももらって、しょうじょうもいえにかざってある。わたしはすごくかなしくなったよ。だって、ぜったいわたしのほうがじょうずなのに。おとうとのえは、きつねさんみたいにぜんぜん本ものとちがうし、いろもはみだしているし、じょうずじゃないなとおもった。でも、この本をよんでわかったよ。おとうとがかいたのは、ちいさいころから大すきなしょうぼうしゃ。サイレンがきこえると、すぐにみにいくくらい大すき。その大すきのきもちが、えからつたわってきたんだな。しょうにえらんでくれた人は、そのえをみてニコニコになったのかもしれない。きつねさんが、すごいものをかくといったとき、わたしは、すごく大きくてきれいなえをかくのかとおもったよ。でも、きつねさんがみつけたすごいものは、じぶんがきれいとおもったもの。かっこいいとおもったもの。かわいいとおもったもの。かきたいとおもったもの。それを、おもいっきりかく。えだけどきもちが大じなんだね。まえは、かなしくなるからもうみたくないとおもったおとうとのえ。もういちどみてみたら、わたしはニコニコえがおになったよ。だって、おとうとが「しょうぼうしゃだ。」ってよろこぶこえがきこえてくるみたいだったから。

わたしがかいたえも、かいたときにわくわくしたな。たのしかったかわあそびをおもいだしながらかいたから。えらばれなかったけど、それで、いい！それがわたしのえだから。

礒みゆき・作　はたこうしろう・絵「それで、いい！」（ポプラ社）課題読書

●——全国学校図書館協議会長賞

もうねたふりしないよ

福岡県北九州市　明治学園小学校

二年　木下　奈帆子

「ダンダンジャジャジャジャン。」

と、お父さんのでん話は、夜になることがあります。そんな時、まどの外はまっくらで、弟だけがスースーねています。わたしは少しさみしくてねたふりをします。お父さんはねむたそうに、あわててはたらいているびょういんへ出かけて行きます。

この本を読むまで、お父さんみたいなおいしゃさんいがいにも、夜はたらくしごとの人が、こんなにたくさんいるなんて思いませんでした。だから、わたしはお父さんにきいてみました。

「パパが夜よばれた時に、はたらいている人はだあれ。」

お父さんにでん話してくるしゅえいさん、びょうとうのかんごしさん、びょういんまでおくってくれるタクシーのうんてんしさん、それから、かんじゃさんをはこぶきゅうきゅうたいいんさんや、おくすりを出すやくざいしさんもいることが分かりました。

「たくさんの人が一生けんめいにはたらいて、夜中でもびょう気の人をたすけることができるんだよ。」

と、お父さんは教えてくれました。

わたしには、今までお父さんしか見えていなかったけれど、この本を読んだおかげで見えました。わたしがねている夜の間に、いろいろなおしごとの人がだれかのためにはたらいてくれているすがたが見えました。わたしの気もちよい朝は、夜はたらいている人たちにささえられていたんだなぁって、見えていなかったことがたくさん見えました。

あしたからは朝おきたら、外から聞こえてくるバスの音にも、パンやさんの光にもありがとうの気もちがわいてきそうです。つぎに、夜もしお父さんがびょういんからよばれたら、ねたふりせずに言おうと思います。

「いつもありがとう。いってらっしゃい。」

ポリー・フェイバー・文　ハリエット・ホブデイ・絵　中井はるの・訳「よるのあいだに……みんなをささえるはたらく人たち」（ＢＬ出版）課題読書

●――全国学校図書館協議会長賞

まほうの力

岐阜県可児市立東明小学校
二　年　フレイリック　世奈

わたしは、小学校に入学してすぐ、学校がいやで、朝になると大なきして、歩いて学校に行けませんでした。毎日お母さんに学校のげんかんまでついてきてもらいました。学校のなにがいやなのかわたしにもよく分かりません。朝になると、心がふあんになってしぜんとなみだが出てきました。

この本のしゅ人公は、わたしと同じ小学二年生のゆうなという女の子です。ゆうなには大すきなおじいちゃんがいました。しかし、会いに行く日の朝、きゅうになくなってしまいました。ゆうなの心はこおりがつまったようにいたくて、くるしくてたまりません。ママもびょう気になっておじいちゃんのようにお空に行ってしまったらと、わるいことを考えてすごくふあんになってしまいました。その日から、ゆうなの体がうごかなくなり、学校にも一人で行けなくなってしまったのです。

わたしの心もゆうなと同じでした。一つふあんなことがあると、つぎからつぎへとしんぱいなことが出てきて、そのことでむねがいっぱいになってしまいます。ゆうなのようにむねがざわざわちくちくしました。

ゆうなは自分の気もちをかみに書いて、ママからもらったほう石ばこに入れることにしました。うれしい、楽しい、ムカムカ、なんでも書いて入れました。ほう石ばこがいっぱいになった時、ゆうなの心と体がかるくなって、一人で学校に行けるようになりました。

わたしは、まわりの人にたくさんめいわくをかけたけど、学校に一人で歩いて行けるようになりました。お母さんがはげましてくれて、先生が話を聞いてくれて、友だちが声をかけてくれたからです。わたしにはほう石ばこはなかったけど、まわりのみんながわたしにまほうをかけてくれたのかなと思います。今でもたまに心がふあんになるときがあるけど、そのときはゆうなのようにかみに自分の気もちを書いてみようと思います。

吉富多美・作　小泉晃子・絵「まほうのほうせきばこ」（金の星社）自由読書

●——全国学校図書館協議会長賞

こちらミミズけんきゅうじょ

神奈川県南足柄市立南足柄小学校
一年　三原恵真

くねくねにゅるりんぴちぴちつるりん。みんなきらいっていうけれど、わたしはミミズだいすき。

うちのはたけで、ながいからだをバタバタさせておおあばれするのをみて、とってもびっくりした。がっこうへいくみちに、あさたくさんのミミズがいてうれしかったのに、かえりみち、カラカラのはりがねみたいになって、みんなしんでいた。あつかったのかな、くるしかったのかな、なんででてきたんだろう。おうちにいればよかったのに。つぎのひも、またつぎのひもミミズは、あさになるとでてきて、かえりにはしんでいた。

なつやすみになって、ミミズのほんをたくさんよんだ。ミミズは、ひふでこきゅうをしているから、あめがふるとつちがみずびたしになっておぼれちゃう。だから、どうろにでてくるんだ。でも、たいようのひかりに一じかんよりながくあたっていると、からだがかわいてしんでしまう。だから、かえりみちでしんでるんだ。ミミズにはめがなくて、しんぞうが五こもあることにびっくりした。それに、からだのぜんぶがきんにくでできているんだって。たいそうせんしゅになりたいわたしは、ミミズがもっともっとすきになった。

ほんのさいごのミミズのかいかたをみて、わたしもおおきなバケツにはたけのつちをしいて、ミミズといっしょに、くだもののかわややさいのきれはしをいれた。なんにちかすると、ゴミはなくなってつちになった。ミミズがおしごとしたんだな、とおもってうれしかった。そしてまたゴミをいれたけれど、きがつくとなくなっていて、ミミズがごはんをたべるところはみれなかった。だれもみていなくても、こっそりおしごとをしてくれるミミズは、はたらきものでかっこいいとおもった。ミミズのうんちは、えいようたっぷりのつちをつくるんだって。わたしはミミズがつくってくれたげんきなつちをつかって、らいねんは、だいすきなトマトをそだてたい。

スージー・ウィリアムズ・作　ハンナ・トルソン・絵　渡邊真里・訳「ミミズ」（化学同人）自由読書

●――全国学校図書館協議会長賞

「かぶとむし：かぶとむしの一生」

徳島県阿南市立羽ノ浦小学校
二年　大北万尋

わたしはかぶとむしをかっています。名前は「との」です。大きなつのが、おとのさまのちょんまげにそっくりだからです。

わたしはとののことをもっと知りたくて、この本を読んでみました。「かぶとむしのおすは森で一ばんの力もち」と書いてあったので、わたしは虫かごにいるとのをよく見てみました。とのは、土の上でじっとしていて、つよそうには見えません。本を読んでみると、「かぶとむしが活動するのはよる」と書いてありました。よる、もう一ど虫かごを見てみると、とのは木にのぼっています。つかまえようとすると、足でがっちりと木をつかんではなしません。「との、すごい！」わたしは力もちのとのが、ますますすきになりました。

この本の中で、さなぎからせい虫になったかぶとむしが、羽を広げてとんでいくところが大すきです。そのすがたが、とてもかっこいいからです。とのも、とべるのかな。虫かごの中はせまくて、とべそうにありません。虫かごと森は、ぜんぜんちがうということが、本を読んでわかってきました。とのも、この本のかぶとむしみたいにくぬぎの木のじゅえきをなめたり、くわがたやすずめばちとたたかったりしていたのかな。森で、しあわせにくらしていたのかな。本のさい後に、「秋になるとかぶとむしはみんなはしんでしまう」と書いてあって、かぶとむしの一生はとてもみじかいことを知りました。小さな虫かごの中で、とのがしんでいるところをそうぞうすると、こわくなりました。でもとのとおわかれしたくない。わたしは毎日毎日考えました。

日曜日、わたしは早おきして、おとうさんと森に行きました。「との、今までありがとう。」木の上にそっとおくと、とのはじっとわたしを見ていました。かえりみち、わたしは空っぽの虫かごを見て、ないてしまいました。

との、森で大ぼうけんしていますか。およめさんとけっこんして、赤ちゃんのおとうさんになりましたか。との、また会いたいな。

得田之久・ぶん・え「かぶとむし：かぶとむしの一生」（福音館書店）自由読書

●――サントリー奨励賞

ぼくのみらいの友だち

富山県射水市立新湊小学校
二年　宇野津結人

「あの　いじわるめ！」

　この本を読んで、ぼくの心の中はやまねこへのイライラでいっぱいになりました。そして「なぜあんなに友だちにひどいことばかり言うのかな」と気になり始めました。考えてみたけどちっともわかりません。なぜかというと、ぼくのクラスにやまねこみたいないじわるな人はいないからです。もしかして、やまねこはさびしかったのかな…。

　やまねこにはとくい技がありました。それは、友だちのしっぱいやまちがいを見つけてばかにすることです。主人公のきつねは、絵をかくことが大すきだったのに、やまねこからひどい言ばを言われて、絵をかけなくなってしまいます。自信を失ってしまったきつねにもう一度ゆう気をくれたのはしん友のうさぎでした。やまねこはきつねの絵を見て「本物とちがう、だっせえ」と笑いましたが、うさぎはちがいました。見るとワクワクした気もちになれるきつねの絵を「大すき」と言ってくれました。やさしいうさぎの言ばは、きつねの心を強くしてくれたと思いました。

ぼくは、きつねの気もちがよく分かります。ぼくはマットうん動がにが手で、みんなよりすごくじかんがかかりました。だから「友だちから、おそいって思われていないかな」と心ぱいになったけど、みんながやさしくおうえんしてくれて、がんばることができました。

ぼくは今、すごくやまねこに会いたいです。それはきいてみたいことがあるからです。

「もしかして、きみもだれかの言ばにきずついて、かなしい気もちになったのかな。きみにゆう気をくれる友だちはいなかったのかな」って。ぼくはやまねこと友だちになって、やまねこのすてきなところをたくさん見つけて教えてあげたいです。うさぎがきつねにしてくれたみたいに、友だちがぼくにしてくれたみたいに。きっとなかよくなれるはずだから。

礒みゆき・作　はたこうしろう・絵「それで、いい！」（ポプラ社）課題読書

●――サントリー奨励賞

いつもありがとう

愛知県日進市立相野山小学校
二年　市　川　　和

ぼくは、まい日八じ三十分にふとんに行きます。よるはくらいので、すこしこわいし、だんだんねむくなってくるので、いつも九じにはねています。

「よるのあいだに」には、よるしごとをするたくさんの人が出てきて、よるにもしごとがたくさんあることを、はじめてしりました。せんろのこうじは、でん車がとまっているよるにしなきゃいけないし、けいさつかんは、こまったことはよるにもおこるので、よるもはたらいてくれています。よるはたらく人たちが、ぼくたちをささえてくれているとしって、ありがとうという気もちになりました。

この本を読んで、ひとつふしぎだったことがありました。それは、ねむそうだったり、つらそうなかおの人がいないことです。ぼくのおかあさんは、かんごしです。よるしごとをしてかえってきたおかあさんは、ねむそうだし、つかれています。だからおかあさんに、よるしごとをするのはたいへんじゃないのか聞いてみました。

「たいへんだけど、かんじゃさんのためにと思うとがんばれるんだよ。」

と言っていました。おかあさんも、よるはたらくほかの人たちも、だれかをささえてやくに立っているからやさしいかおをしているんだなと思いました。だからこの本は、きれいであったかいんだとわかりました。

よるのあいだだけではなくて、あさもひるも、はたらく人やささえてくれる人がいるから、ぼくは生かつできています。ぼくもいつかは、だれかをささえられる人になりたいです。でも、まず今できるのは、みんなに
「いつもありがとう！」

をつたえることだと思いました。

ぼくは今日も九じにねます。ささえてくれる人たちがたくさんいることをしったから、あたたかい気もちになります。ささえてくれる人をすこしでも元気にできるように、今ぼくも、ありがとうでみんなをささえたいです。

ポリー・フェイバー・文　ハリエット・ホブデイ・絵　中井はるの・訳「よるのあいだに……みんなをささえるはたらく人たち」（ＢＬ出版）課題読書

●──サントリー奨励賞

それで、いい！

青森県十和田市立三本木小学校
一年　中野渡　翔　大

うしろあしがながすぎるバッタでも、はねのいろがはみだしたわしでも、きつねがむちゅうになってかいたえは、かっこよかったよ。

「それでいい！」

と、おもったよ。

ぼくも、かきたいことをおもいついて、むちゅうになってかいていると、

「はい。てをとめて。」

という、せんせいのこえがきこえなくなることがあるよ。それほど、えをかくことは、たのしいよね。

でも、

「なんだか、ほんものとはずいぶんちがうなへんなのー。」

「きつねさん、もっときちんといろをぬらなくてはだめですよ。ほら、ここも、ここも、はみだしているじゃありませんか。」

と、いわれたら、かきたいきもちはしぼんでしまうよね。ぼくも、

「もういっかい、ちゃんとかきなおして。」

といわれたら、もうぜったいかきたくないもんね。

わくわくして、じぶんがかきたいようにじゆうにかいているときが、いちばんたのしいよね。

きつねは、

「これでいいのかな。みんなほめてくれるかな。」

と、きにするようになったけど、そんなときは、ぜんぜんたのしくないよね。

きつねのえをほめてくれた、うさぎのかおをかきたいな。うさぎくん、ありがとうっておもってかいたえは、とってもやさしいえだったよ。

「これで、いい！」

とおもったんだよね。ぼくも、

「それでいい！」

とおもったよ。

これからもぼくの「これでいい。」をだいじにして、えをかいていこう。

礒みゆき・作　はたこうしろう・絵「それで、いい！」（ポプラ社）課題読書

●――サントリー奨励賞

わたしはたまご

茨城県潮来市立日の出小学校
一年　村松佳歩

うみのなかのたまごは、おとうさん、おかあさんにまもられてうまれてくる。おかあさんはがんばってたくさんのたまごをうむ。おとうさんはてきからまもってくれて、あたらしいきれいなおみずをふきかけてくれる。おとうさんのくちのなかで、そだててくれることもある。たまごはとってもだいじな、たからものみたいだ。

わたしはうみのなかにすんでいないけど、「たまご」だとおもう。おとうさんとおかあさん、おねえちゃんにもだいじにされている。おおきないぬがいると、わたしはこわくてむねがドキドキする。おとうさんは、わたしをだっこしてまもってくれる。よるねるときにおかあさんは、わたしとおねえちゃんをぎゅっとしてくれる。ほっぺをすりすりしてくれると、もっときもちがいい。あんしんしてねむれる。いまはかぞくみんなでごはんをたべられる。わたしがちいさいときは、おとうさんとおかあさんはこうたいでごはんをたべていたと、おねえちゃんがおしえてくれた。うみのたまごとおなじだ。

わたしはしょうがくせいになって、じぶんであるいてがっこうへいけるようになった。ちょっとこわいけど、うしろにおねえちゃんがいるからがんばっている。わたしは「たまご」だけど、「たまご」じゃない。みんながみたいになりたい。

まもってくれるから、ひとりでできることがふえている。いっしょにあそんだり、おしえてくれるおねえちゃんみたいになりたい。

わたしを「たまご」としてだいじにしてくれるかぞくも、「たまご」のじぶんもだいすき。はやくおねえちゃんみたいになりたいけど、おねえちゃんになるまであとほんのすこし、「たまご」でいたい。うみのなかのたまごもわたしも、おとうさんやおかあさんたちにまもられて、おとなになる。とってもうれしい。わたしがおとなになったら、たからもののみんなをまもるよ。そして、みんなとたのしくくらしたいな。

高久至・しゃしん　かんちくたかこ・ぶん「うまれてくるよ海のなか」（アリス館）課題読書

●――サントリー奨励賞

「けんかのたね」を読んで

鳥取県西伯郡大山町立名和小学校
二年　下嶋　和佳菜

「わたしと同じだ。」

この本に出てくる四人きょうだいのけんかから、ものがたりがはじまりました。わたしは、五人きょうだいの一ばん下です。わたしもよくけんかをします。上の四人はみんなおにいちゃんですが、まけません。

「みんな、やめなさい。」

「わたしだって、くたくたよ。」

「いったい、だれをしかっていいのやら…。」

わたしのおかあさんもよく言います。そしてわたしたちも口をそろえて、

「わたしはわるくない！」

そう言います。けんかのたねはなかなか見つかりません。

おはなしの中では、けんかはねこのプッスのせいにされました。でも本とうはちがったのです。プッスはねずみがわるいと言いました。ねずみは、

「すべてわたしのせいです。」

と言ったのです。それを見てわたしはびっくりしました。わたしなら、言えないからです。このねずみのおかげで、プッスはボンゾーにあやまり、二ひきは四人にあやまり、それぞれあやまってなかなおりできました。

「ごめんなさい。」

とあやまるのは、とてもゆう気がいります。わたしもおにいちゃんたちとけんかをするときなかなか言うことができません。けんかをしたままだとかなしい気もちで、たのしくありません。じかんがたつとわるかったと思い
「ごめんね。」

と言えます。そうすると、すぐになかよしになれて、あんなにけんかをしていたことをすっかりわすれてしまいます。きっと、これからもたくさんけんかをすると思います。そしてけんかのたねも見つからないと思います。

そんなときは、この本を思い出して、

「ごめんね。」

とつたえて、またなかよしになりたいです。

ラッセル・ホーバン・作　小宮由・訳　大野八生・絵「けんかのたね」（岩波書店）課題読書

●——サントリー奨励賞

おもいでって、こころのなかにあるんだな

東京都中野区立武蔵台小学校
一年　平岡良太

ぼくは、「いつだってともだち」というほんをよみました。ひょうしには、ないているちいさなぞうのえがあって、どうしてないているのかなとおもいました。

よんでみたら、たいせつなともだちが、ちがうところへいってしまうおはなしでした。ベノとフレディは、おたがいがだいすきで、かおをみるだけで、いまなにをかんがえているかわかるぐらいなかよしでした。

ぼくが一ばんこころにのこっているのは、フレディがおとうさん、おかあさんのうしろについて、ほかのところにいってしまうばめんです。なんどもふりかえって、なんどもベノにはなをふりました。きっとフレディもベノとおわかれしたくなかったのだとおもいます。でもフレディはまだこどもだったから、かぞくといっしょでないと、いきていけないのでついていったのだとおもいます。

ぼくもほいくえんのころ、なかよしのともだちがひっこして、ちがうほいくえんにいってしまったことがあります。そのときは、とてもかなしかったです。そのこは、はしるのが一ばんはやくて、ぼくはそのことおにごっこをするのがだいすきでした。でもそのこがほかのほいくえんにいってからは、おにごっこをしていて、にげた

り、おいかけたりしても、なんだかくやしくて、かなしいきもちになりました。

ぼくはこのほんをよんで、たいせつなひととおわかれしても、おもいではこころのなかにあるんだなとおもいました。ぼくもたいせつなひととおわかれするのはかなしいけれど、ベノのように、たくさんないて、だれかにかなしいきもちをはなして、そしてこころのなかにたいせつなひとのおへやをつくって、ときどきそのおへやをのぞいて、たいせつなひとのことをおもいだそうとおもいます。

ベノがいつかフレディにあえるといいな。ぼくもおわかれしたともだちと、いつかあいたいです。

エリック・バトゥー・絵　モニカ・バイツェ・文　那須田淳・訳「いつだってともだち」（講談社）自由読書

●——サントリー奨励賞

のんびりなわたしのきもち

埼玉県入間郡越生町立越生小学校
一年　辻　帆夏

きれいなあおいひょうしと、おふねのえがきにいって、ふるほんいちで、おかあさんにかってもらったほん。「はやくはやくっていわないで」は、わたしのきもちにそっくりなおはなしです。

これは、大きなうみで、小さなふねが、ゆっくりだけど、じぶんのスピードで、まえにすすんでいく、こころがゆったりとするおはなしです。

わたしは、小さなおふねとおなじで、だれかとくらべられると、ドキドキします。おともだちとおなじようにはやくできないと、とてもかなしくなります。小さなおふねが、くらいうみにぽつんといるときとおなじで、わたしもこころがくらくなって、そしてこわくなります。

小がくせいになってから、あさのしたくやじゅぎょうのじゅんびなど、おともだちとおなじようにできないことが、なんかいもありました。はやくできないわたしは「だめなこなんだ。」とおもって、かなしくなりました。でも、わたしはこのほんをよんで、こころがふわっとかるくなって、とてもうれしくなりました。それは「おともだちのできることと、わたしのできることはちがう。」とわかったからです。おふねもおさかなも、みんな大きさやかたちがちがって、みんなできることがちがうけど、ひろいうみでなかよくしています。

のんびりなわたしだけど、まえみたいに、「わたしはだめなこ。」と、おもわなくなりました。このほんをよんで、「のんびりなわたしもわたし。だから、そのままのわたしを大せつにしたい。」とおもえるようになりました。わたしのおかあさんも、「そのままのわたしが大すき。」といってくれたので、こころがゆたかになりました。

これからは、のんびりなわたしのできることをいっしょうけんめいしたいです。そして、おともだちといいところを、わたしのちからでえがおにしてあげたいです。

益田ミリ・作　平澤一平・絵「はやくはやくっていわないで」（ミシマ社）自由読書

●――サントリー奨励賞

もぐらのこと、知ってる？

愛知県春日井市立小野小学校
二年　都築勇太

「がいじゅうだ。」

おじいちゃんがこまっていた。はたけの中にあなができていたらしい。あなをあけたのは、もぐら。ぼくは、もぐらはわるいやつできらい。でも本ものを見たことがないので、この本を読んでみることにした。

本を読んで、一つのビックリと、二つのすごいを見つけた。

まずビックリしたのは、もぐらのトイレのばしょの上に、キノコがはえること。「ぼくのママがいつもたべているキノコはもぐらのおしっこからできているのかな。」と、しんぱいになった。

もぐらのすごいところの一つ目は、すごく力もちなところ。人間でかんがえると、おすもうさんを四人ももち上げられるらしい。ぼくは、もぐらはバケモノだと思った。人間にはぜったいむりでしんでしまうよ。

二つ目は、うまれてからすぐに一人でくらすところ。たったの三か月しかおかあさんとくらせないらしい。ぼくだったら、二十さいぐらいまでいっしょにくらしたいな。それに、一人はさみしいし、ごはんも自分でつくらないといけないし、話す人がいないとつまらないよ。でも、一人でりっぱに生きぬくもぐらはすごいな。がんばって、たくさんのてきからにげてね。
こんどおじいちゃんに会ったら、「もぐらはすごいやつだよ。」と、おしえたい。そしてきらいにならないでほしい。できれば、おじいちゃんといっしょにつかまえて、ツメや毛のようすをじっくりかんさつしてみたいな。

ぼくは、この本を読んでもぐらについてたくさんのことを知ることができた。ほかの生きものにもたくさんのひみつやすごいところがあると思うので、知りたくなった。

今一ばんきょうみがあるのは、ハナカマキリだ。さがしてもなかなか見つけられないレアなこん虫だから、本を読んですみかやエサについて知って、ぜったいつかまえてやるぞ。

アヤ井アキコ・著　川田伸一郎・監修「もぐらはすごい」（アリス館）自由読書

●――サントリー奨励賞

すきなものがあるってすてきだね

水戸市立渡里小学校
二年　喜多柚月

「虫ガール」この本を見たとき、虫が大すきなおとうとのかおが思いうかんだ。でも、おとうとは男の子だから、「ボーイ」だ。

ソフィア・スペンサーは、虫が何よりもすきな小学生。学校の友だちから、「虫がすきな子なんてやだよ」とか「かわってるよね」と言われてしまう。ただ虫がすきなだけなのに、みんなからきらわれてしまうのは、どうしてなんだろうと、ふしぎに思った。ソフィアがきているカメムシのTシャツだって、ソフィアににあっていて、すてきなのに。

またあるときは、バッタを学校にもって行って、友だちから「きもい！」とふみころされてしまう。バッタは、ソフィアが一ばんすきな虫だ。しかも、「どんな虫もころしちゃダメ」というきまりも作って、大切にしていたものだ。なんてかわいそうなことをしたのだろう。わたしがソフィアだったら、かなしくて、学校に行きたくなくなっちゃう。

でも、せかいには、ソフィアをおうえんしてくれるたくさんの友だちがいた。ソフィアは、そのことを知って、うれしい気もちになって、あんしんしたと思う。わたしも、その中の一人になっておうえんしたい。「虫がすきだっていいんだよ。すきなものがあるってすてきだよね。」って、大きなこえで言ってあげたい。

わたしは、本が大すきな「本ガール」。ソフィアが、バッタをみんなに見せたいと思ったように、わたしもいつか学校のみんなにすきな本をしょうかいしたい。そして、じぶんのことだけではなく、友だちのすきなものを知って、たくさんおしゃべりをしたい。そうすれば、もっともっと友だちがふえると思う。

男の子も女の子もみんな、すきなものがあるってすてきだよね。

「虫ガール」のソフィア。「虫ボーイ」のおとうと。「おりがみボーイ」のいとこ。「なわとびガール」「お習字ボーイ」の友だち。

そして、「本ガール」のわたし。


ソフィア・スペンサー、マーガレット・マクナマラ・文　ケラスコエット・絵　福本友美子・訳「虫ガール：ほんとうにあったおはなし」（岩崎書店）自由読書

●――サントリー奨励賞

すてきなおさがり

甲府市立大里小学校
二　年　三　枝　逢　央

『おさがり』と聞くと、ぼくは今まで、弟や妹があたらしいものを買ってもらえず、お兄ちゃんやお姉ちゃんのものをつかっているという、すこしかわいそうだなというイメージでした。

この本は、『おさがり』をつかったことのないともくんと、「いつもお姉ちゃんの『おさがり』ばかりでいやだ」と話すなっちゃんが、先生やお友だちと『おさがり』について話す本です。

ぼくには、四さい下の弟がいて、なっちゃんと同じでいつも『おさがり』ばかりです。春からは、せいふくもかばんも、かわぐつもぜんぶぼくの『おさがり』をつかってようち園に通っています。でも、弟は「にいにみたいでしょ」と言って、とてもうれしそうにしています。本の中の先生が話していたみたいに、弟も、お兄ちゃんになったような気がしたり、ようち園でもぼくがそばにいてくれているような気がしてうれしいのかなと思いました。

弟のものには、ぼくの名前のよこに弟の名前が書き足されています。お母さんが「なんとなく、けしたくないんだよね」と言っていました。ぼくの思い出がつまった『おさがり』をきている弟は、二人分かわいくかんじるそうです。ぼくも、ようち園のときのことを思い出してなつかしくなり、うれしそうに『おさがり』をきてくれている弟を見るとうれしくなります。

本をよんで、ぼくたちが毎日学校でつかっているつくえやいす、教室や校しゃも、今の六年生や、中学生、もっと大きなお兄ちゃんたちからの『おさがり』だったのだなと気がつきました。ぼくたちも、つぎの二年生や、もっと小さな子どもたちが小学生になったときのために、大切につかいたいです。

『おさがり』とは、ものを大切につかい、そして、思い出も大切につかうというすてきなことなのだとぼくは思いました。

くすのきしげのり・さく　北村裕花・え「おさがり」(東洋館出版社)自由読書

小学校中学年の部（三年・四年生）

●——内閣総理大臣賞

それって、すてきだね！

島根県出雲市立大津小学校
三年　渉　千尋

「ちひろちゃんって、かわってるよね。」

わたしは、カエルや虫が好きで、さわったりかんさつしたりする時間が、とても楽しいです。でも、わたしがアマガエルを手の平にのせていると、

「よく、さわれるね。気持ちわるくないの。」

「女の子なのに、へんだね。」

と言われます。カエルが好きなのって、おかしいのかな。もしも、わたしが男の子だったなら、カエルが好きでもいいのかな。わたしは、自分の好きなことについて人に話すのが、だんだん苦しくなってきました。

そんな時、この本を読んだわたしは、（ウェンディって、わたしににてる！）と思いました。ウェンディは、学校が終わると一人で山に行き、おもしろい形の石や花のつぼみやひっつきむし、あざやかなアオカケスのはねなど、自分がすてきと思った物は何でも持ち帰ってしまう女の子です。さすがに、動物の頭のほねまでかざってあるのには、びっくりしたけれど、わたしがすてきだと思う物をウェンディはいっぱいかざっていました。わた

しはウェンディに、

「自分の好きなことに自信をもっていいんだよ。自分がワクワクドキドキすることに、正直に行動していいんだよ。」

と言ってもらったような気がして、すごくうれしくなりました。

十二才の時、遠足に行ったウェンディは、サンゴのかけらを見つけました。すると、先生は、

「きみはいい目をしているね！」

と声をかけてくれました。その後も、だれもが見のがすような化石も、ウェンディだけは見つけることができました。わたしは、ウェンディの目は、ほかの人と何がちがうのだろうとふしぎに思いました。さい後までよんで気付いたのは、ウェンディが大人になっても、小さいころすてきな物をさがすワクワクした気持ちを、ずっと持ち続けていたということです。わたしの目には、アマガエルがとびきりすてきに見えます。真ん丸の黒いひとみはすごくかわいいし、ぷにぷにした白いおなかと黄緑色のせなかの色合わせは、とてもきれいです。こんなにきれいで、しかも生きているなんて、すごいなあと思います。わたしも、今の感動する心を持ち続けていたら、いつかウェンディみたいになれるのでしょうか。

今、わたしの部屋の本だなには、小さな貝の化石がかざってあります。きょ年、福井県のきょうりゅうはく物館に行った時、発くつ体験で見つけた貝です。この本を読んでから、わたしとウェンディをつなぐ、大切なかけはしのように思えてきました。わたしは、やっぱり自分の好きなことを友だちに聞いてほしいです。自分の好きなことをごまかしたくありません。そして、友だちのいろんな好きにも、

「それって、すてきだね！」

と言ってあげられる人になりたいと思います。


ウェンディ・スロボーダ「化石のよぶ声がきこえる：天才恐竜ハンターヘレイン・ベッカー・作　サンドラ・デュメイ・絵　木村由莉・訳・監修（くもん出版）課題読書

●——文部科学大臣賞

気持ちをいっぱい伝えたい！

仙台市立国見小学校
三年　杉本　晴

ぼくはお姉ちゃんと毎日けんかをする。後から考えるとどうでもいいことでけんかになって、お母さんに「負けるが勝ち」っておこられるのもわかってるのに、どうしてもくやしくて、最後は取っ組み合いの大げんかになる。だからこの本を読んで最初に思ったのは、

「お姉ちゃん、これはまずいぞ！ゴリラの方がぼくらよりずっとえらいじゃないか‼」

長い間、ゴリラはきょうぼうな動物で、ドラミングは戦いの合図だと思われてきた。だから、アフリカの熱帯雨林でゴリラの研究をする山極さんも、初めて間近でドラミングを見たときは、とてもきんちょうしたそうだ。でも、ゴリラのくらしをとてもていねいに、注意深くかんさつしつづけたら、ゴリラが本当は戦わないために胸をたたいていることがわかってきた。ドラミングは気持ちを伝え合う人間の会話のようなものだった。

ゴリラは、それを知りたいとかやりたいと思ったとき、こうふんしたとき、自分の気持ちを伝えたいとき、ドラミングをする。それは、仲間とつきあっていくために、子どものときから身につけなければならないのう力だ。

おどろいたのは、ゴリラの子どもの遊び方がぼくたちととても似ていることだ。自分だけが楽しむのはだめ、みんなで楽しまないと遊びはつづかない。そのため大きなゴリラは小さなゴリラに合わせて、わざとたおされたり、楽しいときは大げさに、もっと遊びをつづけたいときはしずかに、相手の気持ちを考えながら胸のたたき方を変えている。

平和をあいするゴリラも、けんかをしないわけではない。ゴリラもぼくと同じで、負けずぎらいな動物らしい。でも、ぼくらとちがうのは、勝ち負けを決めることがきらいだということだ。ぼくたち人間は、自分の主張を通そうとけんかを始めると、勝ち負けが決まるまでけんかをやめない。一方で、ゴリラのけんかには勝ち負けがない。ゴリラも本当は戦いたくはない。やめようよと言ってくれる仲間がいるから、安心しておたがいに言いたいことを伝え合うことができるんだ。自己主張をしながら、勝ち負けやゆうれつをつけずに、対等な関係でいることもできる。

人間には言葉がある。だからきっとぼくたちは、ゴリラよりももっとおたがいの気持ちを伝えられるはずだ。それなのに人間は、どうしてちゃんと気持ちを伝え合わないんだろう。自分の意見が正しいと言いつづけて、勝ち負けが決まるまで、ずっと戦争をつづける国もある。ゴリラみたいに、勝ち負けじゃない方法で、争いをかい決することはできないのかな。けんかはやめようよって、いつも心配してくれる人がいれば、ぼくたちも安心して気持ちを伝え合えるのかもしれないね。

夏休みが終わったら、ぼくも友達に遊ぼうよ、みんなといると楽しいよって、ちゃんと気持ちを伝えたい。自分の気持ちもいっぱい伝えて、相手の気持ちも大事にしたい。ぼくのドラミング、友達の心までひびくかな?

山極寿一・文　阿部知暁・絵「ゴリラが胸をたたくわけ」（福音館書店）自由読書

●――毎日新聞社賞

給食室にはひみつがいっぱい

新潟県五泉市立五泉小学校
三年　奥山理央

「おいしそう！」カレーが少しずつできていく様子を見て、思わず声が出てしまいました。わたしは、給食室を一度も見たことがありませんでした。だから、スコップみたいに大きなしゃもじや、きょ大ななべで給食を作る、この本の表紙を見て、とてもわくわくしました。そして、読んでいくうちに、給食のすごいひみつをたくさん見つけました。

まず、給食では「安全」が一番大切ということです。栄よう士さんや調理員さんは、安全な給食を作るために、一日中いろいろなチェックや工夫をしていました。それはきっと、給食は家とはちがい、一度にたくさんの人が食べるからだと思います。給食が原いんで、病気になったり、けがをしたりしてしまったら大変だからです。材料やできた給食を二週間も保ぞんすること、仕事によって、エプロンや手ぶくろ、くつの色を変えることにおどろきました。その他にも、校長先生が先に給食を食べたり、アレルギー対おうの給食を別に用意したりなど、いろいろな工夫があちこちにありました。すごいな、給食って。

次に、給食はたくさんの人が力を合わせて作られていることです。この本では、栄よう士の山川さんの他に、外国の人、耳が聞こえにくい人、そして若い人からベテランの人まで、いろいろな調理員さんが仕事をしていました。だから、毎朝の打ち合わせがしっかりとされ、みんなで仕事を分たんし、協力していました。短い時間で、あんなにたくさんの給食を作ることができるのは、ここにひみつがあったのだと分かりました。

そして、給食を作る人たちがみんな楽しそうなことです。毎日たくさんの給食を作ったり、つめたい水や重いなべをあつかったりするので、大変なことやつらいこともきっと多いはずです。わたしなら、すぐにいやになってしまうと思います。それなのに、どうしてかふしぎでした。それはきっと、ただ給食を作っているのではなく、食べるたくさんの人のことを思いうかべて、作っているからではと考えました。山川さんは給食後の空っぽになった食かんを見て、「みんな、すごいすごい。おいしく食べてくれたんだな。」とよろこんでいました。また、かべ新聞にも『おいしいえがお』が仕事のやりがいと書いてありました。給食をおいしく食べるわたしたちのえ顔や感しゃの言葉が、仕事へのやる気や楽しさにつながっていることが分かりました。

わたしは、ブロッコリーが苦手です。家ではいつものこしてしまいます。でも、なぜか給食では、のこさずに食べられます。まるで、まほうみたいです。きっと、栄よう士さんが、栄ようのバランスのとれたおいしいメニューを考え、調理員さんがたくさんの工夫をして作ってくれているからだと思います。

これからも、「いただきます」「ごちそうさまでした」の感しゃの気持ちをわすれずに、毎日のこさないで食べたいです。明日の給食も、楽しみだな。

課題読書　「給食室のいちにち」（少年写真新聞社）大塚菜生・文　イシヤマアズサ・絵

●――毎日新聞社賞

「伝統を大切に」

千葉県鴨川市立天津小湊小学校
四年　神田　莉理奈

私は以前「みそのひみつ」という本を読みました。毎日当たり前に食べているみそが実は千年以上も前から食べられていたことや今でも新しいみその開発をしていること、外国でもみそが人気であることを学びとてもおどろきました。また、知ることで前よりもっとみそが好きになったことから、この本を選びました。

主人公のジュンは代々続く手作りみそ屋の息子でしたが、昔ながらの古い家や歴史あるみそ蔵はジュンの目にはただぼろくて恥ずかしいものにしか見えず、さらに頑固な祖父や、何かにつけて「みそ屋の息子だから」と言ってくる父親に対し、「好きでみそ屋に生まれたわけじゃない」と強い不満を持ち、みそのことを深く知ろうとしませんでした。

私の家も室町時代から続くお寺のため、ジュンの言葉はとても心にひびきました。土曜と日曜、学校は休みだけれどお寺は仕事があります。家族と出かけたくても、仕事が終わるまでは待っていなくてはいけません。また、お寺の予定が優先なので急な変こうがあってもがまんすることが当たり前でした。さらに周囲の人から「お寺の子だから」と見られていることも何となくきゅうくつに感じていました。

しかし去年の夏休み、祖父母が体調をくずし、私も両親と一緒にお寺の掃除や来客の対応を手伝いました。真夏の暑さの中、広い境内やぼ地の掃除は思った以上に大変でしたが、何人もの人が「きれいにしてくれてありがとう。」と感謝の言葉をかけてくれました。実際自分できれいにした庭を見ていると、なんとも言えないすがすがしい気持ちになりました。私はその経験から、お寺が地域にとってとても大切な場所であることを学び、両親や祖父母がなぜお寺の仕事を大切にしているのかがわかった気がしました。

ジュンもロンドンから転校してきたユキちゃん親子に、手作りみそのすばらしさや伝統を守り続けてきた家族をほめられたことで、今まで気づかなかったみそのすばらしさに初めて気がつき、そのように人から思ってもらえる家業のすごさを知ることになります。

私が一番印象に残ったのは、新みそが出来あがる日、大勢の職人達が生き生きと蔵の中で動き回り、それを見ていて蔵自身がまるで生きているようだとジュンが感じた場面です。自分の目できちんと見て身体がふるえるような感動をしたジュンは、自分の家のみそをほこらしく思えるようになります。さらに使われていない蔵を利用してみそ料理をふるまうアイデアを思いつき、多くの人にみその良さを伝えるイベントを大成功させます。

かそ化や少子化が進み、伝統を伝えていくことがむずかしい世の中です。これからは国せきや年れいは関係なく、お寺が多くの人に安らげる場所になってほしいと思い、私もジュンのように様々なアイデアで、伝統を大切にしながら家族と協力していきたいです。

横田明子・作　塚越文雄・絵「ライスボールとみそ蔵と」（絵本塾出版）課題読書

毎日新聞社賞

今のぼくが未来の自分をつくる

横浜市立相沢小学校
四年　松村和将

「え！ウェンディって本当にいるんだ！」

ぼくは、本を最後まで読んで、思わず声を出してしまいました。

この本は、子どものころに、化石探しにむ中になったウェンディが、好きな発掘を究めて、大人になって、自分が発見した化石から、きょうりゅうの進化についての大発見をする話です。その全ての話が本当に起こった事だと分かって、ぼくは、ウェンディに会ってみたいと思いました。

ぼくも小さいころから好きな物があります。それは電車です。本や動画を見て電車についての知しきがふえるとウェンディと同じく、もっと知りたい、実さいに見に行ってみたいという気持ちになります。電車の車輪を動かす機かいの仕組みや、時代に合わせた車体のそ材の進化など、電車について分からなかった事が分かるようになっていくと次から次へと知りたい事がふえていきます。ぼくがまだ理かいできないむずかしい言葉や漢字が多い本でも、想ぞう力をはたらかせて、こういう意味なのかもしれないと、考えながら読むと、本の中にかくされているじょうほうが、たから物のように思え、まるでたからさがしをしているような、ワクワクした気分になります。

ウェンディは、化石クリーニングのぎじゅつや、発掘に必要な知しきを勉強して、自分の時間と労力をかけました。好きな事に全力で取り組み、ど力をしたから自分の才のうをのばし、結果をのこせたのだと思います。

ぼくの父も、小さいころから車が好きで、車の会社で、自動車部品を設計する仕事をしています。父とウェンディは子どものころから好きだったことを仕事にしている所が、にています。父の仕事は、えい語を使います。家で仕事をしている時もえい語でたくさんの外国の人と会議をしていました。そんな父も中学の時はえい語が苦手だったそうです。しかし、海外の高校に入ってえい語を勉強し、機かいの設計について学ぶ大学に入学しました。ゆめのためにたくさんど力をしたそうです。ウェンディや父のように、ゆめのためにがんばれる人は、かっこいいと思いました。ゆめをかなえている人が身近にいることが分かり、ぼくもこれからがんばれば、何にでもなれるのかもしれないと思えてきました。

ぼくは大人になるまでの時間の、けいけんやど力が未来の自分につながっていくという事が分かりました。急に大人になってはたらき始めるわけではなく、子どものころから長い時間をかけて色々な事を体験して、学んで、きゅうしゅうして、つみ上げた結果が、大人のぼくになっていきます。そう考えると大人になることがとても楽しみになってきました。

ぼくは将来、どんな仕事をするのかは、まだ決まっていないけれど、ぼくにしかできない、世の中の役に立つ仕事がしたいと思いました。そのためにも、大人になった未来のぼくに自まんできるような、今を一生けんめいがんばる自分になろうと思います。

ヘレイン・ベッカー・作　サンドラ・デュメイ・絵　木村由莉・訳・監修「化石のよぶ声がきこえる：天才恐竜ハンターウェンディ・スロボーダ」（くもん出版）課題読書

●――毎日新聞社賞

自分らしさ

青森県十和田市立北園小学校
四年　工藤陽大

「女の子らしい」という言葉を聞いて、どんなイメージをもつだろう。ぼくは、かみの毛が長くて、スカートをはいた人を想像する。声は高くて、ピンクやうすむらさき色が好き。

しかし、ぼくが見つけた本の表紙に描かれていた女の子はちがった。赤いランドセルにキャップ。かみの毛は、ぼうずだった。女の子がぼうず。何があったのだろう。ぼくは、彼女に何があったのか気になった。

その子の名前は詩音といった。彼女がぼうずになったきっかけは、高校生の姉の香穂がぼうずにしたからだった。ぼくはおどろいた。ぼうずの女の子一人でもしょうげきなのに、家族の中にもう一人ぼうずの女の子がいるなんて、想像がつかなかった。彼女たちの父と母もおどろいたにちがいない。しかし、姉の香穂がぼうずにしたのにも理由があった。香穂の通う高校の校則の中には、かみの毛についてきびしい決まりがあった。例えば「女子の後ろがみは肩まで。それ以上は結ぶこと。結ぶゴムの色は黒か紺。クセ毛や茶ぱつは保ご者の申請がなければいけない」などである。香穂はそんな校則が許せず、変えたいという気持ちから、ぼうずにしたのだという。そして、妹の詩音はそんな姉の思いを聞き、姉をおうえんする気持ちでぼうずにしたのだった。

ぼくはこの本を読んで、二つ感じたことがある。一つ目は、香穂や詩音の心の強さだ。香穂が思うように、かみ型に男も女も関係ない。女の子がぼうずにしてもいい、男の子が長いかみの毛にしたっていいのだ。それだけではない。サッカーや野球をしない男の子がいたっていいし、ぼくのように折り紙や読書が好きな男の子がいたっていいのだ。でもぼくは、香穂や詩音のように、クラスのみんなの前で「自分はこんな人間だ」と堂々と伝えることができない。周りの目が気になるし、後ろ指をさされるのもいやだ。だから余計、「女の子らしさ」や「男の子らしさ」よりも、「自分らしさ」を大切にし、勇気を出して表現した香穂や詩音の心の強さをそんけいするし、いつかそんな自分になりたいと思った。

二つ目は、みとめることの大切さである。香穂や詩音はきっと、ぼうずにした自分たちを指さして笑ったり、知らんぷりをしたりするのではなく、「どうしたの。」と話を聞いてくれる友達を、先生を、家族を望んでいたのかもしれない。もし、クラスの女の子が急にぼうずにしてきたら、ぼくはどう思うだろう。周りの友達はどうするだろう。そこで、「そのかみ型いいね。」と言ってあげられたらいい。「女のくせに。」という子に、「そんなこと言うなよ。」と止められたらいい。自分と、周りとちがうことを、「あなたらしさ」として、みとめてあげられたらいいなと思う。

みんなちがってみんないい。そんな言葉がある。いつかこの世の中が、ぼくが、「自分らしさ」をつらぬけますように。そしてぼくの周りにいる人の「自分らしさ」をみとめられますように。

朝比奈蓉子・作　水元さきの・絵「わたしの気になるあの子」（ポプラ社）自由読書

●――毎日新聞社賞

ぼくはかいじゅうポポリ

神奈川県川崎市立旭町小学校
三年　樋　岡　寛　大

ぼくは、時々、友だちとケンカをしてしまいます。そんな日は、自分がとてもいやになり、一日がつまらなくなります。なんですぐイライラしてしまうんだろう。

だからぼくは、『かいじゅうポポリはこうやっていかりをのりきった』という本を読んで自分とにているポポリというかいじゅうが出てきた時、うれしくなってしまいました。

にているところは二つあります。一つ目は、おこりんぼなところです。ポポリは友だちの言葉にすぐにカッとなって、思わず強い言葉を言ってしまったり勝手に一人でおこり出したりする場面があります。ぼくも同じような事をして、相手をいやな気持ちにさせてしまいます。

二つ目は、いかりのマスターかいじゅうプワイズが、いかりのひみつを教えてくれるところです。ぼくにはプワイズはいないですが、そのかわりに、週に一回じゅぎょうをしてくれる通級指どう教室の先生がいます。そして、友だちとケンカをした時に、どうすればよかったのかを一しょに考えてくれるたんにんの先生や、やさしい言葉をかけてくれる友だちもいます。プワイズが近くにいて、ポポリもとても安心するだろうな、と思います。

一番心にのこったところは、ひ肉やのソーサラスに「おまえのわらい顔きもちわるいよ。これからずっとわらわないでくれる?」と、ひどいことを言われた場面です。ポポリはくやしくて悲しくて、いかりがおさまる方ほうを色々ためして、たくさん深こきゅうをしていました。そして、さい後にはきちんと自分の気持ちを言葉にすることができました。「すごいね。よくがんばったね。」とポポリをとてもほめてあげたいです。

でも、ぼくがポポリだったら、そんなひどいことを言われたら「なんでだよ!」っていかりがすぐばく発してしまうと思います。なか直りができたとしても、しばらくモヤモヤしてしまうかもしれません。ポポリは、おこりんぼだけど、本当はやさしい子なんだと思いました。

ぼくは、この本を読むまで「いかり」は、いやなもの、いけないことだと思っていました。ぼくは、なんでいらないものをこんなに持っているんだろう。でも、いかりのマスターかいじゅうプワイズが、ポポリに「しっぱいかんげい。れんしゅうあるのみ。いかりはきみを守る大事なかんじょう。」と話していました。ぼくはびっくりしました。しっぱいしてもいいんだ。おこってもいいんだ。少し心がかるくなりました。ポポリもそうだといいなと思いました。この本の作者は「次はきみの番だよ。がんばれ。」と、ぼくみたいな子をおうえんしたかったのではないかと思います。

ぼくの名前は「寛大」といいます。すぐには無理だけど、ポポリのように自分の気持ちを言葉で伝える練習をたくさんして、いつかは自分の名前にぴったりの、心が広い、思いやりのある人間になりたいです。

新井洋行・著　岡田俊・監修「かいじゅうポポリはこうやっていかりをのりきった」(パイインターナショナル)自由読書

●――全国学校図書館協議会長賞

人を笑顔にする仕事

山形県鶴岡市立朝暘第三小学校
四年　伊藤　那由大

「このカレー、何度食べてもおいしいなあ。」

「あったりまえよ。私達の自まんのカレーだもの。」

これは、調理員の出口さんと川村さんが、自分達の作った給食を食べている時の会話です。川村さんの自信とほこりに満ちた言葉はかっこよくて、ぼくの心に強く残りました。

ぼくは初め、四百五十人分の給食を毎日たった八人で作るなんて無理だと思いました。でも十キロをこえるおかまやなべをあつかい、自分の健康や食材の管理、衛生面にも気をつけて、時間や温度もはかりながら一日中働いてやりとげる姿がそこにはありました。栄養士の山川さんは、その他にこんだて作りもあります。そこまでしたら、作った給食にほこりを持てるのは当然だと思いました。

でも、なぜそんなにがんばれるのでしょう。何回も読むうちに、それが少しわかった気がしました。山川さん達は、「栄養士」「調理員」という仕事が心から好きなのです。子ども達の喜ぶ顔を想像しながら作り、空っぽのワゴンを見て大喜びしているところからそう思いました。また、いつも明るい笑顔で楽しそうなところからも、食べることや作ることが好きで、食べてくれる子ども達をとっても大事に思っていると感じます。そんな八人の思いが合わさりそれぞれの役割をやりとげると、八人以上の力が出て大変な作業も乗りこえられるのだと思いました。そして、笑顔・協力・努力・安全・丁ねい……といったものが見えない「愛情」という調味料となって、さらに給食をおいしくしていると感じました。

そういえば、以前見学に行った給食センターの調理室にも同じ姿がありました。熱心に給食を作りながらも、ぼく達を笑顔でむかえてくださったあの時、すごく大変な作業中だったのだと思うと、感謝がこみ上げてきます。

ぼくはこの本で山川さん達の働く姿を見て、感謝を大事にするようになりました。苦手な物にも挑戦して残さず食べようとがんばれるようになりました。「いただきます」「ごちそうさまでした」という言葉は、給食に限らず特に気持ちをこめて言うようにしています。

また、仕事についての考え方も変わりました。仕事は生活のためにしなきゃいけないものとしか思っていませんでしたが、人を笑顔にするためにするものでもあると思えてきました。そして、好きなことを仕事にしたり仕事を好きになったりすることと、協力することで、苦しいことも乗りこえられ、達成感が生まれると思うようになりました。

ぼくは今、小学校の先生になりたいと思っています。教えた子達が自信をつけて笑顔になれるようにしたいです。そのためには、山川さん達のように、子ども達を大事に思い、笑顔と思いやりで周囲の人と信頼関係を作って協力し、良い仕事につなげたいと思います。仕事は大変なものですが、山川さん達のように、人の力になれる働き方をしたい、自信とほこりを持って働きたいと、今思っています。

大塚菜生・文　イシヤマアズサ・絵「給食室のいちにち」（少年写真新聞社）課題読書

●――全国学校図書館協議会長賞

一歩一歩進み続ける

埼玉県川越市立高階北小学校
四年　廣瀬煌也

四時間目の授業中、あと少しで給食という時におなかがギュルルと鳴る。「おなかがすいた」のサインだ。でもすぐに美味しい給食で満たされるから、ぼくは空腹に対して辛さや苦しさを感じたことはない。家の冷ぞう庫にはたくさんの食材があって、たなには大好きなポテトチップスがいつも入っている。それが当たり前だと思っていた。だから、ネルソンたちの「ギリギリの月」や「小さな勇者さんたちにならなければいけない月」の様子には大きなしょうげきを受けた。おなかがすいて泣きながら過ごす夜は、どんなに悲しかっただろうか。おばあちゃんの指輪が質屋に入ってしまったのを知って、どれだけくやしかっただろうか。それでも、かあさんやアシュリーを想うネルソンの優しさに、ぼくのむねも、ギュッとつまるように苦しくなった。

日本にも七人に一人、家で十分に食事をすることが出来ない子どもがいるそうだ。「貧困」は、世界のどこかの国の小さな問題ではなく、ぼくたちのもっとずっと身近で起きている大きな問題なんだと思った。ネルソンがどろぼうの車を必死で止めたのも、ただつかまえたくて勇気を出したのではない。おなかをすかせている人達のためのフードバンクを、自分の命を投げ出してまでも守りたかったんだ。フードバンクがいかに大切な命の支えになっているかが、ネルソンの強い気持ちから伝わってきた。だから、ネルソンの心の底からのさけびが、周りのみんなに届いて本当に良かった。ネルソンの命も、みんながいっしょに守ってくれた。知らないおじいさんがネルソンの前に立ちふさがってくれた時は「ありがとう！」と心の中でさけんでいた。

フードバンクは、ネルソン達には「生きるため」に必要なもの。支える人達には「助けるため」に必要なもの。ノア・エキアーノ選手が言ったような「あらゆることで平等」になるためには、一人一人がこの事実を知り、意識をすることが大切だと思った。ぼくはこの本に出会ってそれを知ることが出来た。次にやることは、今、何が出来るかを考えて行動することだ。インターネットで調べたら、よく買い物に行くスーパーでフードバンクの活動をしていることが分かった。ぼくのこんな近くにも支える活動があったのだ。たなのおくのかんづめやふりかけ、コーヒーの箱はきっと忘れられている。そういえばお母さんが、非常用の食品は気をつけないと賞味期限を切らしてしまうと言っていた。それらを集めてフードバンクへ持っていこう！ぼくにも出来ることがあって、フードバンクを支える一人になれるのだと思ったらうれしくなった。

まだまだ小さな支えだけれど、このふみ出した一歩は絶対に大きいはずだ。世界中の子ども達が、おなかをすかせて泣くことのない日がきっと来る！と信じて、ぼくは一歩一歩進み続けたい。食べることは、食べ物をただ口に入れるだけの単純な作業ではない。楽しくて幸せで、笑顔になれることのはずだから。

オンジャリQ・ラウフ・著　千葉茂樹・訳　スギヤマカナヨ・絵「秘密の大作戦！フードバンクどろぼうをつかまえろ！」（あすなろ書房）課題読書

●――全国学校図書館協議会長賞

世界に広がれ！日本の伝とう文化

広島県大竹市立大竹小学校
四年　嶋田光志

「おばあちゃんのおみそ汁は、あたたかくてやさしい味がするね。」

「ありがとう。おみそが手作りだからかな。おばあちゃんのお母さんから教わったのよ。」

「え。みそって、自分で作れるの？」

材料はたった三つ。塩と大豆と米こうじ。道具は家にあるもので作れそうです。ぼくも夏休みに挑戦することにしました。

この本に興味を持った理由は、ぼくの大好きなみそを作る家に生まれた男の子の物語だったからです。でも、ジュンはうれしそうではありません。古くさいみそ屋がいやで、お店のことをよく知ろうとしません。

ジュンは、外国からの転校生ユキちゃんと出会って、少しずつ気持ちが変わっていきます。興味を持ち始めると、今までのけしきがちがって見えるから不思議です。

「生まれる家はだれも自分では選べないから」

とユキちゃんに言われた時、

「今はぼく、蔵が作るみそをじまんできるよ。ユキちゃんがみそのいいところをいっぱい教えてくれたから」

と答えます。ジュンは自分の目で見て、大切なものに気付いたのだと思いました。

ぼくは、お父さんの想いを受けとめた、おじいちゃんの言葉が心に残りました。

「これからもうちのみその味を守って、それをできるだけたくさんの人たちに知ってもらえればいいってな。今はわしもそう思う」

時代が変わっても、変わらない良さを守り続けていき、未来へつなげていこう、というおじいちゃんの強い決意を感じるからです。

ぼくは、地元の大竹和紙を思い浮かべました。江戸時代から続いている手すき和紙です。学校の授業でまち探検をした時、紙のじゅようが変わって和紙が減ってきていること、職人が高れいになって、あとをつぐ人が少ないことを知りました。

ぼくには何ができるだろう。和紙を使い続けたい。そして、和紙の良さをぼくのまわりの人達に知ってもらいたいです。

大竹和紙に、おばあちゃんへの手紙を書きました。みそ作りに挑戦したことを伝えたかったからです。大豆がゆで上がるまでの三時間が待ち遠しかったこと。ゆでた大豆は思ったよりもかたくて、つぶすとちゅうでふくろがやぶれたこと。みそ玉をにぎるのがおもしろかったこと。容器につめる時に空気が入らないように何度もやり直したこと。三月にできあがったら、ぼくのおみそ汁を食べに来てほしい。和紙に文字を書くのはむずかしくて、やさしく心をこめました。

手作りのものはあたたかく感じます。ぼくも見てふれて使って、作り手のやさしさを感じることができました。今は便利なものがかんたんに手に入ります。でも、人のぬくもりを感じるものを選ぶと、自分まで幸せな気持ちになれると思います。

日本の伝とう文化が、世界中の人達の心をあたたかくつないでくれますように。

横田明子・作　塚越文雄・絵「ライスボールとみそ蔵と」（絵本塾出版）課題読書

●――全国学校図書館協議会長賞

「どっちでもいい子」を読んで

愛知県豊明市立三崎小学校
四年　上野　さくら

「どっちでもいい子」

このタイトルを見た時、私はなぜかドキッとした。その言葉が何を意味しているかは分からなかったけれど、すごくつめたくて、とげがあるように感じたからだ。

主人公のはるは小学四年生の女の子。「どっちでもいい」と言うのがはるの口ぐせで、クラスがえの時、クラスメイトに「いてもいなくてもどっちでもいい子」と言われているのを知ってしまった。

私もはるのように「どっちでもいい」と言ってしまうことがある。どちらかがいいと思っていても、自分の答えによってまわりがどう思うか不安になってしまった時や、本当にどちらがいいかを決められない時だ。相手に合わせるやさしさの意味で使っていることが多い。でも、この言葉は、相手に投げやりなつめたい印しょうを与えてしまったり、よけい相手をなやませてしまったりすることもあるのだと気づいた。私がこの本のタイトルを見た時に感じた気持ちは、これだったのかもしれないと思った。「どっちでもいい」は、べんりな言葉ではあるけれど、使う時は相手に自分の想いが伝わるように、ちゃんと理由をつけて言うことが大切なのだと思った。

はるの成長のきっかけは、ヒップホップダンスとの出会いだった。心からやりたいという思いと、音楽に合わせて体を動かすという心地よさが、はるに自信をくれたのだ。

はるにとってのダンスは、私にとってのピアノなのかもしれないと思った。私は小さいころ、人前に出て何かをする時、きんちょうして練習通りの力をはっきりすることが出来なかった。でも、ピアノという大好きな習い事を通して、自分を表げんすること、人前に出ることを楽しめるようになったと思う。毎日の練習が自信となって、私の心も強くしてくれたようにも思う。む中になれるものを見つけて、少しずつ変わっていくはるを、私も自分のすがたと重ね合わせながら心の中でいっしょにおうえんしていた。

私がこの本の中で一番好きな言葉。それは

「昨日の私は今日の私を知らなかったよ。今日の私は明日の私を知らない。」

という言葉だ。当たり前のことかもしれない。でも、人は自分しだいでいつだって変われるんだと、きぼうがわいてくるような気持ちになる。私はこの本を読んで、ただ待っているだけでは何も変われない。新しいことを始めてみることで見えてくる世界があるのだと知った。この最初の一歩をふみ出すのがむずかしいのはよく分かっている。特に「どっちでもいい」と、せきにんやチャレンジからにげているかぎり、一歩目がふみ出せない。それでも、ゆうきをもって一歩をふみ出した人だけが手に入れられる物があるのだと私は思った。

はるは、きっと今日も新しい自分になっている。私もなりたい自分になるために、ゆうきをもって一歩目をふみ出してみようと思う。

かさいまり・作　おとないちあき・絵「どっちでもいい子」（岩崎書店）自由読書

全国学校図書館協議会長賞

水とはなんじゃ？

静岡市立清水興津小学校
三年　木下凜香

びっくりしました。水って、地球の生き物の命をたもったり、地球をとりかこんで守ったりするほど大きな力を持った物だったなんて。「みずとはなんじゃ？」を読んで、私は目に見えない水のはたらきを知り、水に対する見方がかわりました。

去年、台風十五号がきて、私は初めてだんだん水をけいけんしました。今でも時々、トイレや洗面、洗たく、お風呂などが不べんだったことを思い出します。私の家では、ペットボトルの水を親せきからたくさんもらったり、近所の家から井戸水をもらったりしたので給水所には行きませんでしたが、そこに大ぜいの人たちが行列を作ってならんでいたのを何度も見ました。だから、本を手にした時の私の「水とはなんじゃ？」の答えは、「生活していくのに必ような物じゃ。」でしたが、本を読んで、答えはかわりました。

この本は、私たちがふだん使っている見えている水のことだけではなく、目に見えていない体の中の水や空気にふくまれている水のことも教えてくれました。水には、何度もすがたをかえたりきえたりできるにん者や役者、地球の生き物の命をたもつための料理人や医者、地球のクーラーやふとん、このようなはたらきをする三つのせいしつがあるそうです。どれも初めて知ったことばかりでしたが、せつ明がわかりやすかったので、スッと頭に入ってきました。この三つの水のせいしつが、私たちが住む地球を守り、人間や動物、植物を守り、育ててくれているのだそうです。

私のお父さんは、夏になると、よくにわや通路にホースで水をまき、家の外へきにも水をかけています。私にもやらせてくれることがあるので、ずっと、お父さんが植木への水かけのついでに水遊びをさせてくれていると思っていましたが、そのことの意味が分かるようになりました。「水がないと死んでしまう」と言われる理由もせつ明できるようになりました。とてもえらくなった気がします。

私はさい後の見開きのページの絵がとてもすきです。色々な国の大人や子どもたち、たくさんの動物たち、鳥たち、魚たち、虫たち、大きな生き物から小さな生き物まで、すべての生き物たちがいっせいに海に向かっています。手を広げている子どもたち、何か言っているような人たち、写真で見たかこさとしさんも、かこさとしさんの本のてんぐちゃんやだるまちゃん、カラスのパンやさんもいます。かこさとしさんが真ん中で水のありがたさを教え、みんながかんしゃし、「水を大切にしていくよ。」とちかっているように見えます。

今度、だれかに、「水とはなんじゃ？」と聞かれることがあったら、私もこの絵の中の一人になったつもりで、こう答えようと思います。「水とは、地球と地球上のすべての生き物の命を守り育てるはたらきをしている、なくてはならない物なんじゃ。だから、私たち人間は海や川をよごさないようにし、水の力を守っていかなければならないんだよ。」と。

かこさとし・作　鈴木まもる・絵「みずとはなんじゃ？」（小峰書店）自由読書

●――全国学校図書館協議会長賞

けい子さん、ありがとう。

宇都宮市　作新学院小学部
四年　大久保　光莉

母が小さいころから、家で大切にされているというこの本。わたしのひいおばあさんが作者の金ざわさんから、

「子どもたちにぜひ読んでほしい。」

ともらった本だ。母も小学生の時に読んでいてわたしにすすめてくれた。表紙の絵の女の子が不安な顔をしているように見える。戦争の悲しいお話だと思い、最初は本を開くのに少し勇気が必要だった。

本の題名になっている対馬丸のそうなんとは、戦争中に沖縄からひなんする子どもたちを乗せた船が、攻げきを受けて多くのぎせい者が出た事けんだ。金ざわさんは、生き残った人から話を聞いてこの本にまとめた。その中でも平良けい子さんのお話に、わたしは何度も読み返してしまうほど引きこまれた。なぜかというと表紙の絵はけい子さんがモデルで、対馬丸に乗ったのが今のわたしと同じ小学四年生だったので、けい子さんを身近に感じ、自分におきかえて読んでいたからである。

けい子さんの体験は、想ぞうして読むだけでもつらくなる内ようが続く。船がしずんで、周りで人がなくなっ

ていく様子。あれる海の上でいかだに乗って、食べ物も飲み物もなく六日間も助けを待ったこと。戦争の時代に生まれただけで、こんなつらい体験をしなくてはいけなかったのかと思うと、今こうして平和にくらせることの大切さを強く感じた。

本を読んだ後、けい子さんのことをもっと知りたくなり、インターネットで調べてみた。けい子さんは子どもたちに平和の大切さを伝えたくて、小学校の先生になったことや、今も語り部として活動していることが分かった。動画を見ると、とてもしっかりした話し方で平和を願う強い気持ちが伝わってくる。けい子さんのお話を直せつ聞いたり、この本を読んだことを伝えられたらいいなと思った。

しかし、けい子さんが七月二十九日に、八十八才でなくなったことをニュースで知った。けい子さんに会うことはできないと思うと悲しいけれど、わたしはこの本を読んだことで、大好きな沖縄で昔どんなことがあったのか、しっかり知ろうと思うきっかけになった。

これからは、戦争を体験した人からお話を聞けることがへっていくと言われている。伝え続けるために、戦争を知らない人も語り部になっているそうだ。わたしは金ざわさんや母がしてくれたように、本を通して伝えていきたい。いつか、けい子さんが主人公のお話を子どもも読める本にできたらいいなと思う。

「生き残ったわたしが代表として、戦争のひさんさを伝えていかないといけない。」

そう言って、語り部になったけい子さん。つらい体験を思い出して話すのは、とても勇気が必要だったと思う。それでも長い間、語り続けてくれた天国のけい子さんに、感しゃの気持ちをこめて大きな声で伝えたい。

「けい子さん、多くの人に体験を語ってくれてありがとうございました。けい子さんの平和への思いを、わたしもつないでいきます。」

金沢嘉市・編著　久米宏一・絵「つしま丸のそうなん：沖縄のこどもたち」（あすなろ書房）自由読書

●――サントリー奨励賞

「ライスボール」から「オニギリ」へ

東京都港区立白金小学校
四　年　ゴッツィル　ヘザー怜

「ライスボール？おにぎりじゃなくて？」私がこの本を選んだ理由は、題名を見てぎ問に思ったからだ。その答えは、主人公のジュンが学校で出会うロンドンからの転校生ユキと関係があることが読んでいるうちにわかった。そして、すしは英語でもスシなのに、おにぎりはオニギリではなくライスボールと呼ばれていたことをふと思い出した。

五才から二年間ほどアメリカに住んでいた私は、どちらかというとユキの立場でこの本を読んだ。たしかに、和食はアメリカでもとても人気がある。アメリカには日本のような給食がないので、学校にお母さんがお弁当に作ってくれたまきずしやおにぎりをよく持って行っていた。すると、決まって友達から、「スシ、おいしそう！一口ちょうだい！」とせがまれた。そのとき、自まんに思う気持ちもあったが、おにぎりをスシだと言われたことがなぜか少し残ねんだった。

そういう点で、ジュンが使われなくなったみそ蔵でおもてなし大作戦を成功させたことには心の底から感動した。あれほど家がみそ屋であることをはずかしいと思っていたのにもかかわらず、自分でごはんをたくことから覚えて、手作りのみそおにぎりをふるまえるようになったことで、みそと一緒におにぎりまで外国の人たちにそのおいしさを伝えることに成功したのだから。ジュンのみそ蔵でみそおにぎりを食べた人たちは、自分の国にそれぞれ帰っても、もうおにぎりをスシとは呼ばないだろう。ジュンやユキたちは、私がアメリカで感じた残ねんな気持ちを見事に晴らしてくれた。同時に、なぜそれが残ねんだったかが分かった。それは、私はおにぎりもすしも大好きなのに、どちらも同じだと思われていたからだ。そのときは、まだ今よりもずいぶんおさなかったから、自分の気持ちがよく理解できていなかった。でも、今ならなんとなくわかる。おにぎりがスシに比べると有名ではないし、なんだか地味だと思っていたからだろう。ジュンがみそを古くさいと思っていた気持ちににているかもしれない。

この本を読んで、大きくなっていつかまたアメリカに住む機会ができたら、私もジュンのように、あちらの親せきや友達に自分でにぎったおにぎりをふるまいたい。そして、それがスシではなく、オニギリだということをしっかり伝えたい。

ぎゃくに、私のもうひとつのふるさとであるアメリカの食文化も、日本の友達や親せきに伝えたい。これなら今の私でもできそうだ。コロナ禍が少し落ち着いてきた今、お父さん自まんのアメリカ料理、タコスやチリビーンズをおにぎりと一緒に友達にふるまってみたい。お米が外国の料理とも相性が良いことをわかってもらえたら、ジュンにとってのみそのように、私もおにぎりを通じて世界をつなげられるのではないか。

「ライスボール」から「オニギリ」へ。そう考えるだけで、なんだかワクワクする。

横田明子・作　塚越文雄・絵「ライスボールとみそ蔵と」（絵本塾出版）課題読書

●――サントリー奨励賞

心と体に栄養を

福島県須賀川市立第三小学校
四年　野沢　來

ぼくは給食が大好きだ。理由はかん単。おいしいからだ。以前のぼくは、食べられる給食のメニューがかなり少なかった。野菜をはじめ、苦手な食べ物ばかりだったからだ。保育所の年中からそうだった。でも、四年生になった今、ぼくは、なぜか給食が大好きになっている。大変身したのだ。

「給食室のいちにち」に出会ったとき、はっとした。この本に、ぼくの大変身の理由がのっているはずだ。ぼくは、ぼくのひみつをさぐりに、本の世界へ入ってみることにした。

給食室のメンバーは、栄養士さんと調理員さん。安全でおいしい給食をとどけるために、朝早くから働いている。仕事で大切なことは、「チェック」だ。自分達の体の調子、身じたく、そして、材料の数や重さ、温度、食べられる期限など、調理を始める前からチェックのあらし。でき上がったら、中まで火が通っているか、味はどうか、食べやすいかのチェック。栄養士さんや調理員さんが、こんなにチェックのおにだったなんて知らなかった。一つも見落さないように、いつもきん張しながら仕事をしているのだろう。そう思ったら、「ありがとうございます。」を伝えたくなった。

ぼくが苦手だった野菜は、こん立に合う形に切られて、いためたり、にたりされていた。一番食べるのが手ごわいサラダの野菜は、ゆでたり、お湯にくぐらせたりと、手が加えてあった。ぼく達が安全においしく食べられるように、全てに工夫がされているなんて、考えたことがなかった。それなのに、すぐに残してしまっていた以前のぼく。みなさんに、「ごめんなさい。」を伝えたいと思った。

ぼくの兄は、実は栄養士だ。ぼくにうり二つで、顔も、苦手な食べ物が多いところも同じ。食べ物で大変な思いをしてきたから、にた思いをしている子ども達のために栄養士になると決めていたそうだ。今回、ぼくは兄にインタビューをしてみた。兄は、せんじょうとそうじの大切さを、熱く熱く語ってくれた。フライヤー、冷ぞう庫などの大きな機かいもすみずみまできれいにするそうだ。長期休みに、コンテナやせんじょう機を分かいして っ底的にそうじをすると聞いた。それと、毎日の作戦会議もとても重要なんだって。山川さんの仲間である兄は、かっこ良すぎだ。

ぼくは思い出した。給食が食べられずにこまっていたとき、友達が応えんしてくれたことを。先生が、完食を目指すぼくをはげます手紙をくださったことも。パワーが出て自信がついて、給食を残さないと決心した自分がいた。そして、本で給食室の世界を知って、みなさんが安全でおいしい給食を全力投球で作っていることがわかった。兄もその一員。この全てが、ぼくの大変身の理由だったんだ。

食べることは命を大切にすること。体と心を育てること。ぼくの次の目標は「キャロンサラダをバクバク食べる」だ。学校のマスコットの名前が付いているメニューだ。全員に感しゃして食べるぞ。みなさん、見ていて‼

大塚菜生・文　イシヤマアズサ・絵「給食室のいちにち」（少年写真新聞社）課題読書

●――サントリー奨励賞

この街のためにわたしができること

岐阜県海津市立東江小学校
四年　水谷友香

わたしが通っている小学校は、この三月で閉校します。子どもがへり、今ある五つの小学校が合ぺいして一つの小学校になるからです。わたしが住むこの海津市もかそ地域に指定されてしまいました。大好きだった本屋さんや、近くのスーパーが閉店してしまった時は、このまま人口がへり続けたら一体どうなってしまうのだろう、と悲しい気持ちになりました。

わたしは海津市にもっとたくさんの人が住んでくれたらいいのにな、と思ってはいたけれど、自分が何か出来ることがあるのかな、などと考えたことは今まで一度もありませんでした。でも、この本を読んで、わたしの気持ちが変わったのです。

この本の主人公のジュンは、古い蔵でみそを手作りする家に生まれました。でもジュンは「みそっ子」とからかわれるし、古くさい感じがいやで、みそが好きではありませんでした。そんな時、ロンドンからの転校生のユキちゃんに「蔵を見せてほしい。」とたのまれ、ユキちゃんとみそ蔵の歴史を学び、新しい発見をしてみそが好きになっていきました。ジュンは、みそだるに神様が守ってくれたコウジきんがついていることを知りました。

そして、使わなくなったみそだるをテーブルにして、たくさんの人にみそ料理を食べてもらったらどうかと提案をしているところがすごくすてきだな、と思いました。

一番心にのこったところは、ジュンが「みそっこレストラン」を作って、友達やクラスメイトたちをしょうたいして、たくさんの人にみそおにぎりをふるまったところです。ジュンは、お父さんの望んでいた外国人観光客のみそ蔵見学にも協力し、みそおにぎりを英語で説明したり、みそをしょうかいしたりしました。本の題名が、「ライスボール」と英語になっているのは、ジュンのみそを世界に広めていく、という使命感を表しているのではないかと考えました。

わたしも海津市のみ力をたくさんの人に広めたい、と考えていました。ちょうどその時、「友好都市小学生リモート交流事業研修」の参加者をぼ集していることを知りました。そして海津市を広めるチャンスだと思い、参加することにしました。夏休みに海津市内の名所をバスでおとずれ、市内の小学生と交流しました。海津市に関して新しく知ったこともあり、もっと海津市が好きになりました。十一月に山形県の小学生とオンラインで交流します。海津市のみ力をたくさん伝えたいです。

わたしがこれから海津市のためにやりたいことは、ジュンがみそのみ力を外国人観光客に伝えたように、わたしもＩＣＴを利用して、世界中の小学生と交流して、英語で海津市のみ力を伝えることです。そして、海津市に世界中からたくさんの人が遊びに来てくれたり、住んでくれたりしたらいいな、と思います。みんながアイディアを出し合って、海津市をもっとすてきな街にしたいです。

横田明子・作　塚越文雄・絵「ライスボールとみそ蔵と」（絵本塾出版）課題読書

●―――サントリー奨励賞

ぼくをよぶ声

佐賀県嬉野市立嬉野小学校
四年　小野原　諒

レンズからのぞいたティラノサウルスは、今にも動いてぼくに飛びつきそうだ。ぞくぞくするようなわくわくするような気持ちで、シャッターを何度も切った。恐竜博物館に行ったぼくは、ウェンディを思い出して、宝さがしみたいに楽しんだ。まるで、よみがえった恐竜の世界にいるようだった。

ウェンディ・スロボーダは、天才恐竜ハンターだ。小さい頃から、他のみんなが気付かないすてきなものを見つける、特別な目を持っている。ある日、ウェンディが見つけたのは、とてもめずらしい恐竜のたまごの化石だ。世界中を飛びまわって化石を発見するウェンディは「化石のよぶ声がきこえる人」とよばれるようになった。どうやったらそんなにまほうのようなことができるのだろう。特別な目をぼくだってほしい。

アルバータ州でウェンディが見つけたのは、角竜類の仲間の化石だ。表面がザラザラし、特ちょう的な形をしていてピンときたらしい。ぼくも博物館のオープンラボを見学した時、クリーニング前のザラザラした化石をさわったが、手でふれただけで分かることがあるなんて信じられない。ウェンディは、たくさん勉強をして、ずっと研究をしてきたから分かるんだろう。努力すればだれでも特別な目を持つチャンスはある。

ウェンディの大発見した新しい恐竜には、「ウェンディケラトプス」と名付けられた。トリケラトプスより一千万年も前にいたらしい。明らかになっていなかった時代の進化について、多くのことが分かるようになった。わずかに残った何かから、何千万年も前の世界にタイムスリップしてなぞをといているみたいでわくわくする。きっとそこは夢のような太古の世界だろう。

好きなことを追いかけて、仕事にできている主人公にかっこよくてあこがれる。ぼくも小さい頃から恐竜が大好きで、部屋にはたくさんの本や図かんが並んでいる。好きになると、気になって知りたくてどうしようもない。図書館に行くといつも研究したり、恐竜の本をさがしていた。だけど正直に言うと、最近は他にもおもしろいこともあるような気がして、恐竜のことから遠ざかっていた。お兄ちゃんの部屋に行って、いろんなちがう本を読むのもおもしろい。時間をかけて、もうちょっと好きなものをさがしてみるのも悪くない。

恐竜博物館から帰ったら、すぐにたくさんの写真を現ぞうしてもらった。アルバムに入れようかと目の前に並べてみたが、ティラノサウルスがあまりにもかっこよくて思わずはさみで切り取った。それからいろんな恐竜や化石を切り取ってみた。ぼくの机の上に、小さいふしぎな恐竜王国が広がっていた。さわがしい恐竜達の声が聞こえてきそうだ。ぼくをよぶ声が聞こえる。

さあもっとおもしろい声をさがしに行こう。

ヘレイン・ベッカー・作　サンドラ・デュメイ・絵　木村由莉・訳・監修「化石のよぶ声がきこえる：天才恐竜ハンターウェンディ・スロボーダ」（くもん出版）課題読書

●——サントリー奨励賞

広がれフードバンク

山梨県大月市立初狩小学校
四年　小林優月

「フードバンクどろぼうって何?。」「フードバンクって何?。」本の表紙にはカートいっぱいに食べ物があふれ、楽しそうな子どもたちがいます。きっとワクワクするような話かなと思って、私は本を読んでみたくなりました。でも読み始めると想像とちがってびっくりすることだらけでした。

この本はイギリスの話でネルソンとアシュリーという兄妹が主人公です。生活が苦しくてお母さんは二人にまんぞくな食事を用意できません。そんな時にフードバンクという食べ物の銀行に行き、食べ物を分けてもらっていました。ある日どろぼうがフードバンクの食品をぬすんでいたと聞き、ネルソンは友達と協力しながらどろぼうに立ち向かいます。

宝石やお金ではなく、おなかがすいている子どもたちの食べ物をぬすむとは、なんてひどいどろぼうなのだろうと思いました。そして私がびっくりしたのは、フードバンクが本当にあるということやネルソン達のような子ども達が日本にもいるのだということです。

私はおなかをすかせたままベットに入ったことはないし、家の戸だなの中にはいつも食べ物があります。ネルソンがおなかがぺこぺこの時にする「つもりゲーム」は本を読んでいて心がいたくなりました。そして私は、好ききらいをして食べ物を残したりおかしを食べすぎたりして、せっかくお母さんが作ってくれたごはんを残してしまうことがある自分をはずかしく思いました。

フードバンクは、日本は認知度が低く私の住む近くのスーパーには、きふできる場所がありませんでした。けれど、となりの市のスーパーに「きずなボックス」というものがあることが分かり行ってみました。私はドキドキしながら、ボックスの中にクッキーを二箱入れた時、知らないおじさんが「この箱は何？」と聞いてきました。「これはきずなボックスっていうんだよ。この箱の中に入っているお米やおかしをフードバンクに集めて、支えんを必要とする家庭に無料で渡すためのボックスなんだよ。」と答えました。もっとたくさんの人にこの箱のことを知ってほしくて、店長さんに手紙を書きました。「私は、大月市に住む小学四年の小林優月といいます。夏休みに読んだ本でフードバンクのことを知りました。でもお店ですぐにボックスが見つかりませんでした。どうかもっと目立つ場所においてください。おねがいします。」と。

この本と出会って、おなかを空かせて泣いている子どもがいなくなりますように。そして日本でもフードバンクが広がりますように。そして、この本の表紙のようにカートいっぱいの食べ物にかこまれている子どもたちがふえて、たくさんの笑顔が見られるようになればいいなとあらためて思いました。

ネルソンたちがどろぼうをつかまえようとした思いと行動が、私にも何かできることがあるかもしれないと考えさせてくれた夏でした。

オンジャリQ・ラウフ・著　千葉茂樹・訳　スギヤマカナヨ・絵「秘密の大作戦！フードバンクどろぼうをつかまえろ！」（あすなろ書房）課題読書

●――サントリー奨励賞

十歳の私にできること

東京都港区　聖心女子学院初等科
四年　伊藤瑚春

私は日野原重明先生の病院で生まれました。通院のときに、ぐう然先生にお会いしたこともあります。そのとき、日野原先生は百歳をこえていらっしゃったと思いますが、生後数か月の私の顔をのぞきこみ、「私たちはお友達ですよ。」とおっしゃったそうです。母は、そのときの先生の優しいまなざしをずっと覚えていて、いつか先生のことを私に伝えたいと思っていたそうです。そしてこの夏、私の十歳の誕生日に「あなたの百歳以上年上のお友達からのメッセージよ」と言って『十歳のきみへ』を渡してくれました。私は不思議に思いながら読み始めました。

この本には、母から聞いた先生の印象そのままに、私たちに向けた先生の温かい思いがつまっています。

その中で先生は「寿命」を空っぽの器の中に精いっぱい生きた一しゅん一しゅんをつめこんでいくこと、と表現されています。私は毎日学校や習い事に目が回るほど忙しく過ごしていて、その忙しさこそが充実していることだと思っていましたが、それだけでは足りないと気付きました。時間は自分が追われるものではなく、自分でその質を決めていかなければならないものだからです。

それは、世の中に対する考え方にも当てはまります。私たちには、社会の出来事や環境がただふりかかってくるだけではなく、自分からも世の中に働きかける力があるはずです。

また、先生は平和を実現できなかったことをとても悲しんでおられました。そして、私たち子どもにあとをたくしました。平和のために十歳の私にできることを考えてみると、それは「知る」ということだと思います。なぜなら、世界のことを知っておかないと平和のためにできることを考えられないからです。戦争や貧困の事実は聞くだけで怖くなるので、今までは知りたくありませんでした。でも、先日の新聞によるとウクライナの子どもの三分の二は対面授業を、外国にひ難した子どもも半数以上がひ難先の国の教育を受けられていないそうです。私は平和な世の中で、さまたげもなく勉強でき、学びを続けられることがどんなにありがたいことかと思い知らされました。平和のために学べる自由がある私たちこそ、戦争や貧困の現実を知って、真けんに考えるべきです。そして、苦しむ人々を想像し、思いやる心を持ち続け、平和の働きかけができる大人になりたいと、心から思いました。平和のために自分の時間を生かし、「寿命」の器に命をつめこめると思うとワクワクします。

今、十歳ですが、どんどん成長し、人生を歩んで日野原先生のお年に近づいていきます。私がその頃になっても、先生とお友達でいられるといいなと思います。これからもこの本をいつもそばにおき、人生の一しゅん一しゅんをたしかめながら、先生の温かく、誠実な思いを大切に受けついでいきます。

日野原重明・著「十歳のきみへ：九十五歳のわたしから」（冨山房インターナショナル）自由読書

●──サントリー奨励賞

ゆめを持ち前へ歩け

北海道茅部郡森町立森小学校
四年　今井玲一朗

「人間は夢を持ち前へ歩き続ける限り、余生はいらない」

平きんじゅ命が五十さいてい度だった江戸時代に、五十さいから上京して勉強を始め、日本地図を書いていった伊能忠敬の言葉に、あきらめない心の強さを感じた。

ぼくは地図を見るのが大好きだ。地図のみ力は世界中とつながっていくこと、たんさくしながら行ったことのない場所もそうぞうして、まるで旅をしているような気分になれることだ。そんなぼくに父が伊能忠敬という人物を教えてくれたので、この本を読んでみた。

伊能忠敬は、しょう来学びたい学問のためにひつような道具や人みゃくをじゅんびしていた。これがしょう来の成功につながった。

成功のためにはじゅんびが大切だ。ぼくはまだしょう来なりたいものは決まっていないけれど地図を書く仕事も楽しそうだ。色々なかのうせいを広げるためにも学問をおろそかにせず、日々の学習に真けんに取り組みたい。

伊能忠敬のように自分の知りたいというよっきゅうをしっかり満たしながら、今学べる事を一生けん命身につけて、しょう来のかのうせいを広げていきたい。

伊能忠敬の地図を見て二百年以上前にげん代と同じくらいのせい度でえがかれていることにしょうげきを受けた。歩いてそく量した結果をもとにした地図で近代的な機械もないのにである。

伊能忠敬の第一次そく量の目的地が、ぼくの住む北海道であり、えがかれた地図を見ると、ぼくの家の近くを通っていることが分かってドキドキした。ぼくも同じようにそく量してみたいと思い歩いてみた。自分の家から駅までのきょりを何度か歩はばや道具を使ってそく量してみたら、毎回少しずつずれてしまう。これはとてもむずかしい。伊能忠敬の一歩はつねに六十九センチメートルだった。

それを身につけるのも大変な努力が必ようだったはずだ。「歩け、歩け。続けることの大切さ」とは何と重たい言葉だろう。伊能忠敬の行ってきたことや、また完成した地図を見て地道にこつこつ続けていくことが、大きなことを成しとげるために一番大事な事なのだと深く理かいすることが出来た。

もう一つ大事なことは伊能忠敬にはししょうやたくさんの弟子や仲間がいて、一人ではなく、かれらが協力して完成させたということだ。だれ一人手をぬかずに作り上げたものだから、ぬくもりややさしさ、力強さが感じられるシンプルだけど美しい絵画のような地図になった。ぼくもしょう来自分の仕事でだれかにそのような感動をあたえることが出来たら幸せだなと感じた。伊能忠敬が歩き続けたように、日々努力を続けて大きな事を成しとげられる人になりたい。

ぼくの大好きな地図のみ力をまた一つ教えてくれた伊能忠敬と、伊能忠敬というすばらしい人物を教えてくれた父に感しゃし、今日も大好きな地図を広げて新たな旅に出たい。

清水靖夫・監修「伊能忠敬」（ポプラ社）自由読書

●——サントリー奨励賞

わたしの言葉はどんな形？

山口市立大殿小学校
四年　藤本万結

「ことばのかたち」って、何だろう。言葉に形ってある？本屋さんで、この本を見つけた時、そう思った。「もしも、話す言葉が目に見えたら、どんな形をしているのだろう」と考えながら書かれているこの本を読みながら、わたしも自分の言葉について考えてみた。

一番、ドキッとしたのは、だれかをきずつける言葉が針の形をしているところだ。話すたびに、わたしの口からとがった針が発しゃされて相手にささってしまう。わたしが何か言うたびに、相手がきずつき、針がささっているところや血のにじんだきず口まで見えたらどうだろう。きっとわたしは、あわてて自分の口を両手でふさぐと思う。

しかし、相手にささった針は、もう取り返せない。「ごめんなさい」を何回言っても、そのきずを元にもどすことはできない。たとえ、相手をきずつけようと思って出した言葉でなくても、相手にとっては針の場合がある。そんな時は、なぜ針が飛び出したかも分からず、もっとびっくりするだろう。

もしかしたら、わたしは今までに、そんなことをしたかも知れない。そう考えたら、話すのがこわくなってきた。

でも、この本を何回も読んでいたら、ふしぎなことに、心がポカポカ温かくなってきた。なぜだろう。

それは、わたしが美しい言葉を使えば、その言葉は色とりどりの花びらとなって、わたしのくちびるから、はらはらとまいおちると書いてあったからだ。わたしの口から、きれいな花びらがとび出してくるって、すてき。ピンクやオレンジ、黄色…いろんな花びらが、しゃべるたびに、わたしのくちびるから、まいおちる。いいなあ。

これからは、針の言葉が出ないように、言葉づかいに気をつけながら、美しい花びらをいっぱい出したいな。今まで、わたしの針できずつけた人、ごめんなさい。お母さん、いつもごめんね。

この本には、もう一つ大切なことが書いてあった。それは、声の出し方によって、花びらの色が変わるということだ。「ありがとう」でも、きっぱりとした声ならオレンジ、しずかな声なら青、やさしい声は、さくらいろ。わたしは、さくらいろで言ってほしいけど、オレンジ色の「ありがとう」がうれしい時もあるかも知れない。おもしろいなあ。

このお話で、何回読んでもよく分からないところがある。「『だまっている』ということばのむこうにゆたかな森がひろがっているかもしれない」というところだ。

だまっていることも大切な時もあるってことかなあ。まだよく分からない。

今まで何とも思わずに使っていた言葉だけど、これからは、「わたしの言葉がどんな形や色をしているかな」と思いながら話したい。

わたしの口から、たくさんのきれいな花びらが飛び出しますように…。


おーなり由子・著「ことばのかたち」（講談社）自由読書

●――サントリー奨励賞

うちゅうに関わる仕事がぼくのゆめ

松山市立みどり小学校
四年　小笠原　吏　輿

ぼくは、うちゅうが大好きです。うちゅうの本を読んだり、空を見上げたりすると、とてもわくわくドキドキします。ぼう遠きょうで月のクレーターを見たり、満月が動いていくのを見たりして、天体観そくをするのも好きです。この前は、ペルセウスざ流星ぐんを四国カルストに家族で見に行きました。四国カルストの星は、全部が一番星みたいにキラキラ光っていて、手をのばしたらつかめそうなくらい近かったです。天の川も見えました。流れ星が、一時間で十五こも流れました。ほうき星みたいな大きなのもありました。流れ星が流れている間に三回ねがい事を言うとかなうと聞いたので、みんなでチャレンジしていたけれど、やっぱり

「あーっ。」

しか言えなかったです。

ねがい事がかなうって本当かな?とぎ問に思いながらこの本を読みました。すると、流れ星がまるで雨のようにふりそそぐ、流星雨というげんしょうがあると書かれていました。しかも、ぼくが生まれる十二年前の二〇〇一年十一月十九日に、日本の空で見られたそうです。その時は一時間に数千こも流れ星が観そくされたと書いて

いました。ぼくは今まで何回も流星ぐんを見に行ったけれど、そんなにすごいのは見たことがありません。想ぞうしただけで、とてもわくわくします。でも、昔の人は、流星雨を見た時に、

「世界が火事になっている。大変だ。」

とおどろいて、泣きさけんだそうです。ぼくが流れ星を見て、きれいだなと思えるのは、うちゅうや星の研究が進んで、流れ星がきけんな物ではないことが分かったからなんだと思いました。それに、次はいつどこで、どんな天体ショーが見られるかの予想もできるようになってきたそうです。ぼく達が流星雨を見られるのは、七年後の二〇三〇年ごろだそうです。一時間に百こくらいの流れ星が期待できるので楽しみです。十七才になったぼくは、どんなお兄さんになっているかな。星はまだ好きかな。今みたいに、ブルーシートに家族みんなでねころんで、天体観そくをしていたらいいな。そして、二〇〇一年の時みたいなすごい流星雨が見られるのは、七十五年後。ぼくは八十五才。かなりのおじいさんになっているけれど、ぜっ対見るぞ。そのためには好ききらいせずご飯をもりもり食べて元気に長生きしないといけないと思いました。

この本には流星雨のほかにも、日食や月食についてや、小わく星の種類、日本に落ちたいん石のことなど、うちゅうで起きたことがたくさん書いていました。うちゅうはとんでもなく広くて、大きくて、まだまだなぞがいっぱいです。ぼくはうちゅうの本をもっとたくさん読んで、うちゅうの深いところまで知りたいです。そして、いつかうちゅうに行ける時が来たら、自分の目でたしかめてみたいです。しょう来はうちゅうに関わる仕事をするのが、ぼくのゆめと目ひょうです。

渡部潤一・監修「天体観測☆100年絵事典：未来の宇宙カレンダー　日食・すい星の観られる日が予測できる！」（ＰＨＰ研究所）自由読書

●——サントリー奨励賞

ぼくはぼくのままでいい

沖縄県中頭郡北谷町立浜川小学校
三年　金城倫太

「みんなちがって、みんないい」

　これは、ぼくの学年の手あらい場にはってある金子みすゞさんの詩です。ぼくはこの詩を読んで、みんなちがうことはわかるけれどみんないいという言葉はそうなのかなとぎもんに思いました。みんな声や体の大きさ、それから知っている事や知らない事があることはわかります。でもぼくは、他の三年生と大きくちがうところがあります。それは、ぼくは二つのクラスに行き来しているということです。べんきょうもゆっくりです。すこしはなれているような気分です。だから、このちがいがぼくの中では少しだめなことだと思っていました。

　そのとき、「ぞうのエルマー」という本に出会いました。エルマーは、カラフルなパッチワークのぞうで、それを気にして他のぞうと同じ色になりたいと思っていました。ぼくは、エルマーの気もちがすこしわかります。見た目のちがいではないけれど、他の三年生はむずかしいべんきょうをしています。でもぼくは、二年生でならう九九をひっしにおぼえているさい中です。かん字も一年生でならう字をべんきょうしています。

　そこでエルマーは木のみをつかって体の色を他のぞうとおなじにしました。しかし、じぶんのせいかくのあかるさを出せなくなって大きなこえでなきました。するとまわりが気づいてくれて、「エルマーだ」とうけ入れてくれました。

このシーンから、エルマーはじぶんのせいかくを出せないことがいやだとかんじたことに気がつきました。そして、まわりのぞうはエルマーの見た目ではなくあかるさがだいすきだと思っていることがわかりました。

ぼくは、ハッとしました。ぼくも、エルマーのように、ずっと他の三年生とおなじようにすごしたらきっと気もちがおちつかなくなってしまうと思います。もう一つのきょうしつに行く事で心をおちつけることができて、自分らしくまい日をすごすことができているのだと気づきました。そして、まわりのぞうがエルマーの見た目のことを何も言わなかったように、ぼくのべんきょうのしかたをへんに言われたことはありません。だからじぶんらしくいられる今の学校生活をうれしく思いました。べんきょうはすこしゆっくりだけれど、よく先生が、「大切なのはべんきょうのむずかしさではなく、どれだけがんばってべんきょうしているかだよ。」と言ってくれるように、ぼくのペースでできることをふやしていきたいです。そして、ぼくが二つのきょうしつにかよっていても、かわらずおともだちや先生がたに大切に思われているという温かさを心に、これからも「じぶんらしく」がんばります。

ぼくもみんなも、「みんなちがって、みんないい」のです。

デビッド・マッキー・ぶんとえ　きたむらさとし・やく「ぞうのエルマー」（BL出版）自由読書

小学校高学年の部（五年・六年生）

●——内閣総理大臣賞

心で世界を見る

石川県珠洲市立飯田小学校
五年　藤野結大

アフガニスタンの人々の願いは、ただ二つ。一日三回食事ができること。家族と一緒に暮らすこと。僕にとって当たり前の日常が、現地の人々の願いなのだ。正直、僕には食べるものどころか飲み水もない生活なんて考えられない。この本を読み、蛇口をひねればいつでも出てくる水が、アフガニスタンの人々にとっては「命をつなぐ水」だと初めて知った。中村さんは医師でありながら、現地で井戸を掘り、全長二十五キロメートルにもおよぶ用水路を作った。干ばつ、飢餓、深刻な水不足、戦争。多くの問題に直面しながら、六十五万人もの命を救ったのだ。中村さんは、どんな気持ちで異国の人々に尽くしたのだろうか。

この本の中で、強く心に残った言葉がある。「人は見ようとするものしか見えない」だ。中村さんは、治療中、病気に苦しむ人々の心に懸命に寄り添っていた。診療所を作る際も自分たちのやり方や技術を一方的に持ち込むのではなく、現地の人たちが脈々と守ってきた文化を大切にした。その土地の風土と自分たちの力で生活したいという人々の思いを尊重し続けた。中村さんは、苦しみの中にいる人々の「心」を常に見ようとしていたのだ。

僕は、中村さんの姿から、一つの言葉を思い出した。学校の校歌の一節にある「敬と愛」である。この言葉の意味をちゃんと知りたくて、辞書で調べてみた。「敬愛」とは、相手に対して、尊敬と親しみの気持ちを持つこと。中村さんはアフガニスタンの人々に敬愛の心を持って、目の前の困難に立ち向かっていたのだと思う。

僕が住む珠洲は、五月に地震があり、町全体が被災した。僕の家は七十年以上前から焼酎をつくっている。店の壁にはひびが入り、多くの酒びんが割れた。焼酎をつくる一番大事な機械が壊れ、家族全員が絶望的な気持ちの中、片づけに追われた。そんなとき、止まない地震を知って、励ましの電話をかけてくれた人がいた。残った商品を買ってくれた人。食べ物を届けてくれた人。不安な気持ちを支えてくれた身近な人たちの言動に、僕は中村さんと同じような「心」を感じた。

ニュースや新聞では、毎日のように多くの災害や紛争について報道されている。僕はこれまで、世界で起きていることの被害を数字でしか見てこなかった。しかし、敬愛の心を持って見れば、その数字の一つ一つに人々の暮らしや文化、歴史、思い出、笑顔が浮かんでくるような気がする。僕には、まだ中村さんのように大きなことを成し遂げる力はない。でも、「見ようと思って見ること」はできる。この空の向こうに、今日も残酷な現実と向き合う人がいる。決して目を背けることなく、事実を知り、そこにいる人の心を想像すること。苦しみや悲しみの中にいる人々を敬い、自分にできることを考え続けること。それが、今の僕にできる第一歩だと思う。そして、どんなときも敬愛の心を持って、世界を見ようとする自分であり続けたい。

松島恵利子・著「中村哲物語：大地をうるおし平和につくした医師」（汐文社）課題読書

●――文部科学大臣賞

皆が魔女で素敵な世界

福岡市立千早小学校
五年　安達和奏

何度読んでも心が締め付けられ、誰がどうするべきだったのか正しい答えが出なかった。なぜか?それは登場人物それぞれの気持ちがどれも理解できたからだ。アディの考えや努力、エミリーの意地悪な言動やその理由を知り、正解は一つではなく、いろんな事が複雑に関係しているのだと分かった。だからこそ大事なのは「続ける事」だと思った。考え続ける事や理解し続ける事、そして行動し続ける事。なぜなら皆違う個性を持った人間で、それぞれの強みや弱みを認め合いながら世の中が成り立っているからだ。「私だって昔に生まれていたら魔女だったかもしれない」と思いながらこの本を読み返していた。

主人公のアディは感受性が強く、物事の捉え方も人と違うなど自閉的な個性を持っている女の子だ。学校でのトラブル以外に、家族の中でも双子の姉ニナと複雑な関係があった。

この物語で一番印象的だったのはアディが大事にしている類語辞典が破かれた場面だ。感情表現が苦手なアディにとって類語辞典は自分の気持ちに合った言葉や伝わりやすい言葉を選ぶために必要な道具なのだ。もし私が同じ事をされたら我慢できずにひどい言葉をぶつけていたかもしれない。最初読んだ時は「エミリー＝悪者」だったが、その考えは少しずつ変わっていった。エミリーが父親と本屋を訪れた場面で、本を読むのが苦手な事や親に軽べつされている悔しさがある事を知った。もちろんそれが誰かを傷つけて良い理由にはならない。しかしエミリーの意地悪な言動を改めるには、彼女の心の中をしっかり理解する事が大切だと思った。

もう一つこの本で深く考えたことがある。それは、いざという時に誰かを守る勇気が出せるかという事だ。「類語辞典」事件の時、エミリーに立ち向かったオードリー、一方的にアディを責めるマーフィ先生に意見したキーディ。相手が大勢や年上でも、勇気が出せるのか。私にそのような経験はないが、例えば授業で話し合う時もなるべく大勢の意見に合わせたり、周りの目を気にしたりすることがある。でも本当に友達が大変な時は、自分の考えで行動できる勇気や強さを持っていたいと思った。それが本当の友達だからだ。

幼い頃は思うがままの言動が許されていた。成長を重ねながらきっと誰もが仮面をかぶり「上手くいく事」を優先していく。大人になるためには、そういうことも必要なのかもしれない。その仮面の下で悩みながら見えない努力をし続けていくのだろう。見えていることだけで決めつけるのではなく、見えていない部分にも目を向け、しっかり考え続ける事や理解し続ける事を大切にしていく必要がある。一人一人が違うからこそお互いに支え合いながら生きていける。私も誰かの支えになれる人でありたいと心から思った。「人と違う＝魔女」ではなく、「違いを認め合える魔女」が増えて、皆が生きやすい世の中になるよう私も努力し続けようと心に誓った。

エル・マクニコル・著　櫛田理絵・訳「魔女だったかもしれないわたし」（ＰＨＰ研究所）課題読書

●――毎日新聞社賞

「寄り添いの先に…」

埼玉県所沢市立上新井小学校
六年　齊藤悠真

「一隅を照らす」という言葉がある。一人一人が自分のいる場所で、自分が光となり周りを照らしていくことこそ、私たちの本来の役目であり、それが積み重なることで世の中がつくられる、という意味がある。もともと天台宗の開祖最澄の言葉であるが、中村哲先生の座右の銘である。

ぼくは以前、中村哲先生のことをニュースで見た記憶があった。ぼんやりと世界の平和のために尽力した偉大な人のように記憶していたが、実際にどんなことをされた人なのかはっきりと知らなかったので、「中村哲物語」を読むことに決めた。

ぼくはこの本を読み始めてすぐに、中村先生の生き方に心を打たれた。医師という役割を超えて、アフガニスタンの人々の生活が根本から改善されるよう、用水路を建設し、田畑に水を行き渡らせ作物を育てることに成功した人だった。その計画の一つ一つは、すんなりと実現することではなく、試行錯誤を重ねながら、多くの人に協力してもらってやっとやり遂げられることばかりであった。中村先生の諦めない強い気もちと行動力が、干ばつの進むアフガニスタンの多くの命を救ったことを知り、信念をもつことの大切さに気付いた。

中村先生は、目の前で困っている人のために出来ることは何か、いつも考えている人だった。ぼくなら、自分のことばかり先に考えてしまうだろう。人のために生きる、言葉で言うのは簡単だが、具体的にどんな行動を起こしたらいいのか、見当もつかなかった。しかし、読み進めていくうちに、中村先生の考え方はとてもシンプルなものだと分かってきた。それは「寄り添う」ということである。病気に苦しむ人、助けを求める人の心に寄り添うこと、徹底して寄り添い続ける行動こそが、結果、アフガニスタンに用水路を建設し農業を復活させるという大きな成功につながっていた。また、寄り添うことを大切にして相手を尊重したことは、将来的に現地の人たちだけで、やっていけることにつながっていると気付いた。

ぼくに出来る事は何だろう。読み終わってからずっと考えている。「一隅を照らす」の言葉の通り、自分が今いる場所で、自分にできることを一生懸命にやること、これが今の自分に出来る事だと考えた。友だちが困っていたら一緒になって解決方法を考える、家族が病気で苦しい時には代われる家事を代わる、少し周りを見渡すと、中村先生が日々続けてきた「寄り添う」という行動は、案外自分の生活の中でも出来そうなことであると気付いた。

最も印象に残ったのは、「小さな一つ一つが、何でもないようなことが人間の真心。それをじっと守ることが大事なんだ」という言葉である。小さな行動が人を支え、助けることにつながることを信じて、信念をもってコツコツと小さな寄り添いを続けていきたい。

松島恵利子・著「中村哲物語：大地をうるおし平和につくした医師」（汐文社）課題読書

●——毎日新聞社賞

二番手になって見えたこと

甲府市　山梨学院小学校
六　年　山　内　ひかり

二番手というのはだめなのだろうか。私はこの夏のゴルフの県大会で、二番手に終わった。周りの人たちはよく頑張ったと祝福してくれたが、私自身は嬉しいような悔しいような、何かもやもやした気持ちが残っていた。主人公のカン・ナルは勝つことにこだわっていたが、スポーツをするうえで、結果だけが全てなのだろうか。ナルがライバルを疑い始めたり、水泳の楽しさを忘れかけたりしていた姿は、読んでいて少し胸が苦しくなった。

ライバルというのは、私にとってもナルにとっても、自分が成長するうえで欠かせない存在だ。私の場合、ゴルフを習い始めた時には、同じ年の子たちはすでに何年も経験を積んでいたので、正確に言うと、ライバルというよりはあこがれだった。私はそのライバルたちの背中を見ながら、追いつけるようにと必死に頑張ってきた。それでも負けが続くと何かのせいにしたくなるのは、私もナルと同じだ。ナルはライバルのチョヒの水着を疑ったが、私は自分の負けを時々コースの状態や天候のせいにしてしまう。しかし、結局は何度ふり返ってみても、自分に足りなかったのは集中力や技術だと分かるのだ。ライバルは私に足りないことを気づかせてくれる。その逆もあって、お互いの強さも分かっているからこそ、試合の時に意識してしまうのだ。

スポーツに夢中になる時、私は楽しむことと、チャレンジすることを忘れないようにしている。そうしないと、ナルのように勝ちにこだわり過ぎて苦しくなるからだ。競技種目を飛び込みに変えた姉や、勉強と水泳を両立しようとする転校生のテヤンを、ナルはなかなか認めることができなかった。飛び込みの魅力を話す姉の姿と、二つの目標に向かって努力するテヤンの姿は、負けを引きずるナルとは対照的に、前向きでキラキラしていた。ゴルフのコーチはよく私に、「失敗はたくさんしなさい」とか、「練習ではたくさん冒険をしなさい」と教えてくれる。つまりそれは私がまだ成長の途中で、ゴルフを楽しみながらも、チャレンジすることを忘れないように導いてくれているのだ。

私は、ナルの物語を読みながら、この夏の大会をふり返ることができた。ずっとトップを走ってきたナルは、負けたことで初めて自分の弱さと向き合い、新たな気持ちで水泳に打ち込むことができた。私はというと、やっとライバルとメダルを争える所までやってきた。練習の時に、ライバルの子から、ひかりちゃんがいたからここまで頑張ってこられたと、教えてもらえた。全く同じことを思っていたので、涙が出るほど嬉しかった。私は二番手になったことで、自分の新しい課題や目標が見つかった。思い通りにならないプレーなんて山ほどある。できるようになるには、結果だけにこだわらず、どうしたらいいかを考える探求心と努力が、きっと新しい扉を開くきっかけになると思う。これが、この本と自分の経験を通して見つけた答えだ。

ウン・ソホル・作　ノ・インギョン・絵　すんみ・訳「5番レーン」（鈴木出版）課題読書

●――毎日新聞社賞

大人になるということ

愛知県長久手市立市が洞小学校
六年　水野由麻

「いつのころからか、いっしょにいると息苦しい。腹が立って嫌いだと思うこともある。わたしがいけないいんだろうか?わたしがわるいんだろうか?よくわからなくなってくる。」

私と同じだと思った。五年生になったころから、家族に対して腹が立ったり、ささいな事でおこったりしてしまうことがある。おこりたいわけじゃない。けれどこらえきれなくて、気付いたらおこっている。私が悪いのか、私のせいなのか、聞いたらまた何か言われると思うからうまく言えない。何で分かってくれないんだろう。分かってもらえなかったと思うと悲しくて悔しくて…分かってもらえるようになりたいと思う。

主人公の陽菜子は小学六年生の女の子。お母さんから勉強も家事もちゃんとするように言われている。でも、二つ上のお兄ちゃんは何も言われない。もやもやした気持ちをかかえて過ごしていたある日、陽菜子は不思議な少女と出会う。その少女に、もやもやした自分の気持ちを話すうち、陽菜子は少しずつ変わっていく。お母さんにも自分の気持ちを口に出して言えるようになる。

ああそうか、と私は思った。陽菜子は気付いたんだ。気付いたから変われたんだ。自分の気持ちを言葉にして伝える大切さ。そして誰かに言われたからするのではなくて、自分がしようと思ってからすることの大切さ。この二つに陽菜子は気付けたから変われたんだ。

そう言えば私も言われたことがある。「言葉にしないと気持ちは分からないんだよ。」私が家族に対していらいらしていた時、母に言われた言葉だ。もちろんそういう時ほど言葉で伝えるのは難しい。けれど、最初は無理だと思いながら、少しずつ自分の気持ちを言葉にするうち、自然と気持ちが落ち着いていくのが分かった。それがなぜなのか、あの時は考えられなかったけれど、この本を読んだ今なら分かる。つらいことも、苦しいことも、言葉にしないといけないんだ。ちゃんと自分の言葉で伝えることが大切だと分かった。それがきっと「大人になる」ということだ。

そしてもう一つ、この本を読んで分かったことがある。それは自分がしようと思ってからすることの大切さだ。私も陽菜子のように勉強もお手伝いもいやいやしていた時がある。でも、いつのころからか自分の意思でするようになった。母に言われるからするのではなく、自分でしようと決めてするうちに、どちらもいやなものではなくなった。陽菜子もそれに気付いた。無理にさせられているとかやる気が出ないとかじゃない、自分がどうしたいかということなんだと気付いた。最後の場面、陽菜子の様子に私はうれしくなった。陽菜子の成長が私の成長と重なって見えた。

この先、私もまた家族とけんかすることがあるかもしれない。でもその時には、自分の気持ちをちゃんと言葉にして伝えよう。そして自分がどうしたいか考えて行動しよう。それが「大人になる」ということだから。

魚住直子・著　西村ツチカ・画「いいたいことがあります！」（偕成社）自由読書

毎日新聞社賞

六つの星が照らした未来

秋田県鹿角市立花輪小学校
六年　村山　奈那子

「できないのであれば、できる方法を考え出さなければなりません。」

盲学校で教員をしていた倉次は、責任者である小西信八から、盲人用の文字を作ってほしいとたのまれた。見えない人の文字、つまり点字である。当時、フランスでは、アルファベットを六つの点で表す、ブライユの点字が生まれていたが、日本ではまだ、木や瓦製の立体化された字を指でさすって、形を覚えていた。この学習法にもどかしさを感じ、日本独自の点字をたん生させたのが、石川倉次である。

私は夏休み、「福祉の杜」という会で、初めて点字を作った。器具を使うと、読むだけではなく、子供も点字を打つことができる。完成した点を指で触ったら、モヤッとしかわからなかったが、指先に集中すると、点の並びがわかった。昔の日本は、これが点ではなく、ひらがなを凹凸で表現していたとしたら、字を判断することは、とても難しいと思った。

「複雑な字を、もっと早く正確に読むことはできないか。」倉次は、かたかなと数字を、六つの点で区別することにこだわり、最適な点の配置を研究した。仲間の厳しい意見も、優れた点字を作るために受け入れたが、六つか八つの点に決めることは、難しかった。倉次は、目が見える自分にはわからないぬけ道があるかもと、盲学校の生徒たちと二人三脚で打ち込んだ。これは、倉次が教員だったからこそ、生徒たちの思いに応えたい、という原動力になったと思う。やがて、点字開発は困難を重ねた結果、世界共通の六点点字を完成させることができた。

私には、目が見えない曽祖母がいたそうだ。着物をぬったり、大家族の食事を作ったりして、十一人の子供を育てたと聞いておどろいた。目が見えても、たくさんの子供の世話をすることは苦労も多かったはずなのに、昔の人は強いと思った。針と糸は子供に通してもらったり、野菜は指の感覚で切ったりし、見えているかのようによく動く人だったそうだ。「できないのであれば、できる方法を考える。」倉次の言葉は、曽祖母の存在を思い出すきっかけになった。

何かを知りたい、学びたい気持ちは、目が見える、見えないは、関係ないと思う。字を読むことが目標ではなく、字の先にある無限の言葉に、未来につながる道しるべを見つけてほしいと、倉次は願っていたと思う。もし、曽祖母の時代に、点字が間に合っていたら、少しでも豊かな、色のついた時間を過ごしていたのではないだろうか。小説を読んだり、外国の話を読んだり、私と同じく日記を書けていたかもしれない。日記は、書くことで気持ちの整理ができ、後で読み返すと、感情や景色がよみがえる。

読み書きを可能にした点字のたん生は、視覚障害者に、情報を与えるだけではなく、言葉を残す喜びをも、もたらしたと思う。

六つの星が照らした未来は大きい。

小倉明・著「闇を照らす六つの星：日本点字の父　石川倉次」（汐文社）自由読書

毎日新聞社賞

個のもつ美しさ

宮崎市立大塚小学校
六年　迫田　陽

宮沢賢治は、未来の世の中を予測していたのだろうか。この物語は、約百年前に作られたのにもかかわらず、現在でも大きな社会問題となっているいじめや自死がテーマになっている。

この本の中でよだかは、周囲と大きく異なる醜悪な容姿を原因として、同じ仲間であるはずの鳥から激しく排除される。しかし表紙のよだかは僕から見ると決して醜悪ではない。温かみを感じる同系色の様々な色合いの羽が重なり合った、美しい羽を大きく広げ、星が散りばめられた夜の空を高く飛んでいるその情景は、むしろ美しい。

ではなぜ、よだかはここまで追いつめられたのか。原因はおそらく二つある。一つは自分と異なるものを攻撃し排除しようとする鳥たちの幼稚な誇りと固定観念、そしてもう一つは、よだか自身の、自分が生きていることに対する過剰な罪悪感。この二つが重なり合ってしまうことで、最終的によだかは、とても悲しく、取り返しのつかない最期を選択するのだ。

人はなぜ、自分と異なるものを排除しようとするのか。例えば、僕たちの生きる現代の世の中で考えると、感染症に対する偏見や感染した人に対する排除の動きなどが挙げられる。排除しようとする理由を考えてみたが、おそらく、自分と違うものへの恐怖心、憎しみ、知識不足などにより、受け入れるより排除するほうが簡単だからだろうと思う。他にも、今、世界では、人種による排除や、性の違いでの排除、外観での排除、貧富の差での排除など、多くの良くない動きが見られている。それはもう、「排除」という名の暴力なのではないだろうか。

物語の中に、よだかが鷹から「名前を変えろ」とつめ寄られるシーンがある。この部分を読んだとき、ぼくは以前見たハンセン病患者を特集したニュースを思い出した。その患者さんも、周囲の差別から家族を守るため、家族に迷惑をかけないよう、自分だけ名前を変えることもあったそうだ。よだかのように、自分という痕跡を消したいと願うほどの、壮絶な周囲の排除の動きが、そこにあったに違いない。

しかしこれから先の世の中でも、未知の感染症は現れるかもしれないし、見たこともない特徴を持つ人が現れることがあるかもしれない。そのたびに人間はおろかな排除をくり返すのだろうか。そろそろ私たちは過去から学ばなければならない。

この本を読んで、僕はよだかから、個の弱さやもろさと、反対に集団の強さや恐ろしさを学んだ。そして、それでもなお、決して消すことのできない個の美しさがあることも、学んだ。

よだかは自分の思いを貫き、悲しくも美しい青い星になった。この星がこれ以上増えなくてすむよう、僕はこれから、今まで以上に個を大切にして生きていきたいと思う。

宮沢賢治・作　中村道雄・絵「よだかの星」（偕成社）自由読書

全国学校図書館協議会長賞

魔女を作ってしまったかもしれない私

宮城県気仙沼市立津谷小学校
六年　山谷桃子

人間は、自分とは違うものを差別する生きものなのかもしれません。私も日常生活の中で、自分とは違う意見を言う人や、突然予想もしなかった行動をする人は苦手で、平気なふりをしていても、心の中で文句を言ったり、その場に近寄らないようにしたりしていました。もしかしたら、そんな小さな感情がふくらんだり、集まったりしたら、魔女を生み出していたかもしれません。自分の心の中のそんな気もちを見つめさせてくれた『魔女だったかもしれないわたし』の本。

アディが私のそばにいたら、私は、どうしたでしょうか。オードリーのように仲よくしたでしょうか。エミリーのように意地悪をしたでしょうか。きっと、アディは自閉だから仕方がないと思って、近寄らなかったと思います。その方が楽だから…。

では、自閉とは、一体どういうことなのでしょう。私は、すぐに、グレタ・トゥーンベリさんを思い出しました。グレタさんは、地球の気候変動について、本気になって考え、次々に行動を起こしました。それは、彼女がアスペルガー症候群であるがゆえに、何事にも前に進んでいくという気もちが強いからです。彼女は、自閉を

「スーパーパワー」と呼んでいるそうですが、アディが大人に対して魔女の慰霊碑を作ってほしいとスピーチする姿は、まさにぴったりだと思いました。そして、自閉でよかった、このままの自分が好きだと話す場面では、人間を型にはめて、決めつけてはいけないと思いました。

私達の学校は、ほぼクラス替えがないまま、三～六年生を過ごします。だから、人間関係はむずかしく、いつの間にか相手の思うような自分でいようとする私がいます。今までに何度もいろいろな問題がありました。その度にいやな思いをしたり、苦しくて苦しくてたまらなかったりしたけれど、今はそれを乗り越えて、いい関係だと思っています。アディも苦しいことがいっぱいあったけれど、その困難によって、自分を見つめ直して成長したと思います。困難は、逃げていては苦しいだけだけど、乗り越えれば大きな自信になって自分に戻って来るのだと思いました。

私は、魔女とは「いじめ」なのだと思います。何かの理由を見つけて誰かを仲間外れにし、それを正当化しているのです。小さなつむじ風が大きな竜巻になるように、いじめの芽に気付いたら、誰かが声を出して、それを止めればいいのです。でも、それができるかと聞かれたら、次の標的になるのが怖くて、黙ってしまうと思います。だから、本当に大切なのは、いじめを絶対に見逃さない強い心の周囲の人間です。アディを支えた先生や友達、家族のように、人の言葉に流されず、何が正しいかをしっかり考えて行動したいです。

いじめを育ててしまうのは、人間の弱い心です。私は、「魔女を作ってしまう人間」から脱皮して、「魔女を生み出さない人間」へと変身し、強く正しい心で生きていきます。

エル・マクニコル・著　櫛田理絵・訳「魔女だったかもしれないわたし」（ＰＨＰ研究所）課題読書

●——全国学校図書館協議会長賞

キャラを被った私に『さようならンダバ』

北海道帯広市立帯広小学校
五年　須田陽愛

本当の自分の姿って？私の心の中にずっとあった疑問。そんな中この本に出会った。

この本の主人公は異なる理由でキャラを被っている太一と優希。転入前の学校での太一は、誰とも目を合わさず、まるで空気のような存在。転校をきっかけに、自分の居場所を作るため、自ら〝おちゃらけ〟キャラの殻を被って過ごす毎日。一方、転入生の優希は、容姿と名字の『大路』にちなんでクラスメイトからつけられたあだ名が『王子』。優希は、周りからキャラの殻を被せられていた。

キャラ作り。この二人の姿が私の心にするどく突き刺さった。

今の私のキャラは自ら作ったもの？それとも他の人から作られたもの？振り返ると、私は小一の頃からクラスメイトに頼られることが多かった。経験したことのない運動種目や理科の実験で一番初めに指名されたり、教室にクモやハチがいると、「早くとって！」と言われる。私だって本当は触りたくない。嫌なのにな。内心ではそう思いつつ、皆が嫌がることを率先して行う良い子キャラを作っているのかも。言いたいことを飲み込み、我慢してしまう性格。時々思い切り叫んで自分の中にため込んでいるものを吐きだしたくなる。それなのに、自分の気持ちが言い出せず、今年の春には円形脱毛症の診断も受けた。親からも先生からも「もっと出来る。もっともっと……。」と期待され、それに応えるのに精一杯。正直、甘え上手で無邪気、自由ほん放な妹がうらやましくて仕方がない。

この本に出てきた太一と優希のように、みんな少なからずキャラを被っているのかもしれない、私だけではないんだ、と少しホッとした。

そんな二人が取り組んだ郷土芸能えんぶりの『えびす舞』。その練習の一環で行った釣りの帰り、優希が太一にきっぱりと、

「王子はぼくじゃないから」

と断言する場面が一番心に残っている。キャラに寄ってきていることに気付き、本当の自分と向き合うため、新たな一歩を踏み出し、変わろうとする優希の姿が素直にうらやましいと感じた。

「あきらめなかったら何かをつかめそう」と言った優希。そして、自分の中の主役は自分自身だと答えを出した太一。キャラを演じるのではなく、自分自身が主役だという気持ちで真剣に向き合った『えびす舞』。そんな二人の気持ちが演舞の成功と観客の大歓声につながったのだと思う。『えびす舞』を通して自分自身を見つめ直し、作られたキャラの殻から抜けだした太一と優希。そんな二人の姿が私にはとても眩しくみえた。

今までのキャラを抜け出すのには、とても勇気がいる。しかし、二人は変わることが出来たので、きっと私にも出来る!ずっと怖かった今までの自分のキャラを抜け出すための一歩を踏み出してみよう、そう心に決めた。

私の物語の主人公は、私自身なのだから。

高森美由紀・作「ふたりのえびす」（フレーベル館）課題読書

●――全国学校図書館協議会長賞

真心が救った命と大地

鳥取県倉吉市立小鴨小学校
六年　宮本昌治

なぜだろう。この本を読み終えた時にわき上がったのは「泊夏祭り」で花火を打ち上げてくれた名前も顔も知らない花火師さんへのありがとうという感謝の気持ちだった。小さい時に祖父と魚つりに出かけ、プラスチックゴミによる海洋汚染の問題を考えるきっかけとなった泊の港。その夜空いっぱいに広がる花火とともに海面に反射する光の美しさと、久しぶりに味わう大勢の人たちのにぎわいは、今年一番の思い出だ。

この本はアフガニスタンで人道支援に命をかけた中村さんの生き方や志を伝える物語だが、同時にアフガニスタンの名も無き人々の命の物語でもあるとぼくは思う。病気のこと、干ばつのこと、そして戦争のこと。これらの一つ一つがていねいに言葉にされていて、そこに住む人々の暮らしが想像できる。ぼくは想像すればするほど心がずしんと重くなっていった。特に、中村さんに用水路の建設を決意させた干ばつによる飢餓の問題は、ぼくたちの生活の仕方にも関係する地球温暖化が大きく影響していることを知り、目をそむけてはいけないと思った。「人は見ようとするものしか見えない」という中村さんの言葉通り、人間はどんな大切なことでも関心を持って目を向けなければ見逃してしまう。ぼくは夏休みに鳥取大学乾燥地研究センターのイベントに参加し、砂漠のオアシスにわき出る泉の原理を学び、「水神の泉」を観測した。また、世界の乾燥地では砂漠化が進み干ばつが大きな問題であることや、鳥取大学の研究が乾燥地の農業や緑化にこうけんしていることを知った。砂漠地帯から遠くはなれた鳥取の地からでも世界の人々の暮らしを支え、役に立つことができると分かり、うれしくなった。大切なことは関心を持つこと、さらに志を持って自分自身の道を選び、選んだ道をしっかりと進み続けることだと気付き、大学の先生と中村さんの姿が重なった。

そして、一番心に残った中村さんの言葉は、「小さな一つ一つが、何でもないようなことが人間の真心。それをじっと守ることが大事なんだ」である。小さな行動の一つ一つに他人を幸せにする力があること、何気ない日常の中にこそ真心が宿ること。中村さんが生涯をかけてつらぬいた思いと、コロナ生活でぼくたちが経験したことが重なり、ぼくの心にこの言葉がしっかりと刻まれた。本には、ぜいたくなクリスマスケーキが入院していた人を笑顔にし、生きる喜びを与えたエピソードが書かれていた。大地だけでなく、そこに暮らす人々の心をもうるおした中村さんの生き方にふれ、ぼくも自分にできることを誠実にやりとげられる人になりたいと思った。クリスマスケーキを作った職人さんの仕事は真心がつまった仕事だし、暑い中港で花火を打ち上げてくれた花火師さんの仕事も同じだ。地域や国境を越えて、誰かを幸せにしたいと思う真心の積み重ねが平和な世界を築いていく。その真心を見ようとする目をみがきたい。

松島恵利子・著「中村哲物語：大地をうるおし平和につくした医師」（汐文社）課題読書

●全国学校図書館協議会長賞

広がる僕らの世界

東京都小平市立小平第十一小学校
六年　室田周豊

『手で見る』とはどういう意味だろう。最初は分からなかったけれど、この本を読んで、僕にも手で見る世界が少し見えるようになった。

同じ世界なのに、これまで僕が目で見ていた世界と、手で見る世界はまるで違っていた。目の見えない人たちは、道に迷わないために、地図を頭の中で作っておかなくてはならない。安全に歩くためには白杖の使い方を学ばなくてはならない。車が多いところや、人ごみの中は、音を頼りにしづらいので不安が多い。そんな目の見えない人たちが通う学校があることも、僕はこの本で初めて知った。

本を読み終えてからいつもの通学路を歩いてみると、新しい発見がたくさんあった。例えば、でこぼこのアスファルトの道、レンガの道、歩道に枝が伸びていて危ない道、ゴミ捨て場からゴミがはみ出している道。それらは目が見えない人にとっては、必要な情報だ。今までだって視界に入ってはいたけれど、僕にとってはどうでもいい背景の様な世界だった。そんな背景の様な世界が、僕にも見えるようになった。

目の見えない人たちが住んでいるのは、僕と同じ世界だ。同じように学校に行って、同じように友達と遊ぶ。

目が見えないことで被害者になることもあれば、加害者になることだってある。みんな同じ人間だ。本を読み終えてからは、白杖を持っている人を見かけたら、助けてあげたいと思うようになった。それは、目が見えない人たちをかわいそうだと思う感情ではない。困っている人を見かけたら、助けたくなるのと同じ、当たり前の感情だ。

この本を読み、昔と比べて今は技術も進歩しているのに、目が見えない人にとって欠かせない点字ブロックや白杖は、ずっと変わらず進歩していないことも知った。この事実を知って、僕は恥ずかしくなったし、申し訳ない気持ちにもなった。もっとみんなにも、手で見る世界を知ってもらいたい。みんなが手で見る世界を見えるようになれば、手で見る世界がもっと便利になるように技術が進歩していくに違いない。

今までは、見たい景色しか見てこなかったのかもしれない。見ていた世界は狭かった。見えない人の気持ちになってみたから、僕にとっては背景のような世界も見えるようになったのだ。

そこで、僕は思った。他にもいろんな人の気持ちになってみれば、もっと新しい世界が見えてくるのではないかと。例えば、お年寄りの気持ちになってみる。バスや電車の中でずっと立っているのはつらいというのが見えてくる。席をゆずってあげようという気持ちが芽生えてくる。

いろんな人が見ている世界を知ることで、僕らの世界はどんどん広がっていく。みんなの見ている世界が広がれば、きっと世界は一つになる。

樫崎茜・作「手で見るぼくの世界は」（くもん出版）自由読書

全国学校図書館協議会長賞

生きていること

福井県鯖江市神明小学校
六年　松岡茉那

「死んだ人、見たことあるか」この言葉に私はドキッとした。私の答えは「イエス」だ。登場人物の一人である山下のお婆さんのお葬式の場面を読みながら、私は大好きだった祖父が亡くなった時のことを思い出していた。一年生だった私は祖父との別れがとても悲しかった。それと同じくらい印象に残っているのは、初めて経験したお葬式の独特の雰囲気だ。山下が体験したことと私の思い出には似ている部分がたくさんあった。私は物語に一気に引き込まれていった。

山下の話を聞いてから河辺は人の死が頭から離れなくなった。「人は死んだらどうなるか」その答えを探すため同級生の木山、山下と共に一人暮らしのおじいさんを見張ることにした。私は驚いた。私だったらいくら友達に言われたとしても、そんなことはしたくない。私は、祖父がやせ細り会話もできなくなり亡くなっていく姿を実際に見た。辛かったけど大切な家族だからこそそばにいることができた。だけど知らない人が死んでいくのを想像するとやっぱりとても怖い。

三人が見張りを始めると、弱っていたはずのおじいさんは段々元気になっていった。私はそのきっかけが河辺の「おまえがどんな死に方をするか、絶対見てやるからな！」という言葉だったと思う。三人の目的を知ったおじいさんはきっと腹が立っただろう。でもそれがおじいさんにとって生きる力になったのだと思う。三人とおじいさんの距離は縮まり、おじいさんの所に行く目的も変わっていった。少年達にはそれぞれ心に抱えているものがあり、おじいさんにもまた、これまで人と関わらずに生きてきた理由があった。そういう部分にお互いがひかれ合ったのだと思う。私は、死ぬのを見張るなんてしたくないけど、心の通った四人の関係はとても温かく感じ、私もおじいさんに会いに行ってみたいと思った。

夏の終わり、三人はサッカー部の合宿で多くの経験をした。その話をしようと、ワクワクした気持ちでおじいさんの家を訪れた。しかしそれは叶わなかった。おじいさんはすでに亡くなっていた。私は強いショックを受けた。少年たちもすぐには真実を受け入れられなかったと思う。おぜんに四房のぶどうが置いてあったことから、おじいさんの思いも伝わり、私の心は押し潰されそうになった。

人の死とは何か。死の反対にあるのが生なのか。私はこれまで「生きていること」が当たり前だと思っていた。でも違った。人は必ずいつかは死ぬ。家族や自分だって。だからこそ「生きていること」はかけがえのないことなのだと思う。そしてそれは、大切な人と関わりあったり触れ合ったりすることで輝くものだということに、少年達とおじいさんが気づかせてくれた。生と死は反対側にあるようで繋がっている。体がなくなっていても大切な人との繋がりはなくならない。これから私は、このことを心に刻み生きていきたい。前を向き、歩き始めた三人のように。

湯本香樹実・著「夏の庭：The Friends」（新潮社）自由読書

●――全国学校図書館協議会長賞

「チキン!」を読んで

石川県七尾市立和倉小学校
五年　松田瑞紀

真中さんは正しい。正しい行動であるにも関わらず、なぜ心配でたまらなくなるのだろう。そんなことをして大丈夫なのか、この後によくないことが起こるのではないかと、読み進めながらハラハラした。きっと日色君はこんな気持ちで毎日を過ごしていたのだろう。

この、ハラハラする気持ちの正体を突き止めるために、私は何度もくり返し読んだ。そして見えてきたことは、真中さんの「正しさの基準」が、私とは異なるということだ。私も、まちがっているものを見れば正したいと思うし、できるだけ見て見ぬふりはしたくない。しかし、自分の言動が、他のだれかをきずつけるのであれば、口を閉ざす方を選ぶ。

私はスイカが苦手だ。食べられないことはないが、できれば食卓には登場してほしくない。今年は、祖父が大きなスイカを持ってやってきた。スイカが大好きな妹が、祖父にスイカをねだったからである。祖父は何度もスイカを持ってやってきた。そのたびに妹はよろこんで食べ、私はカットされた上の方を少しだけ食べた。この時、本当は苦手だなんて絶対に口にはしない。自分の正直な気持ちを常に相手に伝える必要はないと思うからだ。

このように真実を公表しないことは、円かつに世の中を生きていく術となる場合がある。日色君の言葉を借りるなら、「あえて言わなくてもいいことなんて、世の中のそこらじゅうに転がっている」のである。真中さんは、真っ直ぐに突き進む香車のような人だ。自分の正義のせいで、弟がいじめにあうというぎせいがあっても、自分を曲げることはなかった。その判断に、私は心がしめつけられた。

全てのまちがいを正しながら生きていくことは、正義なのだろうか。その正しさは、時には自分も他人もきずつける。これまでに家でも学校でも、「正しいこと」と「正しくないこと」を教わり、学んできたが、選択しはその二つしかないのだろうか。

「正しさの基準」は人によって異なる。自分が正しいと信じる事を、一方的に周りに押し付けてはいけない。ひ定するのではなく、分かり合えるよう相手の話に耳を傾けることが必要だと思う。まちがいを正すことを正義とする人がいる一方で、争わないことを正義とする人もいる。何を重要とするかは、人それぞれだ。日色君が女子のいじめを「気持ち悪い」と無意識で口にしたように、また、真中さんが自ら過去を打ち明けたように、人はいつの間にか周りからえいきょうを受けたり、逆にあたえたりしている。どちらか一方が良くて一方が悪いのではなく、自分を分かってもらえるように行動したり、相手の気持ちを想像したりしながら、お互いをそん重する事が大切だと思った。その考えにたどりついた時、私の心をうめていたハラハラが消えた。

スイカの季節がもうすぐ終わる。私は来年も静かにスイカを食べるだろう。それは、自分の好き嫌いよりも、祖父への感謝を優先するから。それが私の正しさの基準なのである。

自由読書「チキン!」（文研出版）こがしわかおり・絵 いとうみく・作

●――サントリー奨励賞

「普通」って何だ

兵庫県西宮市立高木北小学校
六年　益　滿　杏　珠

アディは普通ではない。周りの友達も、担任の先生も、そして自分でさえもそう思っている。彼女は「自閉的」な十一才の少女。周囲の人からのひどい仕打ちに対する悲しい気持ちも、全て仮面の下にかくして、平気なふりをして過ごしている。それが彼女なりの自分を守る方法なのだ。

私も普通ではない。私の右目は、私の思いとは関係なく中心からずれていく。「外斜視」という診断を受けたのは幼稚園のころ。母は少しでも良くなるようにと、何度も病院に連れて行ったり毎日トレーニングを手伝ったりしてくれた。小さかった私にとってそのトレーニングはとても難しいもので、いつも泣いていたことを覚えている。母はそんな私の姿を見て、悲しそうにしていた。母の姿を見て、私も悲しくてたまらなかった。「普通」じゃない自分の目が大きらいだった。

アディは授業で知ったジュニパー村の歴史にとても傷ついた。人とはちがうという理由だけで命をうばわれた女性たちがいたこと、彼女たちが魔女とよばれていたことに。アディは彼女たちの慰霊碑を設置するための活動を始める。

私は自分の右目のことを、友達に指摘されたことがある。その日のトレーニングも上手くできず、私は自分の目を力いっぱいたたいた。母は必死で私のうでをつかんで止めた。「もうやめよう。真ん中に来なくてもいい。あなたの目はとても賢い目なのかもしれない。」そう言った母は泣いていたような気がする。（このままでいいんだ）母の言葉で私はそう思えた。

何度も失敗した村の委員会での要望。アディのスピーチが大人たちをついに動かした。『心から自閉でよかったって思います』『わたしは、このままの自分が好きです。大好きです』ジュニパー村の人たちと同じように、私もアディの言葉に拍手を送りたい。周りの目やいじわるを怖がり、普通であろうとすることは、自分で自分をいじめているのと同じだと思う。もちろん周りの人を傷つけないことも大切だ。しかし、だれよりも自分がありのままの自分のことを一番好きでなければいけないと私は思う。

私もアディも普通ではない。でも、普通って何なのだろう。例えば私のクラスの中で普通な人って誰だろう。落ち着いている人、目立ち過ぎない人、一人ぼっちにならない人、人とちがう行動をしない人、先生におこられない人…。イメージはできるのに、「それは誰？」と聞かれたら、一人も顔が思いうかばない。私はだれに「普通」を教わったのだろう。だれが「普通」を決めているのだろう。きっとそんな人はどこにもいないのに。

今でも母が私の右目のことを気にしていることを知っている。そんな母の気持ちもよく分かる。それでも、私の右目は教えてくれる。「普通」にとらわれない素晴らしい生き方を。私は普通じゃない私のことが大好きだ。

エル・マクニコル・著　櫛田理絵・訳「魔女だったかもしれないわたし」（ＰＨＰ研究所）課題読書

●——サントリー奨励賞

苦しいときこそ前を向く

鹿児島県大島郡伊仙町立喜念小学校
六年　中原芽唯

八月半ばの暑い日。かも池にある屋内プールは、日差しこそとどかなくても、ひどく蒸し暑い。それでも、家族や友達の声援がよく耳にとどく。

「テイクユアマーク。」

スタートの合図を聞くため、集中する。私は5番レーン。4番レーンには、いつもの、最高のライバルがいる。

私は、四才の頃から水泳を習っている。元々は八才上の姉が水泳を習っていた。姉の泳ぐ姿がとてもかっこよくて、姉のようになりたいとあこがれ、習い始めた。「5番レーン」のナルと一緒だ。私は背泳ぎが専門で、毎日のようにプールに通い、この夏の大会で県一位をとった。これもナルとにている。さらに、私には最高のライバルがおり、大会では毎回その子と勝敗を競い合っている。これもまた、ナルと一緒だ。ライバルと競い合い、負けてしまった試合の後。その時は、くやしくてたまらなくなり、これまで以上に練習をがんばった。だから、ナルの「負けてくやしい気持ち」もよく分かる。

これだけ一緒のことが多い私とナルだが、ちがうところがある。それは、「試合は勝たないと意味がない」というナルの考え方だ。私は、そんなことは思わない。水泳に限らず、スポーツには「勝つ」ということ以上に大切なことがある。勝つことよりも、「水泳を通して、楽しく成長する」ということの方がもっと大切だし、私はそれをよく感じている。日々、自分を追いつめて練習し、たとえ負けたとしても、その負けたくやしさを次に生かしていけば必ずどこまでも上を目指すことができる。また、スポーツだけでなく、これは社会を通しても生かしていける大事なことだ。

一方で、ナルのライバルのチョヒの考え方はすごく共感した。大きな試合の決勝戦を辞退しようとしたナルにおこったチョヒ。もし私が私のライバルにナルと同じ事をされたとしても、チョヒのように絶対に決勝に出てもらうよう強く言うだろう。なぜなら、ライバルは、「勝つ相手」ではなく、「共に競い合う相手」だからだ。競い合わずに勝っても、意味がない。

私はナルのように、ライバルに勝てなくなったとか、練習の成果が出ないという経験はまだない。でも、これから水泳を続けていく上で、同じような経験をするかもしれない。そんな時は、「水泳を通して、楽しく成長する」ということを再認識して、あきらめずに練習をしていきたい。5番レーンは「二番」という意味だ。ナルは物語の初めも終わりも5番レーンだった。でも、気持ちの向いている方向が違う。初めの5番レーンに立ったときは「くやしい」という後ろ向きの気持ち。最後は、「やってやる」という前向きの気持ち。私も苦しいときほど「やってやるぞ」と前を向いて、水泳を続けていきたい。

ウン・ソホル・作　ノ・インギョン・絵　すんみ・訳「5番レーン」（鈴木出版）課題読書

●——サントリー奨励賞

続けた先に見えるもの

岐阜県安八郡神戸町立南平野小学校
六年　竹中千瀬

ナルは私そのものだった。ナルは水泳、私はピアノ。今、ピアノとの向き合い方に悩んでいる私にとって、ナルとの出会いが、一つの答えに導いてくれるような気がした。

私はピアノを十年続けている。毎年コンクールにチャレンジしてきたが、中学では格段にレベルが上がるため出場するか悩んでいる。あんなにピアノが好きだったのにと言われるかもしれない。小さい頃は「好き」というだけで弾いていたのに、いつの間にかそう思えなくなっていた。ナルも、一度も好きとは言わない。水泳に対する思いは、そんな単純で薄っぺらな言葉だけでは表現できないからだ。ナルが０．０１秒を縮めるため、悩んだり、苦しんだり、葛藤し続ける姿は、私が一音一音にこだわって必死に練習してきた姿そのものだった。

水泳に全力で取り組んできたナルは、どうしても勝てないライバル、チョヒの出現で自信を失っていく。負けてしまったら、何のために努力してきたのだろうと虚しくなる。ナルの気持ちが痛いほど私にも伝わってきた。そんな時、ナルはチョヒの水着を盗んでしまったことをきっかけに精神的に追い込まれ泳げなくなってしまう。しかし、この時間がナルに水泳は自分の全てであるということを気付かせてくれた。そして、勝ち負け以外の大切なことも。

私もつい先日、指を骨折してピアノが弾けなくなってしまった。練習から解放されると思ったかというと、そんな風には少しも思えなかった。むしろ、何とか三本の指で弾けないか必死にもがく自分がいた。いつものように弾けないもどかしさが私をよりあせらせた。

思い起こせば、どれだけ練習で苦労しても、大会で良い成績が残せなくても、今まで一度もピアノを辞めたいと思ったことはない。それは、勝負や今までの辛い練習を忘れるくらい、ステージでの演奏が気持ち良いことを知っているから。広いホールの舞台に私一人。静まり返った中、大好きなピアノの音色に包まれながら、思いのままに弾き切った時は、言葉では言い表せない達成感に満たされる。それは今までの努力がないと行けない世界。ナルもこんな気持ちで続けてきたのだろうか。

勝負はもちろん大切だ。「勝つ」という目標があった方がそこに向かって努力できることもある。しかしそれ以上に大切なことは、正々堂々と真剣に向き合ってきたからこそ味わえる「達成感」ではないだろうか。思うような結果が出なくても、「ここまで頑張ったんだ!」と思える経験はこれからの人生にとって、自分だけのかけがえのない宝物になる。

ひとつの事を努力し続けることは簡単なことではないが、今の私にとって「ピアノは全てだ」と自信をもって言える。もう少し頑張れば、もっといい音になるかもしれない。私は今日もピアノに向かう。まだまだやれることがたくさんある。私のゴールはもっと先にあるはずだから。

ウン・ソホル・作　ノ・インギョン・絵　すんみ・訳「5番レーン」（鈴木出版）課題読書

●――サントリー奨励賞

命を守る

愛媛県南宇和郡愛南町立城辺小学校
六年　藤森一樺

私は、この世で一番大切なものは命だと思っている。この本を読んで、その考えは変わらず同じなのだが、その大切な命を守るために自分はどうあるべきか、どうしていくべきかということを、中村先生から教わった気がする。

主人公の中村先生は医師で、長い間、アフガニスタンなどの外国で、多くの人々の病気を治りょうし救ってきた。しかしある時、大かんばつが起きて水不足になった際には、医師でありながらも自ら井戸をほって用水路を作ることに成功し、約六十五万人の命を守ったのだ。完成までの苦労や努力は計り知れないが、何度も失敗しながらも挑戦し続ける姿勢に心を打たれた。何より、どんな時も「命を守る」ことに全力をつくす中村先生が、とてもかっこよく思えた。

私は、総合的な学習の時間に、人権について学習した。その中で私は、「貧困問題」について興味を持ち、調べ学習を進めた。すると、世界で約六億八千五百万人の人が貧困に苦しみ、栄養失調や感せんしょうなどが原因で亡くなる人々もいることを知った。私はその数の多さに驚くと同時に、自分にできることを考えた。寄付や募金をしたり、フェアトレード商品を購入したりすることを思いついた。でも、それらは自分の力では限界がある気がして、すっきりしない気持ちでいた。

でも、本の中の中村先生の二つの言葉で、そのわだかまりは消えた。一つ目は、「人は見ようとするものしか見えない」という言葉だ。世の中は、今も現在進行形で様々なことが起きている。にもかかわらず、関心がなければ何も心に残らず、見ていないのと同じなのだ。確かに、私もアフガニスタンや貧困の問題は、ニュースで見ただけだったら何も知らないままでいたはずだ。だから、関心を持って自分で確かめ、自分で考えて行動することが大事だと思った。二つ目は、「道で倒れている人がいたら手を差しのべる。これは普通のことです。」という言葉。身近にあってできることはたくさんある。そういう小さな一つ一つの真心を大切にすることこそが、みんなの「命を守る」ことにつながるのだと強く感じた。

今世界で起きている命に関わる様々な問題は、そう簡単に解決することはできない。でも、中村先生が言われるように、まず私も身近なところから始めてみたい。泣いている弟をだっこする、一人でねるのが苦手な妹と横で一緒にねる、父や母に今日一日で楽しかった出来事を話す、困っている友達がいたら、「大丈夫。」と声をかける……。私の思いつくことは、今私の身近にいる大切な人を大事にするということ。そういう小さな積み重ねを広げていくことが、「命を守る」ことへの第一歩になると信じている。今こそ、世界中の人に呼びかけたい。「あなたにとって大切な人はだれですか。その人のためにできることから、一緒にやってみませんか。」と。

松島恵利子・著「中村哲物語：大地をうるおし平和につくした医師」（汐文社）課題読書

●――サントリー奨励賞

私の「えびす」

宮崎市立加納小学校
五年　桐明真和

「学校に行きたくない……。」

私は、新学期になって何となく新しいクラスになじめなかった。夜になると明日の登校が憂うつで、朝が来ると身体がだるくなる。

キャラをつくってそれをかぶり、嫌なことをガマンして皆から好かれようとする太一。傷付きたくないからだ。私にはよく分かる。私のキャラも、自分を守る防護服。その方が安心だと思うから。でも、とても疲れていた。防護服は、実はきゅうくつだったのか。

太一は、私に似ている。「相手からどう思われているかが一番大事」なのだ。私は、いつも姉達に叱られないよう指示をよく聞き、「妹だから」と責任をもたずにすんできた。

一方、太一は、えびす舞を通して変わっていった。先月、私は授業で「暗いケンカと明るいケンカ」を習った。暗いケンカは、言いたいことを直接言わずに陰でコソコソすること。明るいケンカとは、自分の気持ちをしっかりと言葉で伝え合うこと。太一と優希が成長したのは、明るいケンカのおかげだと思う。えびす舞は、優希にキャラを捨てさせ、太一に自分は自分一人しかいなくて、大切な主人公だと気付かせてくれた。二人にとってえびす舞は、固いカラを破り、芽吹きの春をよぶ本物の「えびす」になったと思った。

私にはこれといった特技が無いから、自分は主役にはなれないとずっと思ってきた。けれど、この本を読んで、ピカッと目の前が光ったような気がした。私も、主役ではないけれど、主人公なのだ。「主人公として脇役を精一杯にがんばればいいんだ！」と気付くことができ、「ふっ」と心が軽くなった。

自分の心に耳を澄ますことができた太一のまねを、私もやってみた。「ムカつく」だけではなく、つい口から出た「やばい」も書きとめて分解していった。同じ言葉でも、ちがう意味がたくさんあることにおどろいた。便利な言葉にまとめてしまわないで、一つ一つその場に応じた具体的な言葉にすると、その時の感情に名前が付く。様々な自分が見えてきて、おもしろくなった。

太一と優希に対して親方が言った「何もやらねで死んじまうよっかずっとい」という言葉に、ハッとした。私には、「生まれてこられなかったきょうだいがいる」と母から聞かされたことがある。その時は「ふーん」としか思わなかったけれど、今は、自分が逆の立場だったら、妹の私には精一杯に生きてほしい。うそをついてまで周りから好かれようとするのはみじめだし、そのくらいなら代わってほしいと思う。とてもはずかしくなった。キャラをかぶらず、自分らしくありのままで生きようと決めた。そして、私は太一と優希に精一杯やることの大切さを教えてもらった。失敗するのがこわいとずっと考えていたけれど、思い切り挑戦してみようと思う。自分の心に耳を澄ましながら。

髙森美由紀・作「ふたりのえびす」（フレーベル館）課題読書

●――サントリー奨励賞

「かけがえのないピアノ」

北海道教育大学附属旭川小学校
五年　本　間　明　華

私は、四歳からピアノとクラシックバレエを習っています。将来は、音楽やダンスの楽しさを子どもたちに教える学校の先生になりたいと思っています。私がこの本を手に取ったのは、踊る様にピアノを弾く女の子の絵にひかれた事と、目次が楽章で分けられているのが、ソナタの様で面白いと思ったからです。

第一楽章を読み始めると、私と同じく音楽の時間が大好きな女の子、ももちゃんが登場しました。トンボの羽根の模様を五線譜に、ピアノの音を、しずくのきらめきにたとえるももちゃんは、感性の豊かな子だと思いました。グランドピアノのあるひめゆり学園を目指して、苦手な勉強に励んだ気持ちも共感できました。私も昨年、念願のグランドピアノを用意してもらい、「コンクールに向けてたくさん練習できる。」と、ワクワクしたからです。

物語は、第三楽章に入ると曲調が変わります。沖縄が戦場となり、学園の生徒たちは、負傷兵の看護の仕事を命じられたからです。私と同年代の子どもたちが、砲弾が飛び交う戦地で働いていたと知り、驚きました。「死体となろう」と歌った卒業式や、寝る時間も横になる場所もない真っ暗なトンネルでの生活、おだんごのような小さなおにぎりが一日一個の食事、自ら死を選ぶために渡された手りゅう弾…ももちゃんの体験は、戦争を知らない私には、想像することも難しい、悲しい事ばかりでした。トンネル内でもみかん箱のピアノで練習を続けたももちゃんの頭から、しだいに音符が消えていく場面を読んで、胸が痛くなりました。

一番印象に残ったのは、ピアノを教えてくれた東風平先生の最後の言葉、「ぜったいに死ぬんじゃない。生きるんだぞ。」です。学校で「生きて捕虜になることは最大の恥」と教わったももちゃんが、あきらめず生きのびることができたのは、東風平先生の言葉を信じたからだと思います。そして、彼女の心を支えたのは、先生が演奏した『月光』です。私も弾きたいと目標にしている曲です。緊張感のある第三楽章の旋律に、「命の躍動」を感じ生きようとしたももちゃんを想い、改めて曲を聴くと、一層迫力が増します。私もいつか人の心を動かしたり、生きる力になったりする演奏をしてみたいと思いました。最終章で、大切な人を失い、ピアニストになる夢がかなわなくても、前向きに生きるももちゃんの姿に、救われる気がしました。

昨年、ロシアのウクライナ侵攻が報道された時、私は丁度、ウクライナ民謡曲を練習していました。高名なピアニストやバレリーナの出身国で戦争が起きたことに、ショックを受けました。遠い場所にいる私にできる事は少ないですが、突然に日常を奪われ、苦しみ悲しむ人たちに、心を寄せたいです。そしてももちゃんの様に、いつでもどこでも好きな曲を、聴いたり弾いたりできる日常をかけがえのないものだと感じる気持ちこそが、毎日の平和を守る事につながっていくと考えます。

柴田昌平・文　阿部結・絵「ももちゃんのピアノ：沖縄戦・ひめゆり学徒の物語」（ポプラ社）自由読書

●——サントリー奨励賞

「働くこと」とは

静岡県榛原郡吉田町立中央小学校
五年　山口新太

なぜ人は、働くのだろうか。働かなければ自由に生きられるし、仕事というめんどうくさいことをいちいちやらなくてすむ。働くということは、どういうことなのか。

中学生男子の隼人という少年が、ぼくと同じように働くということについて考えている。私立中学校を受験し、進学校に入学した隼人は、不登校になり、自分の将来に自信が持てなくなっている。そんな隼人が、叔母がデザインする本を通して将来を考えていくのだ。

この本を読んでぼくの仕事のイメージが百八十度変わった。仕事というのはかたいイメージがあったけど、なんだかやわらかいイメージに変わった。働く事が人の役に立ち、人とのつながりができ、そして世界ともつながることができるというのだ。

夏休みの間、ぼくは、ゴミ出しの日は、おじいちゃんおばあちゃんの家のゴミぶくろもとなり組のゴミ箱に運ぶ役目をした。めんどうくさいと思うこともあったが、おじいちゃんおばあちゃんのありがとうがうれしかった。ぼくの働いた事が、人の役に立つってことだ。そしておじいちゃんおばあちゃんを喜ばせ、ぼくの喜びにもなる。また、ゴミを集めて、車で運び、焼いてくれる人がいる。人と人がごみでつながっている事なんだなと思う。そう考えたら、どんな仕事も細い糸のように少しずつ、つながっているんだとなっとくした。

隼人は、叔母の本から誰かの役に立つ事で、そのお返しとしてお金をもらう仕組みを知った。ありがとうがお金にかわるのだ。だけどかせいだ収入と幸せ度はイコールではないというがなぜだろう。ぼくもぎもんに思う。

ぼくの父の仕事は大変だというイメージがある。父は、かいごタクシーの資格をとり、仕事をしている。体の不自由な人や重い病気の人の世話をしている。命に関わる仕事だから、細かく気を配るそうだ。父は、人の生活を支える仕事を選び、一生けん命だ。ありがとうをいっぱい言われるそうだ。好きな、夢中になれる仕事はすごい。父のそんなすがたを見ると、幸せ度は高いと思う。隼人の叔母が言うように収入イコール幸せ度じゃないって少しわかる気がしてきた。

落ちこんだ隼人が将来を考えるようになった様に、この本を読んで、ぼくも将来の自分を考えるきっかけになった。今のぼくは、まだどんな仕事をしたいか決められない。でも、それでもいいんだって、隼人は叔母に言われていることで、ぼくも安心した。

今やる事は自分の得意分野をふやす事と、そして、自分のする事が誰かの笑顔につながるようにしていく事を考え生活することだという。

ぼくは、今、パソコンのタイピングが楽しい。昨日より今日、今より次と記録更新に夢中だ。そして何よりタイピングをすることで自分の成長を感じられる。これが、隼人の叔母の言う人の役に立ったり、つながったりするということにつながるといいなと思う。

池上彰・監修「なぜ僕らは働くのか：君が幸せになるために考えてほしい大切なこと」（学研プラス）自由読書

●――サントリー奨励賞

伝えることの大切さ

鳥取県米子市立義方小学校
六年　小西　葵佑子

「ちはやぶる　神代も聞かず　龍田川　からくれなゐに　水くくるとは」

わたしの好きな百人一首の一つです。たった三十一音の言葉を聞いただけで、山々の紅葉と共に紅色に染まった川の流れが目に浮かび、鳥の声、そよぐ風の音、しめった土のにおいまで感じられます。何百年も前に作られた和歌なのに、風景の美しさや作者の思いは「言葉」によって今のわたしたちにもしっかりと届き、心に響いてきます。

「言葉って、不思議で、すばらしい」

そう感じていた時に、「言葉屋」という本を見かけて、思わず手に取りました。

どんな「言葉」を売っているお店なのだろうと思いながら読んでいくと、あつかっているのは言葉そのものではなく、言わない勇気をつかさどる「言箱」と、言う勇気をつかさどる「言珠」でした。相反する勇気を人に与えて幸せにしてあげるために、主人公の詠子のおばあちゃんは「言葉屋」を開いています。

そういえば、わたしにも心の中では思っていてもなかなか言えない言葉があります。弟とけんかした時、自分す。

も悪いとわかっていても悔しくてなかなか「ごめんね」と口にすることができません。お母さんが仕事から帰ってきて、せんたくや料理をして忙しそうにしている姿を見た時も、「ありがとう」と口に出すのは恥ずかしいです。

わたしも言珠をもらいたいなあと考えていた時、詠子のおばあちゃんの言葉を思い出しました。

「人々が当たり前のように言箱や言珠を使っていたら大変だった。人間は自分自身で言葉をコントロールする術を忘れていただろうからね。」

この言葉は、自分に向かって言われたように心に響きました。言珠や言箱は、どうしても必要な時がありま す。自分の持つ勇気をふりしぼっても、それでも言葉を口にできない時があります。そんな時、詠子のおばあちゃんは、そっと言珠を差し出してくれるのです。でも、言珠に頼ってばかりでは、自分の言葉で伝えられなくなってしまいます。これまでを振り返ってみても、わたしはまだ精一杯勇気を出せていませんでした。相手のことを思いやる気持ちも充分ではありませんでした。言葉をコントロールできていなかったと思います。

やさしい気持ちからは、やさしい言葉が出てきます。自分が嫌な気持ちになっている時は、相手が嫌な言葉が自然と出てしまいます。

自分が本当に何を伝えたいのか、そしてそれを受け取った相手がどんな気持ちになるのか、しっかりと考えられる心を持ちたいと思います。そして、その心を言葉に変えて、口に出す勇気を持ちたいです。もちろん、言葉を心にとどめる勇気も一緒に。そうして、百人一首の作者のように、自分の気持ちがこもった「言葉」を残せるようになりたいと思いました。

久米絵美里・作　もとやままさこ・絵「言葉屋：言箱と言珠のひみつ」（朝日学生新聞社）自由読書

●――サントリー奨励賞

植物から学んだこと

神奈川県相模原市立相原小学校
六年　小室孝介

四月。いつも静かな図書室がこの日ばかりはざわついていた。図書委員になった人たちが図書室に集まっている。今日は委員会活動の初日。委員長を決める日だ。

僕は去年に引き続き図書委員になった。図書委員になってやりたいことがあったからだ。一人でも多くの人に図書室に来てほしい。もっと本を読むことを楽しんでもらいたい。そのために新しいイベントを考えたり、本を読んでみたくなるような工夫をしたりしたい。そんな思いを胸に委員長に立候補した。

結果は惨敗。

僕はやるせない気持ちで家に帰った。図書委員になって意気込んでいた気持ちは失せてしまった。

家に帰った僕は、何気なく本を手に取った。先日買ってからまだ読んでいなかった本だ。気晴らしに読み始めた本だったが読み終わった頃にはなんだか気持ちがすっきりしていた。

「植物はなぜ動かないのか」その時の僕は全く関係のない本でこんな気持ちになるなんて思いもしなかった。この本には、植物の強さとは何か、が書かれていた。

強さとは何か。

植物はいろんな動物に食べられてしまう。食物連鎖のピラミッドではライオンなどの肉食動物が頂点に立ち、植物は底辺に位置している。また、何度も踏まれた雑草は立ち上がらなくなる。何か苦手なことが出来なかったら、そこで努力しないであきらめてしまうのと同じだ。そんな植物は弱いのではないのか。

しかし、そうではなかった。別の角度から見ると、力が強いライオンでも生きるためには植物が必要だ。また、雑草が踏まれても立ち上がらないのは、雑草にとって重要なことは種子を残すことだからだ。立ち上がるという無駄なエネルギーを使わず、踏まれてもどうやって種子を残すかを考えているのだ。そんな植物は強いと言えるのではないだろうか。

強さとは、逆境をプラスに変え「変えてはいけないもの」を変えないことだとこの本から学んだ。植物は努力する方向を決して間違えない。人間も同じだ。努力する方向を間違えず、何事にも動じず、まっすぐでなければいけないのだ。

この本を読むまで強さとは、声が大きい人、偉い人、見るからに強そうな人、そういう人だけが強いと思っていた。だから、自分の中の図書委員としてやり遂げたいことは委員長にならないと達成できないと思っていた。しかし、本当の強さとは、自分の与えられた力を最大限発揮して、努力してやり抜く力なのだとわかった。

最終学年。僕は日立たないような立場でも図書委員として誇りをもって働いていこう。

柔軟な考えをもち、何事にも動じず、信念をもってやり遂げていこう。上を向いてまっすぐ進んでいこう。

凛と立つ植物のように。


稲垣栄洋・著「植物はなぜ動かないのか：弱くて強い植物のはなし」（筑摩書房）自由読書

●――サントリー奨励賞

祖父がくれた落語バトン

千葉県富里市立七栄小学校
五年　木舟優作

「お前もやってみたら面白そうだぞ。」

落語が好きだった祖父の声が聞こえてきそうだ。今年五月に急に亡くなってしまった祖父の形見は、古今亭志ん朝の落語全集ＤＶＤだった。祖父がピアノや能が好きなことは知っていたけれど、ぼくと同じように落語が好きなことは、コロナで会えない時が長くて知らなかった。もっと話しておけばよかったな。

ぼくと落語の出会いは、四年生の『ぞろぞろ』だ。落語は「サゲ」と言う落ちが面白いのはもちろん、言葉のリズムや繰り返しで、どんどん落語の世界観に引き込まれるところが大きなみ力だ。大声で笑うと気持ちがいい。

忠志は、ぼくと同じ五年生だ。落語が好きな父と二人暮らしをしている。忠志は、元々落語への関心がうすかったが、現代と江戸時代をタイムスリップしている、名人落語家笑酔亭粋梅の『平林』という演目に出会い、気持ちが変化していく。自分でも『平林』を演じるようになり、みんなが大爆笑する度に自信がついていくところがワクワクした。

ぼくも祖父のＤＶＤで名人の落語を見たとき、思わず大きな声で笑ってしまった。この本を読んで、寄席で落語を見たくなり、夏休みに浅草寄席に行った。笑点に出ている落語家が何人も出ていて、会場が大爆笑のうずだった。忠志が演じてみたくなったように、ぼくも演じてみたい気持ちがじわじわ出てきた。

ますます落語に興味がわいたぼくは、落語講座にも参加してみた。忠志が言っていたように、落語は一人で何役も演じ分けるのがすごい。目線の高さや、声色、物を食べる模写などだけで、演目の光景が見えてくる。高座で小話をする体験もした。初めは自信がなくて、顔が下に向いたり、小さな声になったりしたけれど、会場の人が笑ってくれると、少しずつ大きな声が出せるようになっていった。みんなの前で、堂々とかみしもを切り、声色をかえて熱演した忠志も、こうして自信がもてるようになったのだなと思った。忠志は、みんなから落語家のようにしたわれ『平林』に出てくる「サダキチ」と呼ばれるようになった。ぼくも忠志も、落語との出会いで好きなことが増えた。伝統芸能として受け継がれている落語バトンを、現代のぼくたちが受け取ったように感じる。

落語講座の続きで、ぼくは、十月にホールで前座の小話をすることになっている。聞いたとき、ドキドキして「無理だ！」と思ったけれど、忠志のように会場をどっと笑わせてみたい気持ちもある。落語家が日々けい古をするように、本番まで練習をし、不安になったら忠志を思い出して、挑戦しようと思う。

祖父にも、ぼくの高座姿を見てもらいたかった。きっと「よくやった！」とほめてくれるだろう。もしぼくもタイムスリップができたら、祖父が生きていた時に戻りたい。そして、浅草の寄席で、祖父が大好きな古今亭志ん朝の『火えん太鼓』を見て、大爆笑をしたり、落語のみ力をたくさん語ったりしたい。

田中啓文・作　朝倉世界一・画「落語少年サダキチ」（福音館書店）自由読書

中学校の部

●——内閣総理大臣賞

「好き」と向き合う

山口市立阿知須中学校
三年　倉重圭宏

いつもなら、近づいてくる夏休みの解放感にうきうきする一学期末だが、今年は違った。心に何か重りのようなものがあって、何をしていても手放しで楽しめない中学三年生の夏。それだけに力を注いできたと言ってもいい部活動も引退を迎え、高等学校の体験入学に参加してみるものの、心が追いつかない自分がいた。

そんなとき、図書館にあった一冊の本を手に取ったことで、僕は愛すべき「博士」と出会い、今の自分と向き合う時間を得た。

博士は六十四歳の数論専門の元大学教師だ。十七年前の交通事故で記憶する能力が失われ、一九七五年で記憶の蓄積が終わっている。博士の記憶は八十分しかもたない。そんな博士と家政婦の「私」、その十歳の息子ルートの三人が過ごした、数の世界に彩られた日々、静かで優しく濃い時間が描かれている。

もともと読書家ではない僕が、登場人物をこんなに近くに感じたのは初めてだった。双子素数や虚数、0（ゼロ）の存在や江夏の話が繰り広げられる博士の家の書斎や食卓に、あたかも自分もいるような不思議な感覚に陥った。博士の数学の世界に対する愛着や慎み深さ、「私」とルートの素直で純粋な好奇心に共感し、気づけば心地よい数の世界に浸っていた。

僕は、博士のように素数を心から愛し、虜にされたことはないが、数式を見て、「この式は、一見、表しようのないようなことさえも表せてしまうのか。」と、かっこよさを感じることがある。また、すっきりと整理された形に美しさを感じることもある。少し前から、テレビで放送されている数学番組を録画し、何度も繰り返し見ていて、家族に「また見ているの？」とあきれられることもしょっちゅうだ。この小説の中でも登場する「フェルマーの最終定理」や「オイラーの公式」は、その数学番組で知った。数学の世界は難解だが、奥深くてわくわくする。苦労の末に、広大な数学の森から真理を見つけ出した数学者たちを心から尊敬する。テストでは思うように点が伸びず、落ちこむこともあるけれど、やっぱり僕は数学が好きだ。

電子レンジのスイッチさえ、自信がなくて自分で押せず、散髪屋や歯医者では不安で落ち着きをなくしてしまう博士だが、数字について語ったり、「私」やルートに数学の問題を教えたりするときには、実に楽しそうで生き生きとした姿であることが、僕にはうれしかった。「好き」に支えられた探究心や好奇心が、いくつになっても自分らしく生きる原動力になっているのだと、改めて感じた。博士から数学をとってしまうと、きっと博士ではなくなってしまう。「好き」のもつ力の偉大さを知るとともに、自分の「好き」を大切にしたいと思えた。

　そして、恐らく博士にとって初めてできた友達であろう、「私」とルートもまた、孤独な博士の生活に彩りを与える存在だった。八十分しか記憶がもたない博士との交流は、時に戸惑いや失敗をもたらしながらも、温かく穏やかな時間を紡いでいく。三人とも、互いの存在をありのままに受け入れようとするとともに、相手を喜ばせたい、安心させたい、守りたいという愛情に満ちていた。年齢もバラバラの三人だが、そこには友情と言えるものが確かに存在していた。博士の言葉で言うところの「神の計らいを受けた絆で結ばれ合った」友愛数のような関係。「好き」なことがあること、そしてそれを語り合って共有し、喜び合える仲間がいることがどんなに幸せなことか。毎朝、上着の一番目立つ場所に留められたメモ《僕の記憶は八十分しかもたない》を一人、ベッドの上で読み、打ちひしがれている博士にとって、「私」とルートは、たとえ翌日には忘れていても、数の世界を通じて何度でも友情を育める永遠の仲間だった。

　人生で初めての岐路に立っている僕が、このタイミングで博士に出会えたことは、もしかしたら運命なのかもしれない。

　博士が数の世界に魅せられたように、僕も、数学や化学の世界に興味がある。小学校の理科室に貼ってあった元素の周期表を何度も見て、世界のすべては元素でできていることに驚いた。理科の授業で化学反応式を習ったが、さまざまな現象を式で表せることに感動し、きちんと理屈があって成り立っていることに納得した。実験のときはわくわくするし、その後で考察するのもおもしろさを感じる。どうしてそうなったのか、予想通りになったときも、ならなかったときも、自分のこれまで身に付けた力を寄せ集めて考えることが好きだ。「学力を考えて、進路を決めなくては……。」と、気持ちばかりが焦っていたが、自分の「好き」と改めて向き合えた時間は貴重だった。

　博士の数との触れ合いは、彼が亡くなるまで続いた。中学三年生の僕も、今の「好き」を原点に、もっと深く学んでいきたい。一度しかない人生を、自分らしく生きるために。

小川洋子・著「博士の愛した数式」（新潮社）自由読書

●——文部科学大臣賞

川で繋がる未来

横浜市立横浜サイエンスフロンティア高等学校附属中学校
三年　伊藤蒼唯

この本を手に取ったとき、「人がつくった川」というフレーズが文字通りの意味だとは思ってもみなかった。悠久の時の中で生み出された大自然が、小さな人の手によって形を変えられるなど想像すらできなかったからだ。だが、この本を通して荒川が現在に至るまで二度の大きな工事を経て人の生活や安全のために形を変えてきた事実を知るに至り、私は大いに驚かされた。

一度目の工事の目的は川の水を利用し暮らしを豊かにする「利水」だ。飲み水の入手や稲作のためだけでなく、舟運が盛んだった江戸時代では川は交通路としても必要とされた。舟運には水量の多い川が向いていることから伊奈忠治の主導のもと荒川を西に移し他の川と合流させる工事が行われた。この「荒川西遷」で荒川を生まれ変わらせたことは、江戸を交通の要衝として発展させ、ひいては現代の大都市・東京の形成に貢献し、私たちも少なからずその恩恵を受けている。そう考えると、重機もなく測量技術も乏しかった時代に莫大な労力と創意工夫によって荒川西遷を成し遂げた人々に感謝せずにはいられない。

二度目の工事は人々を水害から守る「治水」のために行われた。実は荒川西遷の際も、治水は行われていた。しかしそれは、江戸を堤防で守る代わりに、周辺の地域を遊水地にするという犠牲を伴う方法だった。だが、明治時代に入り産業が発展するにつれてこの犠牲が許容できないものとなってきたため、青山士の主導のもと、「荒川放水路」の建設が始まった。これにより荒川の下流は二手に分かれて水を分散しながら流れる形に変えられ、荒川西遷以降三百年もの間、東京周辺地域を悩ませた水害問題は大幅に改善されたのだ。そしてこれは、なんと百年以上たった令和元年東日本台風の時も氾濫から人々を守った。

このような歴史的大工事には、当然ながら相応の費用や工事関係者・地域住民などの犠牲が伴ってくる。特に荒川西遷に至っては周辺地域の水害の増加すら事前に想定していた。そのうえで荒川西遷を実行したのは、そのデメリットを超えるメリットを見いだしたからだと筆者は推測している。だが、私はもう一つ、この判断を後押ししたものがあると思う。「わたしがこの世を去るときには、生まれてきたときよりもよりよくして残したい」これは、青山士が座右の銘としていた言葉だ。

私は伊奈忠治も、同じ思いを持っていたのではないかと考えた。デメリットを重視して利水と治水の両立を目指しても、技術的な限界があり、いずれも十分な成果は得られなかっただろう。それならば、今は犠牲を払ってでもできる限りの利水をすることが、江戸や荒川流域のよりよい未来に繋がる。このような、当時のメリットデメリットだけでなく将来をよりよくしたいと願う気持ちが背中を押したのではないかと私は想像した。

同じ川に対して、異なる側面から向き合った伊奈忠治と青山士。結果として、伊奈忠治の工事により生じた水害問題を青山士が解決した形にはなったが、決して後者が優れていたわけではなく、タスキを繋ぐように、自らの最善を尽くして後世に託したのだと思う。将来を見据えた上で現状に向き合うことが大切なのだと、私は二人から学んだ。

そしてこのタスキは今、私たちにも繋がれている。

近年、地球温暖化の影響で昔よりも大雨の頻度が高まり、それに伴って洪水も全国で増加している。今年の八月に台風七号が列島を襲い、鳥取県の千代川に架かる橋が流されるニュース映像を目にしたときの衝撃は、いまだ記憶に新しい。今まで通りの治水だけでは限界に近いことを思い知らされた。

では、私たちは今をよりよくして後世に引き継ぐためにどう川と向き合うべきだろうか。

筆者は、変化する環境の中生活を守るためには、これまでの自治体による治水に頼るだけではなく、「流域治水」の考え方が必要だと警鐘を鳴らしている。流域治水は、大雨の際に自分の家の生活排水を減らすなど、流域に暮らす一人一人がそれぞれできることに取り組むことで成り立つ治水だ。

こういった取り組みを広めるには、誰もが治水を自分事として考えるようにすることが重要だと思う。かくいう私も、この本に出会うまでは、自分が治水に参加できることを知らなかった。自治体が行う大規模な治水工事に比べれば個人の力は微々たるものだが、町や区、市などの単位で団結して取り組めば大きな力になる。

先人たちが利水や治水によって暮らしをよりよくしてきたように、その恩恵に与り生活している私たちも、よりよい未来を残さなければならない。その第一歩として、流域治水という新しい方法を自分の地域に広め、次の世代に引き継いでいきたい。

長谷川敦・著「人がつくった川・荒川：水害からいのちを守り、暮らしを豊かにする」（旬報社）課題読書

●――毎日新聞社賞

混じり合う世界を進め

山口県萩市立萩東中学校
一年　松岡礼文

鈴音の叫び。僕にも身に覚えがある。

「コロナふざけんなーー!!」

この言葉が心に浮かんだことは何度もある。口に出したことも一度や二度ではない。友達と自由に遊べなくなったり、楽しみにしていたことがなくなったりする度に落ち込んでいた、あの頃の僕を思い出させる。叫び、いら立ちをあらわにする鈴音に親しみがわいた。


迷うことや立ち止まることを、できる限りしたくないと僕は思ってきた。後悔しないために慎重にはなっても、歩みを止めるのは僕の好みではなかった。だからこそ、鈴音の猪突猛進ぶりにも、千暁の平常心を大事にするところにも、共感を覚えたのだと思う。だが本を閉じた時、その親近感は形を変えた。

「私は行くんだ。迷って止まって後悔して。それでも。」


この鈴音の決意を僕は胸に刻む。鈴音、千暁、文菜、健斗のように、僕も仲間と関わり合っていきたい。彼らのように中学校生活を送りたい。そんなふうに、単なる共感ではなく、憧れや目標になった。この物語を通して、迷う自分をきちんと受け止めていくことも、立ち止まる勇気や時間も大切なのではないか、と考え始めた。


コロナは僕達の生活を変えた。晴れ晴れとした気持ちをもつことが難しい期間は長く続いた。そういう状況をもたらす、思いがけない事態はコロナばかりではない。千暁のように被災することも、健斗のように病気を抱えることもある。文菜のように大切な人に会えない状況もある。キャンバスに黒いしみがついてしまって、目の前の世界が一変するような、どうするべきか考えることさえも停止させてしまうような出来事。それぞれに起きる状況はもちろん様々で、当事者でなければ分からないことも多い。困っているのかな、と何となく感じる人がクラスにいても、どう声をかければよいのか分からなかったり、余計なお世話かもしれないと思ったりして、結局関わろうとしなかったことが僕にはある。反対に、自分のことは誰にも分からないと一人で勝手に心を閉ざしてしまったこともある。どちらの場合も、それで状況が良くなるわけでもないのだけれど、面倒なことになるよりもマシな気がしていた。そんな僕に千暁の自問が突き刺さる。

「マシだマシだと思いながらやり過ごすことは、何の意味があるんだろうな。」

千暁は「あのころよりはマシだよ。」と、コロナ禍の暮らしをとらえている。洪水にさらわれてしまった生活を思えば、もっともだと思う。市郡展出展に向け、絵の完成を目指す千暁は、何度も絵を描く手が進まなくなる。仙先生の問いかけ、市郡展の審査中止、千暁の絵に鈴音がつけてしまった墨、健斗との交流。それらに心が揺さぶられ、以前のように絵を描けない。「あのころよりはマシだ」と思うことで保ってきた平常心が、千暁の邪魔をしているように思えた。

　千暁は仙先生の問いを心に留めながら、キャンバスに向き合い、仲間とのやり取りの中で、動揺も含めて、自身の変化に気づいていく。僕は特に、接点のなかった千暁と健斗の何気ない会話が、お互いにとってとても大切なものになっていく場面が好きだ。それぞれが抱えてきた状況は違うし、話しかけづらい印象をもっている。けれども、分からないなりに知ろうとする姿勢をもったり、自覚していない自分に気づかされたりする二人の関係が、素敵なものとして僕の目に映る。なぜ、こんなにも心が引きつけられるのだろう。

　二人の会話はさりげなくて、柔らかい。互いの言葉を批評することはない。理解したふりもしない。相手の言葉をスルーせず、自分の中に響かせていく。結論を急ぎすぎないで、大事なものに気づいていく。千暁は、「関わること。影響されること。影響すること。し合うこと。混じり合うこと。」に意味を見出していく。

　あのころよりはマシ、それよりはマシ、あいつよりはマシ。そんなふうにいつかと、何かと、誰かと比べることで、自分を肯定することに意味なんてないのだと、千暁たちの夏が僕に教えてくれている。他を否定することでしか、自分を成り立たせることができないとしたら、あまりにもやるせない。今、目の前にいる人や出来事を簡単には理解できなくても、いないこと、なかったことにしないで、理解できない自分とゆっくりじっくり付き合っていくことができるようになりたいと、心から思う。経験の一つひとつが、苦しかったり、理不尽だったりして、僕の心を真っ黒に覆っても、それは僕が停止することでも、なにかを失うことでもない。黒の下にたくさんの色彩が詰まっていて、どんなふうにも進んで行ける可能性がある。だからこそ、他との関わりの中で、いろいろなものを味わいながら、経験を重ねて、自分にとって大切なものを削り出していきたい。千暁たちのように。

歌代朔・作「スクラッチ」（あかね書房）
課題読書

●——毎日新聞社賞

シーラが私に教えてくれたこと

セントラルケンタッキー日本人補習校中学部
二年　川本愛子

「〝絶対〟なんて言葉がつく才能なら、どんなものだって、のどから手が出るくらいほしいって、わかる?」

この本は、シャイなシーラが主役の代役という立場を経て、舞台当日のハプニングにより主役として演劇を成功させる物語です。演劇の練習の中で、シーラに絶対音感があることが分かり、周りが騒ぎ立てますが、恥ずかしがり屋で、なるべく目立たず過ごしたいシーラにとっては、秘密兵器だの、本当の主役であるモニカにはない武器だのと言われることを嫌だと感じてしまいます。それこそ、絶対音感なんて欲しくて持っているわけではないと、それすらも否定してしまう程でした。

シーラの安定した歌声は確かに彼女が自信を持っていい魅力の一つだとは思うのですが、私が感じた彼女の一番の武器は、演劇の成功という目標に向かって努力をおこたらない事、周りが見ていなくても、決めたことをやり遂げる真面目さだと思いました。シーラはその真面目でシャイな性格である自分を良くは思っていないですが、私は彼女のおとなしくてひたむきな性格が、周りにいる友人達や先生方、劇にかかわった人たちの信頼を得ることが出来たのではないかなと思いました。

私はシーラと同じ年齢でアメリカの学校に通っているので、彼女の出会う、モニカやメリンダの様に自信に満ちあふれている友人達のことも簡単に想像が出来ました。

「ほかの人がどう考えているなんて気にしない。これが私なんだから。」

と全身で自分を表現できる人たちは、私も堂々としていてすごいな、と思う反面、自分がもしその様に振るまったら、周りからはどう見えるのだろうという事を考えずにはいられません。きっと、自分の思う様に振る舞った時に周りから受け入れてもらえなかったら、とても傷つくと思うからです。

ですので、演劇という役を通して自分を表現するのは、シャイであるシーラやポールにとっては得意な事になるのかなと思いました。

そして面白いなと感じたのは、その役柄が物語にどの様な影響を与えるのか考え、自分がその人物だったらどんな風にセリフを言うだろうと何十回も練習する事が、結果的にはその役ではない本当の自分とも向き合う事につながっているということです。私がマリアンなら、こんな風に言うだろう、とか、私はマリアンじゃないからこんなことはできない、とか、自分と役の関係を通して、シーラが本当の私はどんな風に考えているのかを見つめている様子が伝わってきました。違う自分になり切ることで、本当の自分を客観的に見ることが出来るのかなと思いました。

　本当の自分とは何者なんだろう。という疑問も私自身も考えたことがあります。シーラが、殻を破りたい、誰かに本当の私を見つけてほしい、何かきっかけさえあれば変われる気がする、と、自分の中でかっ藤している姿に私もとても共感しました。自分の内側にいるもう一人の自分が、現実とは違う、自信に満ちて、物語の主人公の様な人生を送れるんじゃないかと思わせるのです。そんなシーラがステージに立った時に、

「ここが私のたどり着きたかった場所なんだ。そして今の私がなりたかった自分なんだ。」

　と自分の居場所を見つけて、認めてあげた場面はとても感動しました。なりたい自分になるために、きっかけが欲しかったり、誰かに見つけてほしいと他力本願であったシーラが、演劇を通して、自分の本当の性格や考え方を認めてあげることが出来たシーンだと思いました。

　絶対音感を認めてもらいながらも、そんな自分を受け入れられないシーラの様に、人から認めてもらえる事は嬉しいですが、それだけでは自分の自信にはならないと思います。自分自身を認めてあげることが出来た時、それまでの出来なかった自分や失敗した経験が自信になるのだと思います。そして自分を認めてあげるには、自分にうそをつかない事や自分がやると決めたことをやる事など、自分との約束を守れることが大事だと思います。シーラが自分を認めてあげられたのは、自分に出来る努力をおこたらなかったことが自信につながったからだと思うのです。

　美人で社交的なモニカやスポーツ万能なドルーの様に、誰もがすぐに見て分かる様な魅力や特技を持つ人たちもいる一方で、シーラやポールの様に、普段は目立たないけれど、人目につかないところで努力が出来たり、周りがどう思うかを考えられる人であることも人としての大事な魅力の一つだと思います。シーラや私の様に、そういう人たちは自分自身の居場所を見つけるまでに、他の人よりは時間がかかるのかもしれませんが、どこかに、ここが自分の居場所なんだと感じられる場所があると思うので、自分の自信につながる様な努力を、これからも続けていきたいと思いました。

ダイアナ・ハーモン・アシャー・作　武富博子・訳「アップステージ：シャイなわたしが舞台に立つまで」（評論社）課題読書

●――毎日新聞社賞

自分自身と向き合う

静岡県賀茂郡東伊豆町立稲取中学校
二年　鈴木　凛

「十分に生きるために、死ぬ練習をしているわけですね。」

七年前に亡くなった祖父の死をまだ受け入れられていない私にとって、この「西の魔女」の言葉を理解することが難しく、人は死んだらどうなるのか、魂と身体の合体ってどういうことなのか……。同じページを何度も繰り返し読みながら、まいと一緒に魔女の卵として修行をしていきたいという気持ちになった。

「わたしはもう学校へは行かない、あそこは私に苦痛を与える場でしかないの。」と言う中学生のまい。成長なんかしなくていいと思っているまいに、胸がしめつけられるような寂しさを感じ、手を差しのべたくなった。狭い教室の重苦しい人間関係に身動きもとれないような気がするのなら、「エスケープ」も時には必要なのだ。自分が楽に生きられる場所を求めたからといって、うしろめたく思うことはない。私だって、息苦しさを感じて逃げたくなるときはある。だから、「人はみんな幸せになれるようにできているんですよ。」というおばあちゃんの言葉にほっとした。幸せは人それぞれだから、何が自分を幸せにするのか、自分で探していかなければならないという意味も含んでいるのではないだろうか。

読み進めるなかで、私の思っていた「魔女」とは全くイメージの異なる「西の魔女」の言動に何度も驚かされた。魔女に必要なのは、人を癒す草木に対する知識や、荒々しい自然と共存する知恵だけではないとおばあちゃんは言う。まいや私に足りないもの。それこそが、予想される困難を耐え抜いたり乗り越えたりする力だとわかった。では、魔法や奇跡を起こすために必要な精神を鍛えるにはどうしたら良いのか。その答えは、「早寝早起き、食事をしっかりとり、よく運動し、規則正しい生活をする」ことにあるというのだから、こんなことが魔女修行なのかと拍子抜けした。しかし、私にとってはあまり得意なことではないので、単純そうなことほど実は難しいのかも知れないと感じる。怠ける心やあきらめ、なげやりな気持ちに打ち勝って、ただ黙々と続けるには、強い意志が必要だ。まいが自分で考え自分で決めるのを、優しさと厳しさをもって見守り続けるおばあちゃん。少しずつ規則正しい生活を実行していき、自分らしさを取り戻していくまいの様子に、私までうれしくなった。

悪魔を防ぐためにも、魔女になるためにも、一番大切なのは、自分で見ようとしたり、聞こうとしたりする意志の力だという。なかでも、「直観にとりつかれてはなりません」というおばあちゃんの言葉にはっとした。まいがゲンジさんに感じたのと同じように、私も自分の思っていることが真実だと思いこんでしまうことがあるからだ。人からこんなふうに見られているのではないか、あの人は悪いことを考えているに違いない……。しかし、実際に直接相手と話をしてみると、私の誤解だったと気づくことが多い。自分に余裕がないときは、自分が勝手につくりあげた直観に取りつかれて、疑う気持ちや憎いと思う気持ちに支配され、周りが見えなくなってしまうようだ。上等の魔女ほど、外部からの刺激に反応する度合いが低いという言葉にも大いに納得した。

「人は死んだらどうなるの。」

この問いに、どれだけの人が答えることができるだろうか。殺された鶏の姿に、まいは何を感じたのか……。祖父の最期は、病院のベッドの上で無表情のまま静かに横たわっていた。以前の私なら、まいの父と同じように、人は死んだらそれまでだと答えていただろう。でも、おばあちゃんの答えに私の考えは大きく変わった。人には魂というものがあり、「死ぬ」ということはずっと身体に縛られていた魂が、身体から離れて自由になることだという。祖父が亡くなってから今までずっと寂しく悲しかった私の気持ちが少し救われた気がする。死んでいなくなってしまったことには変わりないが、「きっとどんなにか楽になれてうれしいんじゃないかしら」とおばあちゃんが言う通りだったらいいなと願わずにはいられない。ガラス窓にあったおばあちゃんの残した伝言には、読んでいて涙が出た。まいを怖がらせない方法を選んで、本当に魂が身体から離れたという証拠を見せてくれたのだ。

西の魔女が死んだ。まいだけでなく私にもたくさんの言葉を残して。

「おばあちゃん、大好き。」

「アイ・ノウ」

そんなやりとりが聞こえてくるなか、優しい気持ちに包まれながら本を閉じた。予測困難な世の中だからこそ、壁にぶつかったときには、常に自分の心と向き合い、対処法を見つけてたくましく生きていきたい。喜びも希望も、もちろん幸せも、何でも自分で決めることができる魔女のようなまいをめざして……。

梨木香歩・著「西の魔女が死んだ」（新潮社）自由読書

●——毎日新聞社賞

52ヘルツの作文

栃木県立宇都宮東高等学校附属中学校
三年　井口春音

水の中に潜る。そっと目を閉じ、耳を澄ます。どこかで誰かが呼んでいる声がする。だけど私には聞き取れない。ゆっくりと水面に顔を出す。

「春音え。何しているのお。」

私を呼ぶ声がして、今日も水球部の練習が始まる。学校の終わりを告げるチャイムと共に、階段を駆け下り、プールへと飛び込む。私の大好きな場所。どこよりも青く神聖な場所。そして私は水の中で考える。五十二ヘルツのクジラたちの話を。

五十二ヘルツのクジラ。それは世界で一番孤独だと言われているクジラ。その声はこの大きな海で確かに響いているはずなのに、誰も聞くことができない。なぜなら五十二ヘルツの音を聞きとることができるクジラなどこの世に存在しないからだ。その存在こそ発見されてはいるが、実際の姿は今も確認されていない。誰にも届かない歌声を今日もどこかであげ続けているという。家族に自分の人生を搾取されてしまった貴瑚、母から虐待を受けて「ムシ」と呼ばれて育った少年、愛。この物語は二人が出会い、しだいに互いの「魂の声」を聴き合うようになる、貴瑚と愛という二頭の五十二ヘルツのクジラの話である。

私は今まで、孤独というものをあまり感じずに生きてきた。友達にも恵まれ、家族からも愛されている。それなのに、この本を読んでいると、どうしてもこの二頭のクジラに、自分が重なる。そしてお互いの魂の声が聞こえるようになる二人を猛烈にうらやましいと思っている自分に気づく。なぜこのような感情になるのか。考えてみるととても簡単なことだ。私もまた五十二ヘルツのクジラであるからだ。

中学三年生になり、中学校最高学年となった。後輩に憧れてもらえるような先輩になりたい。もっと強く、かっこよくなければならない。私が自分自身にかけた「プライド」という名の呪いは、私の首をどんどん絞めていった。自分の思い描く自分。それを求めては溺れそうになる私。でも助けてとは言えない。こんな自分を誰にも見られたくない、知られたくない。自分は一人だ。そう勝手に、自分を孤独だと思っていた時期がある。そして、そんな時に読んだのがこの本だ。私に孤独感を与えていたのは他の誰でもない自分自身。自分のプライドが作り上げた心の壁に閉じ込められていたと、そう気づかせる。なんて愚かなことだろう。この物語が、私自身が気づかなかった心の叫び、五十二ヘルツの声を聞くきっかけとなる。そしてこの物語が、私の「魂の番」になっていく。そう思うと、私の中の何かが変わった。

　貴瑚は愛を救うため、自分もまた五十二ヘルツの声をあげる中、必死に愛の本当の居場所を探す。そして与えてもらうだけではなく、愛を助けるということで、貴瑚自身が救われていく。貴瑚も私と同じだ。物語と自分がリンクする。私にも覚えがある。部活で困っている後輩に手を差し伸べる。その手から伝わる体温はやがて私の心に届き、あたたかな感情となって私を包み込む。誰かに何かをしてもらう。それだけでは完全に自分を孤独感から救うことはできない。誰かに何かをしてあげる。この誰かを助けるという行為が一番自分を救う方法なのだ。

　私にはこの作品でとても好きな場面がある。母からの虐待により言葉を話せなくなってしまった愛が、一時的に貴瑚と離れることになってしまう前日、一生懸命自分の言葉「魂の声」で話す場面だ。そして貴瑚は愛に、愛もまた貴瑚に、自分の「助けて」という声を聞いてくれてありがとうと伝える。自分が助けたい、守ってあげたいと思っている相手の前で泣いてもいい。その生き方が私にはとてもまぶしかった。そして私の考え方を、生き方さえも変えていった。後輩の前でかっこいい先輩でいなければいけないというプライド。そんな物、捨ててしまおう。

　自分にも五十二ヘルツの声がある、そして自分自身が、自分が「魂の声」をあげながらもがいていることにさえ気づけていなかった。私も貴瑚同様、一番自分自身の五十二ヘルツの声を聞けていなかった。しかし、自分が声をあげている事を知ったからこそ、他のクジラたちの五十二ヘルツの声が聞こえるようになるのではないかと思う。

　いつもの教室、いつもの席。いつもと変わらぬ笑顔のあの子も、何かにもがいているかもしれない。自分の鳴き声に気づけていないかもしれない。想像してみる。自分の周りの世界を。私の「魂の番」が私にささやく。

「あの子の声が聞こえるよ。」

　今、私があげているこの五十二ヘルツの声、この作文が誰かのもとに届き、「魂の番」となってくれたらうれしい。

　そして私は、もう一度水の中に潜り、そっと耳を澄ます。今はまだ届いていない、五十二ヘルツのクジラたちの声を聞くために。

町田そのこ・著「52ヘルツのクジラたち」（中央公論新社）自由読書

●――毎日新聞社賞

『にいちゃんのランドセル』を読んで

三重県伊賀市立崇広中学校
三年　村田麻陽

「お父さん大好き」「お母さん大好き」私が幼い頃に書いた家族への手紙には、いつも「大好き」という言葉がある。その気持ちは今でも変わらない。最近はそれを伝える頻度はかなり減ってしまったが、家族も私のことを「大好き」と伝えてくれる。陸上部の試合で自己ベストを更新できた時はとても喜んでくれるし、満足できない結果になってしまった時は同じように悔しがってくれる。私の中で大切な存在だ。この先もずっと一緒にいたいと思う。しかし、いつかは必ず一生の別れが来るものである。それは明日突然訪れるかもしれないし、ずっと先のことになるのかもしれない。私にはそれが想像できない。想像することは苦である。

『にいちゃんのランドセル』に登場するのは兵庫県に住む米津家。父勝之さん、母好子さん、小学校一年生の漢之くん、妹の深理ちゃんの四人家族。何気ないおだやかな日常から始まる。しかし、ある一瞬の出来事によって米津家の日常は一変する。一九九五年一月一七日明け方に起こった阪神淡路大震災だ。この震災によって多くの人が被災し、多くの尊い命が失われた。この米津家もそうだ。住んでいたアパートは倒壊し、一家は家具の下敷きになった。何が起こったのかも理解できない。重い、痛い、動けない。夢中で勝之さんは家族の安否を確認した。「お父ちゃん、重い」と言ったのは深理ちゃん。漢之くんの声は聞こえない。その深理ちゃんの声も次第に小さくなり途絶えた。数時間後、勝之さんと好子さんは助け出された。その後、ようやく幼い二人の兄妹も救出されたが、二人の息はなかった。勝之さんと好子さんは二人の死を受け入れることはできなかった。

何度も母に言われる言葉がある。「麻陽と弟がいなくなったらお母さんは生きていけない」と。私も同じ言葉を返す。それほど家族は大切である。私にはまだ子供を持つ親の気持ちが分からないが、家族を失うことは想像を絶する。まして親にとって、子供とは自分の命以上に大切なものなのかもしれない。

この本で心に残っている部分は二つある。一つ目は、がれきの下から漢之くんのランドセルを見つけ出した場面。おじいさんに入学祝に買ってもらった黒い革のランドセル。ランドセルの中には、授業で使う教科書とともに、日記「あのね帳」が入っていた。最後の一月一六日のページには、お母さんの手伝いをしながらカレーを作る様子が綴られていた。作っていたのは、一七日の夕ご飯に食べるはずだったカレー。「あした、たべるのがたのしみです。」という文章が胸に刺さった。漢之くんに「明日」は訪れなかった。自分で作ったカレーを食べることはできなかった。

「明日」が来ないなんて考えたこともなかった。明日が来ることは当たり前であり、次の日がテストだと「明日が来なければいいなあ」などと、不平を言ったりもしている。漢之くんの言葉に心が痛くなった。命の儚さ、やりきれなさを感じた。

二つ目は、震災から一年が経った日の場面。勝之さんは、漢之くんが通っていた小学校での追悼式後、震災について書かれた一冊の文集を渡された。そこには、漢之くんと縦割りペアを組んでいた六年生の子が書いた作文があった。「生きていること。それは、困難のかべにぶつかりそれを乗りこえること。約束された死までの時間を輝くものにすること。死んでしまうこと。それは、輝く人生を終え、他の人の心の中で、永遠に生きてゆくこと」

大切な人の死を体験し、命について真剣に向き合ったからこそ生まれた深くて重い言葉。自分の甘さを問われている気がした。生きることの意味を考えさせられた。「約束された死までの時間を輝くものにすること」死を考えながら生きることがあるだろうか。それほど、死が身近にあったということだろう。

この言葉は漢之くんと深理ちゃんを失ってからずっと、悲しみと後悔の中にいた勝之さんの心にも響いた。二人はずっと自分の心の中にいる。触れあった人たちの中でもずっとずっと生き続けていくはずだと。

そして、漢之くんの大切なランドセルは、震災後に生まれた弟の凜くんに受け継がれた。ランドセルだけではない。服やおもちゃ、そして思い出、生きた証なども受け継がれた。漢之くん、深理ちゃんは今も家族や周りの人々、みんなの心に生きている。故人を忘れることはない。生き続けていく。

この本を読んで生きることの意味について考えることができた。命の儚さと同時に、命は繋がっていくことも学んだ。生きていることがどれほど貴重で、素晴らしいことなのか。無事「明日」を迎えられるかは分からない。大切な人がいついなくなるのかも分からない。だからこそ、自分に与えられた時間を大切に、毎日を悔いなく生きていく必要がある。

今を精一杯生きること、輝くものにすることが生きていくことの使命だと感じている。

城島充・著「にいちゃんのランドセル」（講談社）自由読書

●——全国学校図書館協議会長賞

心という深い海へ

宮城県名取市立みどり台中学校
一年　佐藤慶仁

たとえ苦しくて、つらくて、全てが真っ黒に塗りつぶされたように思えても、墨がしみこむように塗りかえられるわけではない。その下には、ちゃんと今までの自分が埋まっている。

誰だって理屈ではわかっているのだ。大会がなくても、バレーはできる。展覧会がなくても、絵は描ける。でも、どうしたって人間は人に見てもらったり、評価されたりしながら、他者の中の自分を確認して生きていきたい願望があるのではないだろうか。それなのに、目標とする展覧会が全てなくなってしまった千暁。「コロナ禍」という新しい単語の出現によって、まるで見えない力が、今までの努力を「捨てなさい」と言うかのように。

「他者からの評価がほしい」という思いは私自身にもある。千暁と同様、私も絵が好きだが、純粋に描くことが楽しかったのは、小学校低学年の頃までだった気もする。一度賞を手にすると、誰かに認められたくて、他者がどう見るかを常に意識して絵筆をとる自分がいる。実際、今年の文化祭用の作品は、いかにインパクトをあたえられるか、が美術部員の私にとっての大切な視点になっていた。「これでいいのか。」そんな思いが読みながら私に迫ってきた。

二言目には、「コロナだから」とまさに、「真っ黒に塗りつぶされた」千暁たちの毎日。そんな当たりどころのない困難の中でも彼らはもがきながらそれぞれの希望を見つけていく。

誰だって生きていけば、形こそ違え大きな壁にぶつかるものだ。もちろん逃げることもできるけれど。だからこそ、自分が試される機会にもなる。「本当にお前はそれが好きなのか。」「本当に行きたいのはその道か。」「それはお前の気持ちか、誰かのためではないか」と。

壁があるからこそ、苦しみから脱するために自分の心を見つめざるをえなくなる。それがたまたま一斉に「コロナ禍」という仮面をつけて、千暁ばかりでなく私自身にも問いかけている気がするのだ。様々な色あいの上を真っ黒に塗りつぶした後に削り出すという技法、「スクラッチ」のように。削り出すことでその下に埋もれていた真実が浮かび上がってくる。

この彼らの姿を追ううちに、立ち止まっていた私の心の奥底に声が聞こえた気がした。この困難の中でも彼らが笑顔と真の輝きを見つけられた理由。きっとそれは本物の「自由」を手に入れたから。「自由」とは、自分の可能性を信じ、自分の思いのままに、進み続けるという意味だと私は思う。でも、「自分の本当の気持ち」、「心」は、実は自分でも、むしろ「自分だからこそ」つかみきれないのではないか。

「つかまえる」ためには、深い暗闇の中を苦しさにもがきながら、深い深い海の底に潜るように、自分の心にわけ入っていくしかない気がするのだ。千暁もそして鈴音や健斗も逃げずに潜り続けていく中で、気づき、やがて「壁」さえも越えたのだと私には思えた。

　私はコロナ禍の中で、いやこの時代だったからこそ現在の自分があると、今なら思える。当たり前だった毎日の尊さと、健康であることの幸せに気づけたこと。そして、何よりも、この一冊と出合い、思いを確かめている今の自分に出会えたから。

　ただ忘れてはいけない大切なことがある。たった一人で没頭することで、自分の奥底に隠れている思いに気づける。けれど同時に支えてくれる人達の存在があってこそ自分が成り立っているということを。

　私も自分の中学校生活を全力で描ききりたい。仲間と助け合い、支え合い、時にはぶつかり合う中で自分の心の奥を見つめながら。

　「黒」という影があるからこそ現れる「光」。今の私も千暁なのだ。

　誤解を恐れず言うなら、このような制約のある時代に過ごさねばならないことはむしろ運が良いともいえる。この経験を経て、私は今までとは明らかに違う物の見方をしているからだ。まさに黒を知っているから虹色が輝く。

　これからも、未知のウイルスが発現したり、世界的な気候変動もあるだろう。私達が幼いころに経験した大地震にも再び遭遇するかもしれない。また日々の中で自分の力では越えられそうもないと感じる大きな壁に突きあたることもきっとある。でもこのパンデミックの中を過ごしている私たちは、この先どんな壁が立ちはだかろうとも、乗り越えていけると私は信じたい。

　大きな壁も深い海も怖くはない。そんな時代を今、生きぬいているのだから。私は恐れずに、「心」という深い海に潜り続ける。

　もう一度絵筆をとろう。私自身の「心」を描くために。

歌代朔・作「スクラッチ」（あかね書房）

課題読書

●――全国学校図書館協議会長賞

荒川〜受け継がれた人々の思い〜

大阪市立高津中学校
二　年　谷　本　美智子

「思い」は時を越えて人々を救う

人々の思いが荒川の四百年の歴史を繋いできた。私が初めにこの本を手に取ったとき、題名を見て疑問をもった。人が川をつくるとはどういう事なのか。川はそもそも自然界の一部ではないのか。すぐに、地図帳を手に取り調べてみた。荒川が埼玉県、東京都を流れ東京湾に注ぐ河川であることは分かった。地図帳から分かったことはこれだけだった。しかし、地図帳にただ「荒川」とだけ記されている川には、地図帳の文字だけでは決してみえない人々の思いが繋いだ川の歴史があった。地図帳には記されていない「荒川」について書かれているこの本にどんどん惹きつけられた。私が自然界の一部だと思っていた荒川は「みえている部分」にすぎなかった。荒川には、「人を救いたいという思い」、「誰かのためにより良くしたいという思い」が流れていた。果てしない人々の苦労や努力があった。

四百年前、荒川を工事した伊奈忠治。そこには治水で埼玉を開発して豊かにしたいという「思い」があった。忠治の人々のためにという思いは親子三代にわたって受け継がれ、荒川西遷は成し遂げられた。そして、その後の人々の努力によって埼玉一帯は豊かな田園地帯となった。忠治の思いは後生の人々によって受け継がれた。

百年前、青山士によって荒川放水路が作られた。彼の、「パナマ運河で学んだ技術を日本のために」、「治水で水害から人々を守りたい」という思いが工事を進めた。絶えず危険ととなりあわせのなか二十年もの間工事を続けることができたのはなぜか。私は、「水害で苦しむ人々のために」という当時の人々の誠実な思いは、ぶれることがなかったからだと思う。一人一人の強い思いが同じ方向に向き、工事を動かす大きな力となっていたのだ。そして、当時の人々の努力は結果的に後生の人々をも守り続けているのだ。荒川は二度の工事を経て、より水害に強い川へと変わっていった。しかし、工事によって全ての課題が解決されたわけではない。長い年月をかけて、残された課題は受け継がれ、人々は解決に向けて歩んできた。そして、現在も水害を防いでいくために対策が行われ続けている。

しかし、現在では地球温暖化による異常気象により、荒川では降水量の急激な増加が起きている。再び人々の暮らしが脅かされつつあるのだ。江戸時代から、人々は多くの犠牲を払い、苦労して荒川をつくりかえてきた。その当時の人々の苦労や努力は何であったのか。伊奈忠治や青山士の思いは何であったのか。彼らは、現在の私たちが便利さを求めて環境を壊していることをどう思うのか。

当時の人々は、自分たちが直面している課題に向き合い、より良くしようと努力してきた。彼らの努力は後生の人々をも助け、また彼らの思いは後生の人々に受け継がれてきた。当時の人々の「生まれてきたときよりもより良くして残したい」という思いは繋がっていた。では、私たちが直面する地球温暖化という問題も、向き合い、より良くしようと努力していくことで、後生の人々のためにも繋がるのではないか。

荒川は人と自然が共生している象徴的な存在だと私は思う。荒川に、人のより良くしようという力が加わり、荒川は人と共生していける川へと変わってきた。

私にできることは何か。それは、学ぶことだと思う。私はこの本に、「実際にみえているもの」と「自分の学びを通してみえてくるもの」を教えられた。私は改めて地図帳を広げてみた。地図帳に「荒川」とだけ記されていた川から、この本を読み終えるまでみえなかった「荒川」がみえた。荒川とともに歩んだ人々が織りなす物語が、この本を読んでみえた気がした。荒川の人々。その当時の人々の苦労と努力。人々が繋いできた思い。そして人々がつくり上げた歴史が詰まった荒川が見えた気がした。この本が私に地図帳だけでは分からなかった荒川を学ばせてくれた。

私は考えた。荒川のように地図帳の全ての川には住んでいる人々がいて、人々の思いがあり、川とともに流れてきた歴史があるのではないか。川だけでなくすべての自然は、人間とともに生きてきた長い物語がある。日本だけでなく、世界中の人々が命を懸けて繋いできた思いを知り、深く学ぶことにより荒川と人が共生してきたように、私たちも地球と調和を取り、歩んでいけると私は信じている。そして、荒川に流れてきた人々の思いと、私にこの事を学ばせてくれた筆者の思いを受け継げる一人になりたい。

あなたは今、ペットボトルを持って川辺に立っている。ふと、投げ捨てようかという考えが浮かぶ。その人に伝えたい。人とともに歩んできた荒川の歴史。荒川に受け継がれてきた人々の思いを、私たちの手で終わらせることはできない。未来のためにできること。私が荒川の歴史を繋いでいきたい。

長谷川敦・著「人がつくった川・荒川：水害からいのちを守り、暮らしを豊かにする」（旬報社）課題読書

●――全国学校図書館協議会長賞

熱く生きる。

岡山県立岡山大安寺中等教育学校
二年　森山尊央

僕は自分をコロナの被害者だと思っていない。コロナに負けたとも思っていない。そう考えていた僕だったが、この本と出会ってそれは思い込みで、強がりなんじゃないかと気が付いた。

僕が小学五年生の時にコロナは流行り出し、日常は一変した。大好きだったサッカークラブやスイミングを辞めさせられ、常にマスクを着け、給食は前を向いて黙食、運動会は縮小、修学旅行は中止になった。誰もコロナにたいして泣いたりわめいたり大声で文句を言ったりしなかったので、僕も周囲と同じようにひたすら我慢した。我慢というよりも辛抱と言うべきか。そんな暮らしが数年も続けばいつしか僕はコロナ禍での生活に慣れ、三密なんてものが日常になり平気になった。すっかり乗り越えた気分でいた。僕は「悔しい悲しい」気持ちを封印した。

ところがこの『スクラッチ』では冒頭から道路に座り込み「コロナふざけんな！」と叫ぶ主人公達が生き生きと描かれている。

物語は中学三年生の千暁と鈴音たちの楽しみにしていた行事が、コロナ禍で次々と中止になるところから始まる。制約だらけの新生活で失望するが、それでも前を向き熱く生きていく話である。文中に出てくる教室や体育館などの景色が鮮明に浮かび、読み進める僕の隣に千暁と鈴音が居てくれるようなストーリーに、どんどん引き込まれていった。主人公達はコロナの影響でストレスを感じて、思ったままの気持ちを素直に表し喧嘩もしていた。泣いたり叫んだりコロナを憎んだり。そしてこんなにも部活動にひたむきになったことがあるだろうか。僕ができなかったことを、彼らは本の中で悩み苦しみながらも真っ直ぐに発散していた。

正直羨ましかった。鈴音のように「コロナが憎い！」と叫んでみたかった。僕は家族や周囲を困らせないように自分の思いから目をそむけ、強がっていた。がむしゃらに頑張るのは格好悪いと思っていた。そんな僕にこの本は寄り添い自分を見つめ直すきっかけを作ってくれた。

特に気持ちを揺さぶられたのは、千暁が水害で家を失い引っ越してきた過去である。僕も二〇一八年の夏、西日本豪雨で水害にあった。僕の家は兼業農家で、あれは田植えが終わった翌月のことだった。僕は父から田植えの仕方を習ったばかりで、水田に入り自分の手で植えた苗が育つのを毎日楽しみにしていた頃。西日本豪雨はたった一日で町の田んぼを全滅させた。ガレキや汚泥が堆積した水田を前に父は途方に暮れ、僕は胸が張り裂けそうだった。あの時も僕は強がっていた。他の地域では水害で命を落とした人が多く、その悲しみは深く、僕は自分の苗を失った悔しさを表すことができなかった。千暁の過去を知っていく度にあの水害がフラッシュバックし、自分のことのように胸が痛んだ。

さらにこの物語の奥深いところは、タイトルである『スクラッチ』という言葉があちこちに伏線のように隠されていることだ。

最初に登場したのは美術部部長の千暁がスクラッチ技法という、絵画技法を使って絵を完成させていく場面である。スクラッチとはひっかく、削るという意味で、その下地にある本当の姿が引き出されるというものだ。千暁はその技法で、黒く塗り潰した絵の下からバレーをする鈴音の姿を浮かび上がらせる絵を描いた。これは全編の根幹である、真の姿は何かで覆われていることを表現しているのではないかと感じた。

次に見つけたスクラッチは、この本の表紙だ。僕は見つけた時に息を飲んだ！笑顔の主人公達が描かれた黄色のブックカバーをはずすと、そこにはモノクロ画のマスク姿で無表情な顔が並んでいる。これはマスクの下に隠れている、それぞれの個性の色があるという作者からのメッセージではないだろうか。

最後に見つけたのは、読み終えた僕自身がすっかりスクラッチされていたことである。この本に出会うまでの僕は「悔しい悲しい」気持ちは封印しコロナ禍を乗り越えたつもりでいた。世の中に不満なんかない、傷つきたくないといつも冷めて強がって鎧をかぶってきたが、気が付けば自分らしさも失っていたようだ。格好つけた鎧の中の僕は、ああなりたい、こうなりたいという気持ちさえ上手に表現することができない情けない奴になっていた。夢や希望に向かって真っ直ぐに生きる千暁や鈴音が羨ましくてたまらない。同じ生きるのなら、もっと熱く生きてみたいと思うようになった。

この本『スクラッチ』は僕を削り出し、真の自分を見つけてくれた。読書はときに、家族や友達から学べない、人々の本音を教えてくれる。思いもしなかった自分の内面を発見することもできる。僕はもっと自分をスクラッチしてくれる作品に出会っていきたい。そして、がむしゃらに人生を熱く生きたい。

歌代朔・作「スクラッチ」（あかね書房）

課題読書

●——全国学校図書館協議会長賞

勇気で変える今と自分

香川県東かがわ市立引田中学校
二年　三　谷　希　歩

「今を変えていく小さな勇気の物語」。帯に書かれた言葉に惹かれ、この「よるのばけもの」を読もうと決意しました。

主人公の「僕」は、夜になると突然化け物になってしまうことに悩まされています。ある日、忘れ物をした「僕」は仕方なく、化け物の姿で夜の学校に忍びこみます。すると、そこにはクラスでイジメを受けている矢野さつきがいました。その日から、「僕」とさつきの秘密の「夜休み」が始まる物語です。

学校でイジメに合っているさつき。それも一部の人からではなく全員からです。中心となってイジメを扇動する人、周りに合わせてイジメをする人、全て見て見ぬふりをする人がいる中で、「僕」は周りに合わせ一緒になって彼女にイジメをしていました。しかし、二人だけで過ごす「夜休み」の時間が彼らに気持ちの変化をもたらします。警備員が見逃す夜間の一時間だけ、「学校での休み」を楽しむさつき。彼女の誘いで半ば強引に「夜休み」に誘われた「僕」。二人は学校探検をしたり、お互いのことを質問し合ったりして過ごします。昼間と違い、「夜休み」の二人はまるで友達のような関係になっていきます。私が心に残ったのは、化け物の姿で現れる「僕」にさつきが、「昼の姿と夜の姿、どっちが本当なの？」と尋ねる場面です。「僕」は夜になると突然化け物の姿になるようになりましたが、昼間はもちろん人間の姿です。しかし、さつきはこの質問を何度も繰り返します。

本当の自分とはどんなときにわかるものでしょうか。複数の感情が入り混じるとき、どれが本当の自分と言えるのかわからなくなることがあります。私はこの話のように、友達が仲間外れにされている様子を見たことがあります。それに気がついた私は、周りの視線は気にせず、友達に駆け寄りました。しかし、そのことが原因で今度は自分がターゲットになってしまったのです。とても悔しくて、悲しくて友達に見捨てられたような気持ちになりました。このような経験をした後では、今後イジメを見かけてもとっさに動くことができないかもしれません。また、部活動で後輩に指導するとき、後輩のためにビシッと一言注意したい自分と、怖い先輩と思われたくない自分が頭の中でせめぎあいます。周りからの視線や自分の立場などを守ろうとする気持ちが邪魔をし、モヤモヤした感情が私を包みます。この気持ちが主人公である「僕」と重なり、化け物になった姿は、本当の自分を出せない心の苦しみを現したもののように思えてきました。しかし、さつきと過ごす中で、自分の気持ちに素直になり始めた「僕」は、夜の学校で彼女に謝罪します。さつきは「僕」を信じるようになります。いや、元々信じていたのかもしれません。一見、弱々しい人物のように描かれているさつきですが、実は友人をかばうために、周囲の敵意が自分に向けられるように仕向ける強い意志の持ち主だからです。人を一面で判断をしない人だからこそ、彼女は、「夜の僕」が「本当」で、「僕」の謝る気持ちも「本物」で、昼間の酷いことをする「僕」が「本当の化け物」だということを確かめたかったのです。話の終盤で、さつきに挨拶をされた「僕」は「おはよう」と返します。無視されると覚悟したうえで挨拶を投げかけたさつき。「僕」は、「昼の僕」と「夜の僕」、どちらを選択するか決められませんでしたが、とっさに「おはよう」と口を動かしました。それもクラスメイトがいる朝の教室で。「夜休み」を過ごしていくうちに、「僕」はさつきの「本当の姿」を知りました。そして、「僕」は「本当の自分」に正直になれたのです。

　私がこの本を読んで考えたことは、まず、自分に嘘をつかないことが大切ということです。自分の気持ちを押し殺してまで相手に合わせる、それは必ず後悔します。私も自分に自信がないため、「僕」のように相手の意見に自然に合わせていることが増えました。相手に意見を合わせることで自分の仲間ができていくように心のどこかで感じていたのだと思います。しかし、本当に大切なのは自分の心に向き合い、従うことだとこの本から学びました。本当の自分に向き合うことこそ勇気がいることなのです。

「皆さんは普段、勇気を出すという言葉を聞いたとき、どのような場面を思い浮かべますか。」これは学校行事で行われた校内弁論大会で私が問いかけたものです。その例として、初めてのことに挑戦するとき、自分一人で何かをしなくてはいけないとき、誰かに素直に気持ちを伝えるとき、という三つを挙げました。しかし、今回この本を読み、自分と向き合うとき、を四つ目の例に挙げたいと思います。気づいていないうちに本当の自分から逃げ、化けている人もいるかもしれません。私も「本当の私」を大切にする勇気を持ち、「今」と「自分」を変えていきたいと思います。

住野よる・著「よるのばけもの」（双葉社）自由読書

●――全国学校図書館協議会長賞

登山と人生

佐賀県立唐津東中学校
二年　太田瑚春

最初にこの本を見た時、「山女日記」とは何だろうという疑問が真っ先に頭に浮かんだ。ミステリー小説かと思っていたが、そうではなく、誰にも言えない悩みを抱えた女性たちが、山頂の美しい景色を目指して山を登る物語だった。自分なりの答えを見つけたい、ゆっくり一人で考えたい、ただ山が好きだから登りたいなど、様々な理由で山を登る女性たちの心情の変化が丁寧に描かれていた。

特に印象に残っているのは、利尻山の話だ。この話では、主人公の宮川希美が姉の美幸に誘われる形で山を登る。長い間、決して良好だとは言えなかった姉妹の関係が、登山を通して修復されていく過程に私はひきこまれた。それは、私にも姉がいて、二人と私たち姉妹の関係を重ねて見ていたからかもしれない。

希美は楽天的な性格だったが、幼い頃から完璧主義の姉に見下されていると感じていた。今回の登山も、自分に説教するために用意されたものだと思い込んでいた。私の姉二人も希美と美幸のように全く違う性格をしている。性格だけでなく、得意なことや趣味までも違う。私は末っ子で、二人とは年も離れているので直接ぶつかることは少ないが、二人の関係が上手くいっていない時は本当に居心地が悪い。お互いにもっと歩み寄ればいいのに…と私はいつも思っている。

凝り固まっているように思えた希美の考えはある言葉によって一変する。「雨が降っても、希美とが良かったの。」という美幸の言葉だ。登山の途中、二人はずっと言えなかったお互いへの想いをぶつけ合い、言い争いになってしまう。特に希美は今までの想いをどんどんぶつけていくのだが、なかなか本音を言おうとしなかった美幸の想いが、この言葉には集約されているような気がした。絶好調ではない時、物事がうまくいかない時でも、一緒にいたいと思える存在。美幸にとっては希美こそが、ありのままの自分でいられる存在だったのだ。この言葉によって希美は、姉から見下されていると思っていたのは自分の思い込みであったと気付いたのだと思う。また、その思い込みによって、自分を守るためのバリアを張るような言動ばかりしていたことに気付いたのではないだろうか。そして、美幸自身もまた、面倒を見てあげないといけないと思っていた希美に対して、本当は心のどこかで憧れに似た気持ちを抱いていたことに気付かされたのだろう。

このセリフの後に雨が止んでいるのに、二人同時に雨合羽を着始めて、一緒に笑い合うシーンがある。二人の心からの笑顔が目の前に浮かんできて、私まで嬉しくなった。私たち姉妹も幼い頃大したことないことで、しょっちゅうけんかをしてきた。けんかをするとお互いに、自分が思っている以上のことを言い合ってしまい、後になっていつも後悔する。でも、引くに引けずに、なかなか素直に謝ることもできない。しばらく気まずい雰囲気が流れるが、気付いたらどちらが謝るわけでもなく、自然と元の関係に戻っている。「姉妹っておもしろい関係だな」と改めて思った。もしかしたら、希美と美幸は大人になるにつれ、ぶつかることを避けるために、お互いの本音を隠すようになってしまったのかもしれない。それが逆に、二人の心の距離をどんどん引き離していき、関係が崩れてしまった。私たち姉妹のこれからはどうなっていくんだろう……漠然とそんなことを考えるようになった。

　すれ違った希美と美幸の関係が修復できたのはなぜだろう。それは、登山の持つ不思議な力のおかげであるように思えてならない。希美や美幸だけではない。この本に登場する誰しもが、登山の中で何かしらの糸口を見つけていく。人生を登山に例える名言がいくつもあるように、私も登山はまるで人生のようだと思った。山を登る時に天候に左右されたり、きつい坂が続いたりするのは、人生でいうアクシデントや逆境。山をただひたすら、自分の足で一歩一歩進んでいるうちに、日常の中で目をそらしていた問題ともまっすぐ向き合おうと思える。そして頂上まで自分の力でたどり着いた時、人は迷いを解決するための何かをつかめるのかもしれない。苦労して登り続けた先に見える、頂上からの景色の美しさは、まるで苦しみを乗り越えた時に感じられる、すがすがしい心のようだ。希美と美幸が頂上で見た、花々の美しさ、雲の隙間から降り注ぐ、眼下の雲海を照らす一筋の光。二人のこれからの人生が明るいものでありますようにと背中を押しているようだった。

　私のこれからの人生も決して平たんなものではないだろう。数々の困難なことに直面して、時にはくじけそうになることもあるかもしれない。それでも、前に進み続けなければならないのだ。壁にぶつかった時は、私も山に登ってみようと思う。雨が降っても一緒にいたいと思える、二人の姉と一緒に。

湊かなえ・著「山女日記」（幻冬舎）自由読書

●――全国学校図書館協議会長賞

どんな状況でも、かけがえのない「今」を

神奈川県秦野市立西中学校
三年　井上和奏

テレビをつければコロナのニュースが流れていたあの頃、最近はそれもほとんど目にしない。それだけ以前の生活が戻ってきたのだと嬉しくなるが、同時に怖くもなった。色々なことに苦しみながらも前を向いて進んできたコロナ禍の思いが、みんなの中から消えてしまうのではないかと。「いつも」が消える。そんな感覚を初めて味わった二〇二〇年から約三年が経ち、新型コロナウイルス感染症が五類感染症となって迎えたこの夏、私はこの本に出会った。

登校や部活動、行事など様々なことが制限されるコロナ禍を過ごした中高生を描いた物語。高校生の亜紗らを中心に、住む場所も年齢も違う人たちが、星を通じて出会い、つながっていく。しかし、出会う、つながるといっても直接会ったわけではなく、つなぐのはパソコン、顔にはマスク。この本にはあの頃の生活や感情が詰まっていて、一つひとつの言葉や場面に共感し、強く心を打たれた。

当初、抱えていた悔しさや苦しみを思い出し胸が痛くなり、なかなかページをめくれずにいた。それでも読み進めることができたのは、ままならない状況の中でも前向きにできることを模索し、挑戦していく彼らの姿に感激したからだ。思うように活動できない中でも、みんなでできることを考え、協力しながら「スターキャッチコンテスト」を成功させた。コロナ禍という強敵に悩みながらも諦めず乗り越えていく姿は、まさに「星」のようであった。どんなに離れていても同じ空の下、彼らの心は近くでつながっていた。彼らという星を見て、私は少し強くなれた気がした。

私の所属する吹奏楽部では、引退する先輩方と準備を進めてきた定期演奏会が何度も延期され、中止になった。一時期は楽器を吹くことさえできなくなり、吹けるようになってからも十分な距離をとった練習。部員の心にも距離ができてしまったようだった。「すごくすごく悔しいし、ムカつく。コロナのバカ」行事や部活動が思うようにできない日々に、亜紗の先輩の晴菜が放ったこの言葉で、私は一気に目頭が熱くなった。「誰も悪くない」「しょうがない」必死にそう思い続けていたけれど、今でもずっとあのときのことが悔しくて、思い出すたびに苦しくなる。だけど、忘れたくないのだ。この思いもかけがえのないものだから。部活で制限がなくなり、久しぶりに合奏

ができたとき、風が吹いたような感覚になった。大きな嬉しさを感じて演奏できた時間と感動が、今でも忘れられない。私の中の頑張りたいという気持ちが、今まで以上に強くなった。「当たり前」と思っていたことがどれだけ幸せなことだったのか、気付くことができ、日常に感謝があふれた。

　中高生たちを支える大人たちの言葉にも強く心を動かされた。中でも心に響いたのは、亜紗の顧問である綿引先生の言葉だ。「失われたって言葉を遣うのがね、私はずっと抵抗があったんです」「この一年は一度しかない。きちんと、そこに時間も経験もありました」私はこの言葉にハッとした。「コロナ禍で失われた時間」あの頃のことをずっとそう思っていたが、それは違った。全てが失われたわけではなく、あの頃も確かに時間と経験はあり、私たちは常に「今」を生きていた。それを「失われた時間」と言ってしまえば、思い通りにならない中でできることに全力を尽くした時間も、ようやく合奏ができたときのように深く感動した経験もまるごとなかったかのようになってしまう。それは絶対に嫌だ。たとえコロナ禍であろうと、私たちにとっては人生の一ページとなるかけがえのない時間なのだから。きっと綿引先生のこの言葉が、コロナ禍を経験した全ての人への著者からのメッセージであり、祈りであるのだろう。

　コロナによって思い通りにできない悔しさを何度も味わったが、その中にも大切な時間と経験、かけがえのない「今」があったはずだ。『この夏の星を見る』というタイトルを目にしたとき、「この」という言葉に深い意味は感じていなかった。だけど読み終えたとき、「この夏」と書かれているからこそ、物語の指す夏がたった一度しかないかけがえのない時間だという著者の思いが伝わってきた。

私はこの本とコロナ禍での経験を通して、当たり前の特別さ、今を楽しむことの大切さ、どんな状況でも前向きに諦めず立ち向かうことの大切さなど、多くのことを学んだ。

「どっちがいいとか悪いとか、わからないね」と、亜紗は言った。コロナによる苦しみも、感動を味わったことも、どちらも事実だから、答えを出すのは難しい。だけど、時間は戻らないからこそ、少しでも前向きにとらえ、これからの生活に生かしていきたい。世界中の人たちが何度も辛い思いをしてきただろう。私もその一人で、何度コロナさえなければ、と思ったか。けれど、どうか忘れず、コロナ禍を乗り越えてきた経験を生かして過ごしていきたいと願う。

辻村深月・著「この夏の星を見る」（KADOKAWA）自由読書

●――サントリー奨励賞

未来へ残す川

埼玉県越谷市立富士中学校
一年　加藤結衣

私は荒川の流れる埼玉県に住んでいる。私の住む越谷市には元荒川という荒川の流れが変わる前の川が流れている。天気の良い日は穏やかに流れる川の土手で、ジョギングする人や散歩する人、川を眺めながらゆったりと過ごす人を見かける。また、春は花見をする人や夏は花火の見物客で賑わう。穏やかに流れる川を眺めると、落ち着いた気持ちになる。そんな身近な川を私達が憩いの場として安心して利用できるのは、川をつくってくれた人達がいたからだとこの本を読んで知った。

江戸時代以前の荒川は大雨の度に川の水が溢れ出し、流れが変化することがあった。そんな開発の難しい地域を、安心して米の収穫ができるように、川が氾濫しないように開発した。東にあった荒川を堤で堰き止め、流れを大きく西に移したのだ。機械を使わず人間の力でやり遂げることは、私には想像もつかないほど大変な作業だろう。先人がお金や労力、時間をかけてつくったことに感動した。この工事がなかったら、越谷は今でも水害に悩まされていたと思う。私が今越谷に住めているのも先人達の努力によるものだと知り、感謝の気持ちでいっぱいになった。

大正時代、荒川の氾濫を防ぐために考えられた荒川放水路の建設のおかげで、大雨や台風に見舞われても川は氾濫しなかった。今まで何度も繰り返された川の氾濫を防ぎ、今でも使われている荒川放水路をつくった当時の人達の力に驚いた。しかし、荒川放水路の建設のために土地を失った人達もいた。二十二キロメートルの長い放水路の建設のために立ち退いた多くの人達がいたことに心が痛んだ。私なら思い出の詰まった土地を渡すのは嫌だ。それでも当時の人達が最後には土地を渡したのは、立ち退くことで皆が水害から身を守り、より良く生活できると考えたからではないか。私の住む家も都市計画のために将来立ち退かなければならない。私は立ち退きたくない気持ちもある。それでも当時の人達の決断があったから今の安全があるのではないか。私達の生活が成り立っているのは多くの人の犠牲のおかげだということを忘れてはいけない。

私がこの本で新しく知ったことに「利水」がある。川を変える目的は治水のためだと思っていたが、利水のためにも川の工事が行われてきたことを知った。江戸時代に行われた工事では舟運の発展も目的の一つだったことに驚いた。今では舟運は減っているが災害時には利用することもある。また、川はダムや飲み水、農業用水、発電などにも使われている。川があるからこそ経済が発展し、川が今も昔も人々の生活を豊かにしてくれるのだ。

生活を豊かにしてくれる川だが、今私達が考えなければならない問題が二つある。一つ目が川に流れるゴミの問題だ。今、日本を流れる川の中や土手には多くのゴミがある。人間がプラスチックを開発してから百年もたたないうちに荒川の土の半分がマイクロプラスチックになってしまうほど川に影響を与えてしまうことを知って驚き、怖いとも感じた。私は汚れた川を見るのも悲しいし、川を汚しているのが人間だということも悲しい。

この本には「荒川クリーンエイド・フォーラム」という荒川のゴミを拾うNPOがあると書いてあった。また、調べてみると、埼玉県には道路や川の中のゴミ拾いをしてくれる人や団体が多くいることを知った。その人達が、今まで人間が川に与えてきた悪い影響を減らすために努力しているのだ。生き物が住んでいて、水が綺麗な川が私は好きだ。人間の与える悪い影響は大きいが、それを改善していくのも人間にしかできないことだ。私達人間が皆で取り組むことが大事だと思った。

二つ目が気候変動の心配だ。気候変動により雨の降り方が変わると、雨の量が増えて川が氾濫する可能性や雨が降らずに川の水がなくなる可能性もある。先人達がつくってくれた安心を未来に渡すためには、今の人達が考えていく必要があると思う。先人達が考えてきたように今度は私達が考えていく立場にあるのではないだろうか。

私はこの本を読み、先人達が自然に手を加えながら上手く川と付き合ってきたことを知った。「荒ぶる川」と言われるほど繰り返し氾濫してきた荒川を人間の力でただの厄介な川ではなく、人々の生活を豊かにしてくれる川に変えたのだ。しかし、川の氾濫はなくなったわけではない。ゲリラ豪雨などの異常気象や台風で越谷市でも浸水が起こる。調節池などで対策しているがそれでも対処できないこともある。この先どのような気候変動があるか不明確な中で、私達は荒川や荒川以外の川の未来を見据えた対策を考える必要がある。

一滴の水が沢山集まれば、それはやがて大河になるのと同様に、人間一人だけでは小さなことでも多くの人が集まることで良くも悪くも大きな力になると思う。その大きな力を良い力にするために、私達には川と上手く付き合う強い意志と力が求められているのだ。

長谷川敦・著「人がつくった川・荒川‥水害からいのちを守り、暮らしを豊かにする」（旬報社）課題読書

●――サントリー奨励賞

あざやかな色を削り出すために

佐賀県立武雄青陵中学校
一年　秀島一綺

　僕が図書館で本を探しているとき、ふとこの本が目にとまった。この本の表紙に描かれている男の子は、何だか僕にそっくりだ。メガネをかけていて、鉛筆と白いスケッチブックを構えている。「もしかして、この子も美術部なのかな。」などと考えながら、表紙をながめる。僕は美術部員なのだ。やはりこの男の子は僕に似ている。そう思いながら、自然とこの本を手に取った。

　なんだか僕に似ているこの物語の主人公・千暁と僕との共通点は、同じ中学校で美術部に所属しているということと、コロナによって、たくさんの大会や行事が中止になってしまったということだろう。いや、僕や千暁だけではなく、世界中の子どもたちが、この数年間、同じ経験をしてきている。この本は、コロナ禍によって、普通の「日常」をうばわれた子どもたちの物語だ。今の世界中の子どもたち自身の物語だとも言える。僕は、共感をもってこの本を読み進めていった。

　この本のタイトルに込められたテーマは、「それぞれの色を削り出す」だと思う。美術には、「スクラッチ」という技法がある。下に描いた絵をわざと黒いアクリルガッシュで塗りつぶし、それを削り取ることでその下の色を浮かび上がらせる技法のことだ。物語の中に、「コロナによって、日常を黒く塗りつぶされた」という表現がある。その黒の下にかくされている登場人物それぞれが本来もっているあざやかな色彩を、必死にもがきながら削り出していく物語なのだと考えた。

　僕がこの本の中で一番印象に残っている場面は、千暁が真っ黒なキャンバスの中から鈴音の姿を削り出していく場面だ。鈴音のミスで黒く汚れてしまった絵を全部塗りつぶし、スクラッチ技法で絵を描く千暁。本当はコロナのせいで審査や展示の機会をうばわれたことに不満だらけなのにも関わらず、それをかくすようにきれいな絵を描いていた嘘を全部真っ黒に塗りつぶし、本音をぶつけるように勢いよくパレットナイフで削り取っていく。あの場面は本当に、映画を観ているような感覚になった。千暁の心情が強く伝わってきて、勢いよく描く姿が目にうかぶようだった。僕はその場面をとてもわくわくしながら読んでいた。「この絵を描いていて楽しかったか?」と先生に聞かれても答えられなかった千暁が、描きたい絵を見つけた瞬間の興奮が、読んでいる僕にも強く伝わってきた。この場面から千暁は変わり始めた。

千暁は、昔住んでいた町で洪水の被害に遭い、その経験をきっかけに、きれいな絵しか描かなくなっていた。絵の中ぐらいは明るくてきれいなものだけを見ていたいと思っていたからだ。しかし、鈴音の絵を描いたときから、自分が本当に描きたいもの、本当にやりたいこと、本当に行きたい学校が分かるようになっていった。千暁が過去から目をそらさずに現実と向き合っていく姿を見て、僕も現実から目をそらさずに、やるべきことはきちんとやらなければならないな、と感じた。この本から、「あなたも自分の本当にやりたいことを見つけ、やらなければならないことをきちんとやって、これからの中学校生活をしっかり過ごさないといけないよ」と言われているような気がした。僕は最近、中学校での環境の変化に、正直少しうちのめされながら過ごしていた。何でも楽しいばかりだった小学校とちがい、成績や将来のことなど、悩むことも増えた。何だかモヤモヤする気持ちをかかえて、日常生活でも、少し雑な過ごし方になってしまっている。そんな自分のことを反省させられた。

千暁が現実と向き合うことができたのは、少なからずコロナのおかげでもあるのかなと思った。僕は、この本を読む前は、コロナのことを、祭りや大会などのたくさんの行事をなくさせるだけの最悪な存在だとしか思っていなかった。しかし、コロナに抑制されている社会の中でも、千暁のようにその状況を乗り越えて成長したり、文菜のように新たな夢を見いだすきっかけになったりするものなのだとポジティブに捉えることができるようになった。実際に、世の中はコロナで大きく変わった。困難な状況を打開しようとたくさんの人が知恵をしぼり、そして今、コロナは終息に近づいている。そういう風に考えられるようになったことも、この本から得られた僕の一つの成長ではないかと思った。

僕の毎日は真っ黒ではないけれど、まだぼんやりとしていて、はっきりと「自分の色」は見えない。これから先、千暁のように自分と向き合って、もがいたり苦しんだりしながら必死で削り出していくことができれば、その下にかくれている色が見えてくるのだろうか。僕の中学校生活はまだまだ始まったばかりだ。僕もいつか、自分のもつあざやかな色を輝かせたい。

歌代朔・作「スクラッチ」（あかね書房）
課題読書

●――サントリー奨励賞

僕の色

岐阜県安八郡輪之内町立輪之内中学校
一年　辻井恒也

「僕は何色だろう。」

　冒頭、こんな一文に考えさせられた。僕はピアノを習っているが、ピアノの先生に、

「この部分の音は、色で例えると何色に感じる？」

と問われることがよくある。作曲者のことや曲の背景、イメージ、そしてその部分から感じる自分の直感。そこから、その曲の部分の色を考えて答える。

「じゃあ、今の僕の色は？」

「黒がかった黄色。」

かな。それは、中学生になって小学生から少し大人になったような気がするワクワク感と三年後に迎える高校受験に向けて、勉強に追われ続けなければいけないという焦燥感や不安感。そんな、喜びや楽しみなどの明るい色と不安や焦りなどの暗い色が入り混じった、「黒がかった黄色」だと思った。そんなこの本の最初の問いを考えながらページをめくり始めた。

　この本の舞台は、コロナ禍の閉塞された中学校生活。すぐ気持ちを外に出してしまうバレー部部長の鈴音と、平常心を常としている美術部部長の千暁。バレー部では、総体がなくなり、美術部では市郡展の審査がなくなった。正反対の性格の二人にクラスメイトの文菜と健斗が加わり、コロナ禍で迎えた部活動の在り方、高校受験、そして将来の夢を日々の生活の中で悩み・考え・迷いながら自分の答えを導き出していく、中学生最後の夏を描いた物語だ。

　僕はコロナ禍で、鈴音のように中学校生活最後の総体がなくなり、ぶつけどころがない悔しさという気持ちを持ったことはない。確かに、学校の行事がなくなったりはしたが、悔しくて泣いて叫びたくなるような思いではなかった。しいて言えば、机に飛沫防止でつけたアクリル板がうっとうしかったくらいだ。僕はスポーツではなく、ピアノという個人演奏だったから、ピアノのコンクールも多少の演奏や審査の仕方に変更はあったものの、コンクールそのものがなくなることはなかった。

ただ……

小学生最後のピアノコンクール。

幼児からずっと挑戦し続けたコンクール。

そして、初めて予選落ちしたあの日。

「別にどうでもいい。」

と言葉に出した。悔しかったはずなの

に、大声で泣きたかったはずなのに、母の前で強がったあの日から、僕は前に進めていない。鈴音のように、試合がなくなった悔しさを、大声で叫び、チームのみんなと分かち合えるようなことがあったなら、僕は前に進めただろうか。千暁のように、毛穴がぶわっと一気に開いたような感覚で、好戦的な気持ちで絵を描けるようなことがあったなら、僕は前に進めただろうか。僕の色は、小学生の時も中学生になった今も、変わらず「黒がかった黄色」のまま。本当の「黒」の正体は、不安や焦りではなく、本当の自分の姿を素直に受け止められない、認めることができない自分を、本当は自覚しているのに上手く表現できない自分なのかもしれない。出来るなら、千暁の絵のように、本当の黒を削りとってしまいたい。

　人は何かのきっかけで強くなる。迷っていた心も固まる。それが一歩前に進むということだろうか。この本の中で、鈴音の近くには文菜がいた。千暁も。そして、千暁のそばには鈴音がいた。健斗も。それから、両親や先生も。モヤモヤしたものを抱えながらも、自分に関わってくれた人に寄りかかりながら、迷い、考え、前に進んでいるように感じた。

「人は一人で立っているのではない。」

そんな気がした。人に寄りかかる勇気。人の意見を立ち止まって考えて受け入れてみる勇気、今の自分を受け入れる勇気も大切なのだろうと頭の中で感じた。

　僕はまだ一歩も進めていない。中学校のうちに進めることができるだろうか。

「僕は前に進めるかなぁ。」

声に出して母に言うと

「もちろん！」

と満面の笑みで言われた。その自信はどこから来るのか分からないが、信じてみたい。きっとすぐにはできない。なにせ、物凄い頑固なこの性格。自分が一番正しいなんて思っている大バカ者だから、簡単には周りに寄りかかれないかもしれない。でも、自分はこういう人間だと認め、一歩前に進みたいと思えた自分も前進したのかなと思いたい。

「黒がかった黄色」ではなく、この本の表紙のような「鮮やかな黄色」に黒を削りとって出したいと思う。

　それが、僕の色。

歌代朔・作「スクラッチ」（あかね書房）

課題読書

●――サントリー奨励賞

「スクラッチ」を読んで

金沢市立大徳中学校
三年　佐々木萌寧

コロナ禍の当初、私は小学五年生だった。その時はこんなにも長引くものとは思っていなかった。休校などの非日常的な出来事に対して「怖い」とか「不安」とか、そういった気持ちというよりは、「休みが多くて嬉しい」「映画みたい」といった、ふわふわそわそわした気持ちがあった。けれど、外食ができなくなったり修学旅行がなくなったり、好きな時に友達と遊べなかったり、マスクがないと家の前の道路に出ることすら人目が気になったりと、小さなことから大きなことまで自分の生活への制約が多くなるにつれ、重くて黒くて汚い気持ちも増えていた。

鈴音は友達の文菜とコロナに関わる我慢の話をよくしていたけれど、私はあまりしたことがない。「コロナだるっ」「体温測定めんどくさ」といった軽口はよく叩いたけれど。だから周りに自分の気持ちを吐き出さなかった分、この本を読んで「あぁ、私こういう気持ちやったんや」と理解できたことも多かった。

鈴音の両親は介護職で、だから大阪から帰ってきたお姉ちゃんは二週間自己隔離していた。大好きだった家族の距離が変わり、近所の人の目も気になって、鈴音のもやもやの塊は大きくなっていた。

私も鈴音のように、「灰色のざらざらもやもやした塊」に押さえつけられて苦しくなったことがある。

去年の夏、私もコロナになった。息苦しくて食べ物の味がしなくてつらかった私を看病してくれたのは母だ。けれど、看護師である母の看病は私の希望通りのものではなかった。家の中でもゾーニングをして、母は感染予防を徹底していた。少しでも食べられるものを考えてくれたり、たくさん声をかけてくれたり、できる限り寄り添ってくれていたとは思うけれど、それでもやっぱりマスクとゴーグル越しの母の顔を見るのは寂しかった。「私、別にばい菌じゃないし」と苛立ったこともあった。母に感染させてはいけない理由もわかっていたつもりだったけれど、文菜のおばあちゃんへの思いを読み、一年経ってやっと心にすとんと落ちた。

「私の我慢は誰かの笑顔と安全を守っていたんだな。」

そう思うと、今はあの時の心の穴も勲章に思えて少し嬉しい。

嬉しい勲章は、千暁が両親と自分の作品を見に県展まで出かけた場面でも感じた。この作品を仕上げるまでの苦しさや悩みを全部受け止めて感じて考えて、自分の思いとして絵にぶつけたからこそ、未熟な部分もこれからの伸びしろに思えたのだと思う。どんな自分でも胸を張れるのは大きな勲章で成長の証だ。その証を感じ取れたことで、千暁のお母さんは一人で抱えていた後悔を口にすることができた。思いをお互いに伝え合うことで、必死に戻ろうとしていた『日常』が自然と戻ってきたように思う。

　最初この本を読み始めた時は、コロナ禍での日常の変化や我慢の連続に立ち向かって同年代の子たちが奮闘する話だと思っていた。更に読み終えた今は、作者が、心が大きく成長する思春期の私達に、置かれた状況に関わらず、どんな時でもお互いを理解し合う気持ちや伝えることの大切さを考えるきっかけをくれたのだと感じている。コロナ禍になって、今までの方法を変えないといけなくて、それで右往左往することは増えた。けれどコロナ禍ではなくても楽しみにしていた行事が無くなることはあるし、生活が一変することもある。現に千暁の家族は台風被害をずっと引きずって苦しんでいた。健斗のように病気でつらい思いをすることもある。みんなそれぞれ抱えるものが違うのだから、思いだって違う。千暁の進路を鈴音が聞こうとした時の思い。「わからないなら、ちゃんと向き合って。ちゃんと聞けばいい。」これに尽きると思う。

　外食が出来なくなって、友達とも遊べなくなった時、看病してもらっている時の寂しさや苛立ち。私はちゃんと言葉に出していなかった。それは、何となく不満を言ってはいけないような雰囲気だけを感じて、考えることをしていなかったからだ。

　分からないのに分かった振りをして、いい子にならなくてもいい。泣いてもいいし笑ってもいいし怒ってもいい。自分の気持ちもよくわかっていないのに、相手の気持ちなんてわかるはずがない。

　灰色のざらざらもやもやした塊が大きくなる前にちゃんと自分と、そして相手と向き合おう。鈴音たちの物語を読んで、今強く思う。私はまだ中学生。周りとぶつかってたくさん失敗もするだろう。不満や悩みで黒一色に塗りつぶされることもきっとある。けれど、それも自分の心のスクラッチ技法の材料。削ってその下に隠された鮮やかな色に気付いてを繰り返して、自分らしい自分になっていきたい。

歌代朔・作「スクラッチ」（あかね書房）
課題読書

●――サントリー奨励賞

思い描く本当の自分を探して

長崎県島原市立第一中学校
三年　横尾泰成

シャイで目立つことが大嫌いな主人公シーラ。でも心の奥底では、周りから気づいてもらいたいと思っている。彼女は、自分の性格が暗いと思われたり、何よりつまらないと思われたりすることが嫌なのだ。

　一方、僕の存在は周りからどう受け止められているのだろう。明るくて話しやすい奴だなと思われていたら嬉しいのだけど。中学校入学当初、自分の殻をどう破ればいいのか悩んでいた時期がある。別の小学校から来た初対面の人達とどうやったら仲良くなれるのか、自分の中で答えを探していた。

　学校には、スター的存在の人達がいる。勉強が圧倒的にできる人、部活動で当たり前のように活躍できる人、話の展開が面白く、常にクラスの話題の中心にいる人……。そんなすごい人達との集団生活は、なかなかきついものがある。本当に平凡な僕は、「何かできないと」あるいは「何かしないと」友達として認めてもらえないのではないか、このままではすごい集団の中に埋もれてしまって自分を見つけてもらえないのではないか、と人知れず悩み、モヤモヤしていた。だからシャイなシーラの気持ちがよく理解できる。

　シーラは、人前で歌やダンスを披露しなければならないミュージカルに出たいと思うようになる。私にできるかなとか失敗したら恥ずかしいなという思いが積極的になることを常々阻んできたけれど、いよいよ本当の心の声が押し寄せてきたのだ。

「私だって踊りたい。自分の部屋で誰にも見られていない時に何百回と踊っているように踊りたい。おしゃれで優雅になりたいし、自分に自信を持ちたい。」

　シーラの心の叫びに、僕も胸が熱くなる。まるで三か月前の僕だ。勇気を出して応援団長に立候補し、大声を張り上げ無我夢中で駆け抜けた日々を思い出す。

　葛藤の末、ミュージカルに出る決心をしたシーラに任された役は、ひげ男の役だった。脇役だけど、絶対音感を持つシーラの音楽的才能に気づいているフーバー先生が、シーラならと選んだ役だった。それに加えてフーバー先生は、主役のモニカが芸能の仕事であまり練習に参加できないから、シーラに代役としても出られるように準備してほしいと言う。

　スタメンと違って補欠や代役は、僕は別の意味ですごいなと思っている。なぜなら、自分にスポットライトが当たるとは限らないのに、頑張り続ける陰の立役者だからだ。水面下で全力を出し切る努力を惜しまない。そんな人を僕は尊敬する。

シーラは、主役のマリアン役の台詞も歌もダンスも全て完璧に覚え、「モニカよりも上手」だと言われるほど上達する。しかし、モニカの不調を心配する演出家のチャニングさんから「主役の代役を降りるように」言われる。「ゆずらないでがんばるか、全員にとって楽な道をとるか。」モニカから散々嫌がらせを受けていたシーラは代役を降りてしまう。僕にとっても残念な選択だった。でもシーラは、代役は手放してもマリアン役は決して手放さないと決めていた。これからも自分の部屋でマリアンの歌を歌える、と。

結局、このミュージカルは主役のモニカが公演中に足をくじいてしまい、途中からシーラが自分の役と主役の代役をかけもちして大成功を収める。舞台の上でシーラは輝いていた。絶対音感を持つシーラの伸びやかな歌声を、僕も聞きたかったなと思う。

副題に「シャイなわたしが舞台に立つまで」とあるように、シャイなシーラは役を研究し、役になりきることで自分の殻を破った。さりげなく書かれているが、シーラは水面下での地道な努力を怠らなかった。自分を変えたいと願うのなら、物事に誠実に向き合いひたむきに努力する。表面的な華やかさだけでなく、こういう当たり前のことがやっぱり大事だと思う。また、シーラだけでなく他の脇役のみんなも、一人一人が生き生きと歌い踊り輝いていた。世界はスターだけでは成り立たない。シーラや僕みたいな人間の精一杯のチャレンジや努力が、世界を作っていくんじゃないかと思えた。

そして、内面を評価してくれたフーバー先生、ひげ男の役を誇りに思ってくれた両親、というようにシーラの周りには理解者がいた。僕にも、話を聞いてくれる友達がいて、後押ししてくれる先生がいて、見守ってくれる家族がいる。決して一人ぼっちじゃないのだ。

題名の『アップステージ』は、人気をさらう、主役がかすむようなことをするという意味があり、あまり良い言葉ではないそうだが、ひそかに一発逆転ホームランを狙う僕の心に火をつけてくれる刺激的な言葉だ。残り半年の中学校生活。頑張ることをやめないで一歩ずつ進んでいく。輝く舞台へ向かって努力を続けたい。

ダイアナ・ハーモン・アシャー・作　武富博子・訳「アップステージ：シャイなわたしが舞台に立つまで」（評論社）課題読書

●――サントリー奨励賞

小さな自信を大きな夢に

謎めいた宇宙、先進的なロケット。それらはＪＡＸＡやＮＡＳＡなどの大きな組織で研究や開発をしているものだと思っていた。しかし、この本を書いた植松さんは北海道の小さな町工場でロケットを作り、打ち上げているという。ぼくの好きな人工衛星までもを二十人足らずの社員で作り上げているらしい。しかも、社員の中には、大学で宇宙の研究をしてきた人は一人もいない。ぼくはこのことにとても驚いた。今では、ＪＡＸＡが北海道の工場に実験をしに来ているとまで書いてある。植松さんはいったいどんな道を歩んできたのだろう。

『思うは招く』

山形大学附属中学校
一年　石井　多維知

ぼくの本棚にある大切な本。表紙をめくると、力強い字でそう書いてある。そして小さなロケットと星の絵も。

今年の七月のとても暑い日、隣県で行われた植松さんの講演会に参加した。小学生から大人までいる中で、植松さんは、ぼくが読んだ本と関連するお話をわかりやすくしてくれた。本を読んで考え方に触れていたけれど、持つ雰囲気が思っていた通りの人で嬉しくなった。植松さんはぼくのお願いに快く応えてサインを書いてくれた後、絵を指さしながらこう言った。

「このロケットがあなただとして、星に向かって飛んで行くには、一人ぼっちで寂しくなることもあるかもしれません。でも、星に着いたら同じような仲間に出会えるからね。」ぼくはその優しく穏やかな表情と話し方に、親戚の大好きなおじさんのような、大きな安心感と親しみを覚えた。

ぼくは、小学生の頃から宇宙が好きだ。望遠鏡で星を見たり、本を読んで知識を得たりして興味を深めてきた。ニュースや新聞で宇宙に関する話題が出ると釘付けになった。そんなぼくに、母が「こんな人がいるよ。読んでみたら？」と、すすめてくれたのがこの本だった。表紙に写っている「植松電機」の作業着を着て空を見上げる男性。この人は宇宙とどう関係があるのだろう。そう思いながら読み始めた。

ぼくは、将来は宇宙探査機の開発に関わる仕事をしたいと思っている。けれど、そのことを友達に話したことはほとんどなかった。話す機会があったとしても、会話が続かないかなとか、相手が困ってしまうかな、などと考えていたからだ。植松さんも子供の頃は、ロケットの話をすると、「ちょっと変わった子供」だと思われたり、ばかにされたりしていたことがあったらしい。そんな時に植松さんのお母さんが教えてくれた言葉、それが、「思うは招く」「思ったらそうなるよ」という意味だ。植松さんは思い続けた。そして協力してくれる仲間とともに、夢をかなえ続けている。本の中に植松さんはこう記している。「『あいつだけ違う』と思われることがこわくて、人の顔色をうかがって演技を続けていても、絶対にいいことはないです。」「自分と違う人のことを、『面白いな』『素敵だな』と思ってあげてください。そして自分が経験していないことを経験している人の話に、耳を傾けてください。」

　確かに、ぼくも中学校に入ってから、それぞれに好きな世界がある友達と出会った。例えば、鳥に詳しい友達や、寄生虫に詳しい友達がいる。ぼくは、友達の好きな世界について教えてもらいたいと思っている。また、他の友達からも好きな世界を話してもらいたい。お互いに違うから、自分が知らないことを知っている。自分にはない知識やつながりを持っている。だから力を合わせることができる。ぼくも相手の評価を気にしすぎずに、自分の好きな宇宙の話をしてみよう。そうしたら、どんどん世界が広がってつながって、植松さんのように、一人ではできないこともお互い協力し合える仲間になれるのかもしれない。

「思うは招く」。植松さんが書いてくれたこの言葉は、今から八〇年以上も前にアメリカのＮＡＳＡの門に刻まれた文言と同じ意味を持っていた。この言葉を教えてくれた植松さんのお母さんはもちろん知らなかったと思うが、その言葉に励まされた植松さんは、思い続けて本当に現実にしたのだ。

　Ｄｒｅａｍ　ｃａｎ　ｄｏ．

　Ｒｅａｌｉｔｙ　ｃａｎ　ｄｏ．

　植松さんの本と出会い、そして、本人と直接お話できたことによって、ぼくの宇宙への思いはロケットのように真っすぐ進み始めた。今は小さい一人のロケットだとしても、たくさんの仲間と出会いながら、力を合わせて必ず星にたどり着きたい。

　本の最後にこう書いてある。「いつか夢を叶えたら、ぼくの工場にきてロケットを飛ばしていってくれたらうれしいです。」

　将来、ぼくは必ず北海道の植松さんの工場に行ってロケットを飛ばす。宝物のこの本と、「思うは招く」の大切な言葉と一緒に。

植松努・著「好奇心を〝天職〟に変える空想教室＝Lesson of imagination」（サンクチュアリ出版）自由読書

●――サントリー奨励賞

大田になろうプロジェクト

鹿児島県大島郡天城町立天城中学校
一年　初田一心

僕にはできるだろうか。いや、僕にできるはずがない。とんでもない。「大田、本当にやるつもりか。」半信半疑で僕は、本を読み進めた。

この夏、僕が出会ったのは、「君が夏を走らせる」。「不良少年に夏休みのバイト」という本の帯が気になって手に取ってみた。主人公は大田。十六歳。いわゆる不良。金髪でろくに学校にも行かず、かといって夢中になれるものもなくて、なんとなく日々を過ごしていた。そんな大田に一本の電話が入る。

「一歳の娘の子守を一カ月してほしい。」先輩からの急なお願いだった。子どもの名前は鈴香。母親が切迫流産で入院するから預かってほしいというのだが、「一歳の子なんて、宇宙人と一緒だぞ。子守をなめてるだろう、大田。」思わず声が出た。だって、僕は知っている、小さい子の世話が、どれだけ大変かを。

僕は末っ子だが、いとこは、みんな僕よりも年下。休みの日には、よく面倒を見なければならない。いとこがうちに来ると大変だ。

「一心、遊んでよ。おんぶして。」

僕がしゃがんで待つと、いきなりどんと飛び乗って、足や手をバタバタ。終まいには、僕の目を隠して、ゲラゲラ笑っている。「面倒くさいな。」正直、そう思うが、ここは年上の意地。笑って怒りをこらえる。僕の大切な休みは、こうして、この怪獣たちに奪われる。

だから、大田が簡単に子守を引き受けたことが信じられなかった。子守を引き受けた初日、鈴香が泣き止まず、大田はあたふたする。「それ、見たことか。甘いんだよ。」笑いがもれる。やっと泣き止んだかと思えば、食事や排泄の世話など、大田にとって、初めての経験が次々にやってくる。その度に、「無理だ。いやだ。」と思いながらも、大田は逃げることをしなかった。「たすきを受け取ったら、倒れるわけにはいかない。何がなんでも走らなきゃいけないんだ。」子守というたすきを受け取ったからと、気合いを入れる。「陸上が好きなんだな。なんだ、ただの不良かと思っていたけど。」急に親近感がわいてきた。僕も、陸上が好きだ。仲間からたすきをつなぐときの緊張感と期待感は、なんとも言えない。その気持ちを知っている大田なら、一ケ月やり切るかもしれない。僕はそう思い始めていた。

僕がこの本の中で、一番熱くなったの

は、大田が鈴香を連れて行った公園で偶然出くわした陸上の後輩と三千メートルトライアルの勝負をした時のことだった。いつもは格好悪いところを見せようとしない大田が、鈴香の前で負けられないと、泥臭くも必死にあがいて一位でゴールした。そして、その後、倒れ込むのだ。何に対しても一生懸命になれなかった大田が、鈴香のために頑張っている姿が頭の中で思い描かれた。かっこいい。小さい子のために、かっこいいところを見せようと頑張った、そんなかっこ悪い大田が、とてもかっこよく見えた。僕は、ここまでするだろうか。いとこたちをこんなに大事に思うほど、ちゃんと世話をしたことがあっただろうか。

　そこで僕は、この夏、「大田になろうプロジェクト」を立ち上げ、いとこの面倒を一人で見ることにした。

　僕には、発達障害のあるいとこがいる。小学五年生だが、意思疎通を図ることが難しい。だから、いつもは母が面倒を見る手伝いをするだけなのだが、今回は、一人で面倒を見ると決めた。

　面倒を見ると決めたその日から、僕は一緒に食事をし、風呂に入り、寝かしつけまでした。でも、最初はうまくいかないことが多かった。僕が話しかけても、見向きもしてくれない。僕は困惑した。けれどよく観察してみると、こっちを見ていなくても話は聞いてはいる、と気づいた。そして、同じ時間を過ごすうちに、いとこのことがよく分かってきた。するとそのうち、いとこが

「一心と寝る」

と言い始めた。僕を認めてくれた気がして、とても嬉しかった。ずっと一緒にいると、だんだんといとこの気持ちが分かってきて「何も言わなくても分かるんもんだな。」と、ちょっとだけ親の気持ちを味わうことができた気がした。

「一心、面倒を見てくれてありがとう。一心になら任せられるわ。」

と、叔母がとても嬉しそうに言った。それを母が横で見ていたのはちょっとくすぐったかった。でも、僕も少しだけ大田になれたかもしれないと思うと、少し背筋が伸びた。

　僕も大田も、まだまだ未熟で、課題もいっぱいだ。しかし、頑張る気持ちよさを大田から学び、僕はまたさらに目標に向かって頑張ろうという気持ちになった。大田と僕、どっちがいい男になるか、競争しよう。僕は負けない。だって僕には、たくさんやりたいことがあるんだ。大田、君も一緒に走ろう。

瀬尾まいこ・著「君が夏を走らせる」（新潮社）自由読書

●――サントリー奨励賞

昆虫の世界を覗いて

埼玉県越谷市立富士中学校
三年　田能朱莉

私は幼い頃から虫に触れ、親しんできた。春は蝶を追いかけ、夏はセミを捕まえた数を競い、秋はトンボが止まることを期待して人差し指を高く掲げていた。不思議な昆虫は、私の幼い頃の記憶の中で大きな存在だ。もちろん、私が親しんだ昆虫はごく一部の種類であり、すべての昆虫に抵抗がないわけではない。しかし、このような経験が、私をこの本に導き、昆虫の世界の興味深さと、そこから繋がる世界を知ることができた。

この本では、ノルウェーの昆虫学者が、多種多様で奇妙、そして多彩な昆虫のことを語っている。全て昆虫というテーマに沿った内容であるにもかかわらず、想像を超越した範囲にまで話題が及んでいた。昆虫は個体数、種の数どちらでも他の生物を圧倒する数がいること、昆虫とそれを取り巻く環境のつながり、そして地球の環境に大きく貢献していることなど初めて知ることばかりで圧倒された。

最も私の心に響いたのは、ロード・ハウ島での出来事だ。そこは絶海の孤島であり、その島だけの生態系があった。しかし、二十世紀前半、蒸気船が座礁したことにより船内にいたクマネズミがその島に定着してしまった。彼らは数年のうちに少なくとも五種の鳥と十三種の小型の生き物を絶滅させた。島で生きていたロードハウナナフシも犠牲となった。

しかし、島の沖合のボールズ・ピラミッドという島で、ロードハウナナフシが発見されたのだ。まどろっこしいお役所仕事を経て、繁殖計画が始まり無事子孫が残された。そこで、ロードハウナナフシを本来の生息地であるロード・ハウ島に戻すべきかという問題が生じた。

島民の中には、「巨大な黒いナナフシなど気持ち悪いだけだ。なぜ、そこまでして保護しなくてはいけないのか」という声もあるという。気持ち悪い、は昆虫が言われがちな言葉だ。私もそのナナフシの画像を検索してみた。確かに気持ち悪い。ナナフシとは思えない黒々とした体にでっぷりとした足。筆者によれば体は特大ソーセージほどあるらしい。確かにこれが自分の住んでいる場所にいたらと思うと、少し不快に感じるかもしれない。

これが自分の身勝手であるともすぐに感じた。ロードハウナナフシはもともとロード・ハウ島に住んでいたのだ。彼らは人間の起こしたアクシデントによって絶滅した被害者で、それがなければ今も元の環境で生きていられたはずである。しかし元の島に戻そうとすると気持ち悪いと消極的な態度をとられてしまう。ヒトがもたらした事実に、私はヒトの環境に対する浅はかな姿勢を見た気がした。

しかし、筆者は冷静に「生態系を保護する場合、生き物や環境への思い入れだけでなく、ヒトの感情や事情への深い配慮が欠かせない」と述べている。はっとした。もちろん、島での生態系の変化の責任はヒトにある。しかし、その環境を大切にするためには、協力や理解が不可欠だ。強行したところで、人々の協力や理解は得られず「守っていきたい、大切にしたい」と思ってもらえる自然環境にはならないだろう。それでは本末転倒だ。

ヒトによる環境の変化が叫ばれる時代。その環境の変化に、昆虫も巻き込まれている。「環境は大切」というキャッチコピーばかりが先走り、なぜ環境が大切なのか、熟考できていないのではないか。ヒトの生活には昆虫が不可欠だ。昆虫を失うデメリットは、人間のデメリットだ。昆虫が絶滅すれば、ヒトは豊かな暮らしを失うことにつながる。しかし、ヒトは昆虫を絶滅させている。昆虫が絶滅の危機に瀕している事実を知っていても、それがヒトにとってのデメリットであると知っているヒトはどれだけいるのだろう？　私は、それが一番恐ろしいことだと思う。

筆者は、昆虫をこよなく愛し、そして昆虫の保護の大切さを訴えている。私は、筆者のように、ヒトが恩恵を受けているもの、つまり昆虫が支えてくれている地球環境を大切に思うことが何より重要だと思う。筆者は「自然界の中心を占める、昆虫という存在があるからこそ、地球は回り続けているのだ。」と断言する。それは、昆虫からのメッセージのようにも感じられる。

昆虫が苦手な人には苦痛なことかもしれない。しかし、大切なのは、彼らが私たちにもたらしてくれることを知り、昆虫、そして環境のことを深く学んでいくことだ。本書には昆虫の写真はおろか、関連画像は一枚も載っていなかった。しかし私は、ヒトの生活がいかに昆虫によって支えられているのかを知り、思いを巡らせることができた。幼い頃の探求心が蘇ってきたようでもあり楽しかった。それはこの本に出会い読んだからこそ得られたものだ。拒絶してしまえばそこで終わりだ。だから、私は知ろうとする心を絶やさず持っていたい。昆虫の世界を覗いて知った世界はあまりに楽しく、ヒトにとって必要不可欠な彼らを大切にしようと思えたのだから。

アンヌ・スヴェルトルップ＝ティーゲソン・著　小林玲子・訳「昆虫の惑星：虫たちは今日も地球を回す」（辰巳出版）自由読書

●――サントリー奨励賞

戦い抜く力

鳥取県米子市　米子北斗中学校
三年　高田航成

私は小学生のころ、父に将棋を教えてもらい、昨年は大会に出場する経験を得た。実力は不足し、将棋の駒の動かし方が分かる程度であった。そのため、一勝はしたが、後の対局は全敗であった。その後も、数回大会に出場したが、全敗という結果に終わった。

小学三年生から続けているサッカーではどうだろうか。中学ではサッカー部に入部し、合同チームでの練習で汗を流してきた。中学一年生の頃から試合に出場し、中学二年生の時には県大会出場も経験した。しかし、中学三年生として迎えた今年度は、チームとしての成熟度が不足しているためか、公式戦では一勝もできていない。しかもこの夏、私は股関節の剥離骨折をしてしまい、このまま公式戦に出場できずに引退する形となりそうだ。

将棋もサッカーも、簡単に負けてしまうのであれば、初めから大会に出場しない方が良いと考える人がいるかもしれない。しかし、経験するからこそ分かることが、この世の中には存在するのも事実である。

焦りと無力感が交差する中、私は一冊の本に出会った。『聖の青春』だ。主人公は村山聖という棋士である。数々の病気と闘い、二十九歳という短い命を全うするまで、将棋に人生の全てをかけて強く濃く生き抜いた人物である。

村山が子供のころ、ネフローゼ症候群で入院していた時、一緒に病室で遊んでいた年下の友達が、次々と病気で亡くなっていった。次は自分も死ぬのではないかという恐怖が常に付きまとう中、母に買ってもらった将棋の本を見ながら病室で将棋をしている時だけは一心不乱に集中し、恐怖を忘れることが出来た。また、将棋を続けることにより、心の中の世界が広がり、友達の死という絶望感を抑え込めるようになっていた。

私がもし同じ状況に立たされたら、将棋やサッカーでは、友達の死という絶望感は抑え込めないと思う。逆にショックで、将棋やサッカーが出来なくなるかもしれない。村山は深刻な状況の中でも将棋に没頭し、死という恐怖を抑え込むことが出来たからこそ、プロ棋士になれたのだと思う。

村山が十八歳の頃、C級一組順位戦で羽生善治棋士と対局をした。村山と羽生との初対局であった。今まで様々な棋士との対局で無敗だった村山が、序盤から中盤まで有利に対局を進めた。しかし、最終盤の局面で羽生は美しい即詰めで村山に勝利した。

羽生との対局後、村山は手痛い敗戦にも関わらず、目が輝いていた。なぜなら、倒さなければならないライバルが一人現れたからである。この場面を読んで、私は救われた気がした。負けることは悪いわけでも、つまらないわけでもない。負けた人には確実に、次につながる課題が発見できるからだ。

私自身を振り返ってみると、昨年サッカーの公式戦で順調に勝ち続けていた時は、単純にうれしいだけだった気がする。しかし、先輩たちが引退し、新チームになって勝てない状況が続き、メンバーの意思統一が乱れ、チームも崩れていった。試合においても、パスが上手く回らず、ただただ腹立たしく、苛立っている自分がいた。しかし、勝ちたいと思う気持ちは自分の中で失われていなかった。そのため、勝つために何が足りないのかを必死に考えるようになった。まずは自分が出来ることとして、キックの精度を磨くことを意識した。その上で、チーム一丸になれるよう、声かけを続けた。

羽生との対局後、村山は努力を重ね、ついに羽生に勝利した。そして将棋の名人位にあと少しで辿り着けるという所で、悪夢が襲った。膀胱がんと診断されたのだ。あともう少しで手が届く「名人」になるために手術を拒否しかけたが、周囲の説得もあり、摘出手術を受けた。術後一ヶ月も経たないうちに村山は大阪に向かい、朝から深夜まで順位戦を戦い続けた。その後の治療に関しても「頭と将棋に悪影響を及ぼす可能性のあることはやめてほしい。」と訴えた。その後、翌年に癌が再発し、二十九歳で亡くなった。だが、最後まで将棋の勝負に没頭し、病魔と闘い続けた。

本書を読み終わり、自分の命をかけて最期まで将棋に人生の全てを捧げる姿に、不撓不屈の精神の大切さを思い知らされた。本書は、私に勇気と希望を与える一冊となった。

私は人生をかけて打ち込めるものを、まだ発見できていない。しかし、私が打ち込める素材は多くある。勉強、サッカー、将棋などである。勉強もサッカーも、テストや試合など、勝負する場面で、課題を見つけ、克服する機会がたくさんある。それらの過程の積み重ねで、受験合格や試合への勝利という成功体験を味わうことができるはずだ。努力なしでは何事も成し遂げることができない。つまずいても、その事実や結果から、次なる課題を発見し、村山のように全力で前に進み続ければ良いのだ。

大崎善生・著「聖の青春」（ＫＡＤＯＫＡＷＡ）自由読書

「狭間の世代」として考える

東京都渋谷区立原宿外苑中学校
二年　目黒龍一郎

「いずれは大人になる子どもたちのために。そして、かつて子どもだった大人たちのために。」

これは「子どもたちのいない世界」という本の冒頭に登場する言葉である。

この本を父から手渡され、この言葉に出会った時、僕は少し戸惑った。さて、僕は大人なのか、子どもなのか、と。電車に乗る時には大人料金を支払うし、「お子さまランチ」はもう頼まない。一方、未だ何をするにも保護者の同意が必要で、義務教育の過程でもある。子どもでも大人でもないのに、子どもであり、ちょっぴり大人でもある。そんな僕たちのことを「狭間の世代」とでも呼んでみようか。僕は「狭間の世代」の栄えある代表としてこの本のページをめくることにした。

「子どもたちのいない世界」は、二〇話の短い物語からなる一冊だ。第一話は本のタイトルにもなっている「子どもたちのいない世界」という話である。これは、世界中の子どもたちが一斉に消えてしまった場面から始まる。何故子どもたちが消えてしまったのか。それは、大人の厳しい躾に耐えられなくなり、自由に過ごせる国へ逃亡したからである。パニックに陥り、悲しみに打ちひしがれた大人は、子どもに帰って来てもらうため、イチゴアイスを毎日配るなど、今後は甘やかすことを約束した。静まり返った町に帰って来た子どもたちは皆、王様のような待遇を受け、やがて大人になっていった。自分が子どもだった頃を忘れた彼らは、かつての大人のように自分の子どもたちに愛情を注ぎながらも、厳しく躾けるようになる。そしてある日、世界中の子どもたちが、再び一斉に消えてしまう。つまり、この物語の終盤では再びこの悲劇が繰り返されることを示唆している。

一話目を読み終えた僕は「狭間の世代」として考えた。「いつからアイスはもらえなくなるのだろうか。」それはさておき、僕は子どもたちの方が我儘なうえに、正しいことをしていないと感じた。確かに、僕自身も母に叱られることが続くと現実逃避したくなる。だから、子どもたちが逃げ出したくなる気持ちは分からぬでもない。しかし、子どもたちの主張は「歯を磨きたくない」「ベッドでチョコを食べたい」などといった承服しかねるものであり、どう考えても怒られて当然だろう。けれど、そのような馬鹿げた主張をする子どもに育ててしまったのは大人たちの責任でもある。では大人たちが悪いのか。いや、大人たちも子どもの頃に甘やかされて育った結果、正しいことを子どもたちに伝えられない大人になってしまったのだから、所謂「ニワトリとタマゴ」状態だ。「狭間の世代」の僕としては、子どもと大人どちらの気持ちも分かるからこそ、どちらにも欠けているものがあるように感じられてならない。この子々孫々と続くであろう悪循環を断ち切るために、双方に必要なものは何だろうか。

子どもたちと大人たちのどちらにも欠けているもの。それは「想像力」であると思う。例えば、想像力があれば、子どもたちは歯を磨かないとどうなるかが想像できただろうし、大人たちも、頭ごなしに叱るのではなく、子どもが納得できる「歯を磨く理由」を伝えられただろう。さらに、大人たちは帰って来た子どもたちを甘やかし続けたらどんな人間になってしまうか、少しでも想像していたら、別の手段をとっていたかも知れない。つまり、筆者は物語を通して「想像力の大切さ」を僕たち読者に伝えたかったのだと考える。

僕がそう感じたのは第一話だけではない。この本に収められた全二〇話に共通して「想像力の大切さ」や「想像力の欠如によって起こる恐ろしいこと」が述べられている。いじめや差別、戦争、死、虐待など、それらをテーマに取り扱っている話が続く中、印象的だったのは「家庭生活」という物語だ。登場するとある家族三人は、テレビ中毒になり、次第に会話や外出することもなくなっていく。彼らはテレビから受動的に情報を得るのみで、行動力や思考力が停止してしまうのだった。これを読んだ時、僕は一抹の危機感を覚えた。中毒になるというのは僕たちにとって、もはや対岸の火事ではないのだから。便利で夢中になるツールで溢れかえる今、子どもだとか大人だとか「狭間の世代」だとかは関係なく、全ての人間にとって起こりうる問題だ。その危機を乗り越えるために必要なのは、やはり「想像力」だ。想像力があれば、どんな未来が待ち受けているか思い描くことができ、中毒への道から方向転換することができる。いじめや差別問題も「想像力」によって相手の立場になれたら、次の一歩が変わるだろう。

今、「狭間の世代」の僕らの目の前には、未来という名の宇宙が広がっている。明るい星へ行くのも暗い星に向かうのも全て僕たちの意志次第だ。例え現時点では暗い星へ向かっていても、今なら軌道修正ができる。だから、想像してみよう。輝かしい未来を目指して。

フィリップ・クローデル・著　高橋啓・訳「子どもたちのいない世界」（みすず書房）自由読書

高等学校の部

●——内閣総理大臣賞

私のかけら

ラブカ。水深千メートルに生きる醜い深海魚の名だ。大きく裂けた口に、虚ろな目。その細長い体は、魚というより獰猛な蛇を思わせる。本書の表紙のイラストに描かれたそれは、口を開けて笑っているように見えて不気味な印象を受ける。そんな題名とイラストに惹かれて、本書を読み始めた。

　物語の序盤で感じたのは、言い表しようのない不安である。どこにでもいそうな登場人物に、淡々とした会話。それらとは対照的な、どこか暗い描写や向かうところを知らない話の展開は、緊張をかき立てた。何かが始まりそうな予感にページを捲る手が早まる。

岐阜県立岐阜高等学校
一年　辻内　凜

　読み進めながら私は、橘と自分を重ねずにはいられなかった。彼とは程度が違うかもしれないが、私もいろんな人たちを騙しているような気がしたり、他人を信じることに難しさを感じたりすることがよくあるからだ。そしてこれは、人間ならば誰しも感じたことのあるものではないだろうか。

　例えば、自分の思う自分像と、他人から見た自分とのずれを感じるとき。人前では言えないが、実は自分はこうなのだという自意識は多くの人が持っているだろう。だから、それとは違うことを周りから言われると、自分が他人を騙しているように思えることがある。

　また私は、人を頼ることがどうしてもうまくできない。友達が自分に頼み事をしてくると、自分は頼られているのだと嬉しくなって引き受ける。でも自分のこととなると、小さな頼みすら素直に言い出すことができない。これを聞いて彼らは自分に対してどんな感情を抱き、どんな反応をするのだろう。自分の悩み事に人を巻き込むのは申し訳ないし、当事者ではない人に解決策を求めるのは恥ずかしい。そもそも話を聞いてもらって、何かが変わるのだろうか。そんな風に思うからだ。それは他人を信じきれずまだ自分の中に閉じこもっているということにほかならない。

　だから、他人の信頼を裏切り、この世そのものを信用できなくて苦しんでいた橘が殻を打ち破っていく姿に、私は心を動かされた。

　ある場面で橘が浅葉先生に、自分が長年一人で抱えてきた秘密を打ち明ける。浅葉先生はそれをまっすぐ受け止める。昔の話を未だに引き摺って恐れている橘を笑い飛ばすでもなく、大変だったね、と慰めるでもなく、ただ、「ダサくも恥ずかしくもない」「君が恥じるような話じゃない」と言う。

今まで暗い場所にいたのが、目の前がぱっと開けて、明るくなるというのは、まさにこのことだろう。橘の場合は、自分が受け入れられたという安心と、拒絶されるだろうという予想が外れた戸惑いとの両方が同時に込み上げて来たのではないかと思う。動揺しながらも、橘は他人を信じる選択肢を知り、過去を振り切って前に進み出す。読んでいてとても勇気の出る場面だ。

もう一つ、心に残った箇所がある。

「透明な壁の向こうと自分との間には、著しい段差がある。世界のありのままの姿を、オートマティックに捻じ曲げてしまう分厚い壁。みずからの不信が作り上げたその巨大な防壁が、目に映るものすべてを脅威に変換してしまう。

この脅威は、幻だ。

手を伸ばすべき現実はいつも、恐れの向こう側にある。」

これを目にしたとき、私ははっとした。まさに自分に向けられた言葉ではないかと錯覚したからだ。私はこの部分を何度も反芻し、時間をかけてゆっくりと噛みしめていった。

そして考えた。他人を信じるとはどういうことだろう。

私にとって他人を信じるとは、自分の一部を他人に託すということだ。一人では抱えきれないことを、他人に手助けしてもらいながらどうにか自分の中に戻し、また歩き出す。

ではどうすれば、他人を信じられるようになるのか。

私が考える最も大切なことは、全部でなくてもいいから、自分を信じる気持ちを忘れずにいることだ。他人に自分について素直に伝えることは、とても勇気のいることだ。なぜなら、それを受け取る方には当然、話し手との感じ方の違いがあるからだ。それを先回りして感じ取るから、私は橘と同じく、自分を否定されることを恐れている。しかしその段差を乗り越えて他人の元へたどり着くまでの間に、信じられるものは自分しかいないのだ。

最後に、他人との信頼関係には、当たり前のことながら、相手への意識が必要だ。本書でも繰り返し触れられていた、他人に向けられた想像力。相手に自分の世界観を届けるには、どうすることが最善か。そして、相手からも信頼されるために、私はどんな言葉をかけることができるのか。私は本書を通して、今まで分からなかったその答えを実感しつつある。そして私は今日も、想像の小窓を開ける。

安壇美緒・著「ラブカは静かに弓を持つ」（集英社）課題読書

●――文部科学大臣賞

「タガヤセ！日本『農水省の白石さん』が農業の魅力教えます」を読んで

埼玉県立川越女子高等学校

三年　迎　里咲

高校に入学してすぐ進路希望調査があった。「どの学部でどんな勉強をし、どのような職業に就きたいのか。」基本消去法で考えがちな上、優柔不断な性格の私はなかなか一つにしぼりきれない。「迷っているなら好きな事や興味のある事から探すと良い」と助言を受け考えてみた。好きな事はパン屋巡り。パンに合う牛乳はもちろんのこと、具として組み合わされる新鮮な野菜や果物、肉、魚、チーズ等、どれも大好きである。また、デパートの食品売り場や物産展、農協の直売所からスーパーに至るまで、美味しそうな食べ物がずらりと並んでいる光景を眺めるのもこの上なく好きだ。「食べ物といえば農作物だから農学部、いや、農産物が実際に消費者に届く仕組みやマーケティングを学びたいなら経営学部や商学部だろうか…。」希望調査のたびにその時の気持ちの振れ幅で志望学部が変わるため「この子は一体何がしたいんだ？」と面談時に担任の先生に心配される始末だ。そんな「進路迷子」の私は、結局理系クラスから文転し、目下受験勉強中…なのだが、「農業」についてはずっと進路選択の根底にあるテーマだった。書店で「タガヤセ！日本」の本を見つけた時「農業の本だし、課題図書にしては珍しく文章が少なくて読みやすそう。」というのが率直な選書の動機だった。しかし、読み終えて思った。この本はニュータイプの課題図書だ。この本自体は「農業沼への道しるべとなるサムネイル集」であり、「詳しくはWEBで！」ではないが、本文の内容から「農林水産省公式YouTube BUZZMAFF」へと知らず知らずのうちに誘われるようにできているのだ。まず本書を読み、次に動画を一気見し、興味が高じ芋づる式に農林水産省発行の「食料・農業・農村白書」まで取りよせて読んでしまった。「日本初の国家公務員YouTuber白石さん」により、私は日本の農業の奥深さ、生産者、加工者、販売者、消費者のつながりと、それを支える農林水産省の仕事について深く考えさせられることになったのだ。

日本の食料自給率はカロリーベースで37％。ほぼ輸入食料に頼る現状だ。気候変動や国際社会情勢のリスクが高まる現在、この先も安定的に輸入品が調達できる保証はない。国として食料安全保障を目指し国産農産物の消費拡大をPRしている。また、日本国内の生産基盤を強化し自給率の向上を目指すための取組も詳しく紹介されていた。「スマート農業」「六次産業化」「集落営農組織」「輸入原材料の国内転換」等、初めて知る事ばかりだ。

「食料・農業・農村白書」の中に、私の住む埼玉県の小麦製粉工場「前田食品」の紹介記事を見つけた。以前は輸入小麦も扱っていたこの工場は、平成30年から取り扱う小麦の全量を国産小麦に切り替えた。国産小麦の価値向上と自給率向上に貢献し、美味しく安全な小麦粉を生産するためだという。また、同社が中心となり「埼玉産小麦ネットワーク」を設立。小麦粉を利用する加工業者や生産者と共に、交流事業や、新品種の開発研究も行っているという。その時私は思い出した。私の推しの地元のパン屋さんは「国産小麦」のパンを扱っていたはず。もう一度よく確かめたくなり店を再訪した。店には国産小麦を使用した何種類ものパンが並んでいた。いつも以上に説明書きを熟読したものの、どれも美味しそうで迷ってしまう。店主さんにお勧めのパンを尋ねると、「ハナマンテンブレッドが一番小麦粉の風味がわかりやすいですよ。」と教えてくれた。ハナマンテンとは坂戸の原農場で収穫された埼玉県産小麦であり、なんと、記事で読んだ前田食品の工場産だったのだ。家に帰りパンをじっくり味わって食べてみた。ほんのり甘くてしっとりふわふわ、米にも似たどこか懐かしい味わいに思えた。土と気候が同じだからだろうか。ますます興味がわき、パン屋さんのSNSも熟読してみた。県産小麦粉ハナマンテンは扱いが難しく、最初はなかなか理想の味を引き出せなかったという。工程の時間配分を工夫し何度も試作を重ねた結果、風味を最も引き出す製法にたどり着いたそうだ。「素晴らしい生産者の方が送り出してくれた粉に、あっと驚くくらい美味しいパンでお返ししたい。」と店主さんは語る。「地産地消の美味しさを届けたい。」という農家や工場や職人さん、携わる人々の思い。その思いは輪のようにつながり、私（消費者）のもとにも届く。知れば知るほど美味しさは増す。

これらの「好循環の輪」を外側から支えるもう一つの大きな輪こそ「農林水産省」の仕事なのだ。「国産小麦供給円滑化事業」という国の施策がある。国産小麦に関わる事業者が安心して生産や販売事業を継続できるよう国として支援する制度だ。日本の農業が国にしっかりと守られ、私達が食に関心を持ち農業の持続可能性を後押しする未来は明るい。

農業を取り巻く様々な輪のどこか一端に将来関わることができたら楽しいかも…。進路も耕してみたら、私にもほのかな光が見えた。

白石優生・著「タガヤセ！日本‥「農水省の白石さん」が農業の魅力教えます」（河出書房新社）課題読書

●――毎日新聞社賞

「知る」ということ。

千葉県立千葉南高等学校
二年　鈴木　ももか

保育所に通っていた頃、素手でダンゴムシと遊んだ。小さいゴキブリも手で触れた。いつの頃からだろうか。それができなくなった。誰かが教えてくれた。誰だろう。友達か、先生か、親か……。「それは汚いよ」と。私はそのことを知った。

この本に書かれているショウジョウバエ・カミキリムシ・アブラムシ（ゴキブリではない）など、これらの昆虫を知っている人は多いはずだ。昆虫は種によって様々な特徴や性質を持っている。それは人間には想像も及ばないような高度な技術だったり、神秘としか言い表せないものだったりする。私たち人間には昆虫から学ぶべきことが数多くあるのだ。

この本では、そのような昆虫の能力を人間が参考にしたものの一つとして米軍のドローンを挙げている。ドローンはトンボの飛翔能力に着目し、そこから四枚の翅(はね)の独立した動きや羽ばたきの回数、進む方向などに大きなヒントを得ているのだ。他にも更なる研究によって人間生活への活用が期待される事象が多く書かれている。アリの〝農耕〟についてもだ。アリは菌類を栽培する。巣の中の畑を慎重に歩き回って、望ましくない細菌を取り除き、必要な菌類を育てる。そして、その収穫を巣のアリ全員に分配する。現在の人間も同じような手順を踏んで農耕をするが、驚くべきことにアリは私たち人類が地球上に現れる遥か昔から、この技術を身につけていたのだ。アリはこのような〝単一栽培〟を安定して行っている。もし、この技術を私たちがこの先役立てることができたならば、近く訪れるであろう食糧困難に対する解決の糸口が見えてくるかもしれないと筆者は言う。

このように昆虫は私たちに、きっかけと沢山の知識を与えてくれる可能性があるのだ。私はこの本を読むまで自分の身近な昆虫を知っているつもりだった。けれども本書を読んで、今までの「知る」という言葉に対し疑問をもった。私は昆虫を本当に知っていたのだろうか。

「知る」という言葉を広辞苑で引いてみた。すると、「理解する」と「認識する」という二つの解釈に出会った。私は前者の意味で昆虫を「知って」いたのだろうか。ただ、身近な存在として認識していただけではなかったか。対象に対して興味を持って目を向け、より深く能動的に情報を受け取ろうとすること。それこそが本当に求められる「知る」ということ、つまり「理解する能力」なのではないか。

今日よく耳にする多様性というのは人間ばかりの話ではない。「自分たちに都合が悪いから」という理由で、昆虫を「害虫」に仕立て上げ除外していくのでは、多くの環境問題を抱えた地球（人類）は、立ち行かない状況になってしまう。昆虫や植物を含む生物全体の多様性を理解する能力が必要なのだ。

〝ヒトが自己中心的な視点を捨てて少しでも視野を拡げれば、「昆虫の保護」が単なる利用価値の問題でないこともわかるはずだ〟と筆者は語っている。

私たちは昆虫とコミュニケーションをとることはできない。だからといって、彼らを尊重せず支配することは生きるものにとっての倫理にのっとっていない。私たち人間は自分のことを地球上で最も優れた生き物だと思っているのではないか。「気持ち悪い」「うっとうしい」などという理由で昆虫を絶滅に追い込み、数が減少すると手のひらを返すように保護をして大切にする。それは完全に人間のエゴイズムだと私は考える。そのような傲慢な価値観が生み出したのが「害虫」という考え方ではないだろうか。本来、「害虫」などという昆虫は存在しない。一般的に煙たがられている存在のゴキブリや蚊も地球上では食物連鎖の一環を担い、生物学的に大きな貢献をしている。つまり、「地球環境の保全」という視点から観れば邪魔な昆虫など一匹もいないのだ。私自身も本書と出会うまでは昆虫の一部を、人類に必要のない害虫だと見ていた。私も昆虫を「知らなかった」のだ。この本を読んで、私は自分を省みた。

決して、独りよがりではいけない。色々な人、生き物、物事を様々な立場で「本当に知る」ということが必要なのだ。強いものが支配する世の中ではなく、一見弱く見えるものからも学ぶ。そして、それぞれの良さを「知り」、生かすことこそが私たちに残された未来への道だということを心に留めなければいけない。

アンヌ・スヴェルトルップ＝ティーゲソンの『昆虫の惑星』は読書を通してそれを私に教えてくれた。

「知る」とは「認識する」ことの先に「理解する」という意味があることを。

アンヌ・スヴェルトルップ＝ティーゲソン・著　小林玲子・訳「昆虫の惑星：虫たちは今日も地球を回す」
（辰巳出版）課題読書

●――毎日新聞社賞

小さな生命（いのち）が世界を回す

秋田県立湯沢高等学校
二年　廣田蒼唯

今年の夏休み、私はギラギラとした太陽が容赦なく照りつける灼熱地獄の中、スイカ畑にいた。スイカを持ち上げようと畑に腰を下ろした瞬間「ブウーン」蜂が私の頬をかすめていった。「キャー」私は思わず尻餅をついてしまった。刺されまいと蜂の行方を必死に目で追っていると、蜂は山吹色した花から花へ飛んでいた。「そうか。受粉をしているんだな」とそのとき妙に感動した。

私の家はスイカ農家を営んでいる。初めて出荷を手伝ったのは小学校三年生。私は虫への好奇心で一杯で、近所の水田を飛び回る赤トンボやシオカラトンボを追いかけ回して遊んでいた。しかし、中学生になり、周囲が昆虫を恐れ煙たがる様子を見るうち、いつの間にか恐怖心や嫌悪感を持ち始めたのだった。

そんな中、私はこの夏、本書に出会った。読み進めるうち、突然、昆虫への恐怖心や嫌悪感が芽生えた理由を理解できた気がした。それは根拠のない噂や不確定な情報によって生まれる「分からない」から生まれた不安感や他者への同調からだったのだ。人は「未知なるもの」を恐れる。事実、私は昆虫のことを理解しようとしていなかった。物事の真実に向き合おうとせず、人が「キモイ」「怖い」と忌み嫌うことに同調していただけだった。

この本には、昆虫の生態が実に詳しく描かれている。例えば「蜂蜜」という蜂の保存食を作るのがどれほど大変か、マッド・ハニーという危険な蜂蜜の存在、驚異的なスズメバチの持久力。とにかく、昆虫の有益さ、有害さの両面について確かな実証の元に詳細に描かれている。有害なものの例の一つとして、トノサマバッタの例が挙げられている。大群を作ることによって「蝗害」が起きる。これは古くは『出エジプト記』にも災いとして記載されている。有益なものの例としては「百害あって一利なし」と誰もが思うあの黒光りするゴキブリ。その抜きん出た生命力を活かして、小型の電子機器を取り付けることで人命救助に役立っているのだ。ゴキブリが、災害もしくは事故現場を動き回るたび、小型の電子機器から送られる信号が、図面を作る貴重な情報源となり、実に有益な存在になっているのである。また、プラスチックを食べるミルワーム。治りにくい傷を治すニクバエ。彼らは自らの体を餌として提供もしている。かくいう人間も、「昆虫食」の栄養価の高さにマスコミが注目し話題になると、自動販売機まで設置しているではないか。

　これらの情報は、インターネット上に垂れ流された不安定な内容ではない。我々人類にとって素晴らしい発展をもたらした便利なツールのインターネット。その利便性ゆえに新たな問題も発生している。「フィルターバブル」というユーザーの好みに合う情報のみ優先して表示することで、ユーザー自身の考えに偏りが生まれる現象である。こうした点から、未知なるものや、自分とは異なるものなど、他を排除するような状況が生まれやすくなるのではないかと考えた。人は、人に対しても昆虫に対する意識と同じように、見た目で判断したり、見知らぬものを排除しようとしたりしてしまう生き物なのではないか。

　最後に著者の「おわりに」に「人間は無脊椎動物を必要とするが、向こうは人間を必要としない。人間がもし消滅したとしても、地球はほぼ回り続けるだろう……だが無脊椎動物がいなくなってしまったら、人間は数ヶ月生き延びるのが精一杯なはずだ」とあった。

　現代において私たちはインターネットの機能性なしには生活できなくなっている。その機械も我々人間がいなければ今のところ機能しない。今や人間とインターネットは相互依存し合い、切っても切り離せない関係になってしまっているのだ。一方、豊かになりすぎた私たちは、その根本を作っている昆虫の存在を忘れ、ぞんざいに扱っているように思える。もちろん、昆虫と人間とでは違う。人間は無自覚のまま依存しきっているが、大概の昆虫は人間に依存しなくても生きていける。実は人間は嫌っているはずの昆虫に一方的に依存している。つまり、人間が生きるために「昆虫」の存在は必要不可欠なのである。この関係性はインターネットという人工物では決して形成できないだろう。

　完読後、改めて本のタイトルを見返すと、『昆虫の惑星』という言葉に納得がいく。人間やその他の動物など、様々な生き物が住むこの地球で、昆虫は歴史的発展を遂げ、多様な文化を、未来へ向かう多くの命を支えてきた。人間に限らず、様々な生物の生態系の根幹をなし、生活の「基盤」となる昆虫たちは地球という「惑星」そのものだと言っても過言ではないだろう。この「昆虫の惑星」が、今日も私たちを支え、世界を回しているのだ。そう考えると、この世界を陰ながら鮮やかに彩る「昆虫」というこの星の無数にいる小さな生命（いのち）の大きな力に対する敬意と感謝の気持ちで一杯になった。

アンヌ・スヴェルトルップ＝ティーゲソン・著　小林玲子・訳「昆虫の惑星：虫たちは今日も地球を回す」（辰巳出版）課題読書

●――毎日新聞社賞

野火はまだ燃えている

宮城県古川高等学校
二年　戸田青依

アフリカを中心に世界中で多発している紛争、自らの考えを主張するための手段を厭わないテロリズム、そして国際社会を巻き込んで人々に悲しみをもたらす戦争……第二次世界大戦が終結して七十八年が経とうとしている現在でも、争いは様々な形態を伴って絶え間なく続き、多くの人々が悲しみに暮れている。

昨年二月に開戦したロシアのウクライナ侵攻のニュースを見て、戦争の悲惨さを改めて感じたため、私は戦争をテーマに扱った「野火」を読むに至った。しかし、読み進めていくにつれ、この本を手に取ったことを後悔している自分がいることに気がついた。作中で語られるのは、第二次世界大戦中、日本の敗北が最早決定的となったフィリピン戦線での、悲惨としか言えない状況である。熱帯性の湿った気候のもと、鬱蒼とした熱帯林の中に転がる死体や、行き場をなくしただ死を待つだけの負傷兵など、死の匂いがこちらにまで漂ってくるかのような緻密な描写を前にして、私はひたすらページを繰ることしかできなかった。読後、私は「野火」がただの反戦小説ではないと確信した。戦争を主軸として物語が進行していくものの、そこには、倫理観や宗教的観念など、副次的な題が重層的に組み合わせてあるように感じた。

「野火」では主人公田村の目線から、フィリピンの自然が、そして思わず目を覆いたくなるような前線の惨状が描かれている。田村は、自分の死がほぼ確定している中で「死」への認識を変容させていく。田村ははじめ、「死ぬまでの時間を、思うままに過すことが出来るという、無意味な自由」に対し「一種陰性の幸福感」を抱いていて、自分の死、または死までの過程は「任意」であると考えていた。しかし、ある非軍人の女性を自らの自由意志――すなわち「任意」によって殺したことで、田村の中で死は「任意」から「必然」に変化する。この鮮やかな転換に、私は戦慄した。理知的な人間が狂人へと変貌を遂げていくプロセスは、私の心を大きく揺さぶるにはひどく十分すぎた。戦争は、普段の生活では理性により抑圧されている人間の中の「ヒト」の側面を剥き出しにする。第二次世界大戦ではおよそ五千から八千万人の死者が出たと言われるが、その一人一人は紛れもなくかつて生きていた人である。彼らや彼女らがこれほど残酷な過程を経て死んでいったと思うと、耐え難いやるせなさに襲われる。

知識として知っていた戦争と、この本の中で見た戦争はあまりにもかけ離れていて、これら二つの印象を重ねるのは不可能だった。また、死の認識以外にも、田村が独自の理論を作中で展開していったことに衝撃を受けた。田村は、生命感を「今行うところを無限に繰り返し得る予感」であると表現した。そして、その感覚がなくなるのを奇妙だとも言った。私は、田村がこう感じたのは彼が既に生の流れから逸脱していて、自らと生の間に隔たりを感じているからだと考えた。また、田村は自分が生に執着するのは自分が既に死体だからであり、届かない月に人々が焦がれるように、自分は届かない生にこそ焦がれるのだと思い至った。本当の極限状態を知らない私のような読者は、田村の思考を過度な飛躍だと一蹴できるかもしれない。しかし、これは死の予感を常に間近で感じていた田村が、死の緊迫感から逃れる唯一の方法だったのではないだろうか。

最も私の印象に残ったのは、田村が狂人へと変わっていき、人間性が欠如していく様を「食」の面からも鮮烈に描いているという点だ。初めに支給されたたった六本の芋、現地人に裏切られた末手に入れたトウモロコシ、「一時の仲間」をもたらした塩など、田村はずっと「食」に振り回されてきた。その中でも特に異彩を放つのが、カニバリズムの描写である。極度の飢餓状態にあった田村は、瀕死の友軍の一人に会い「俺が死んだら、ここを食べてもいいよ。」と声を掛けられる。このとき私は手にじっとりと汗が滲むのを感じた。本能的な拒絶を私は感じた。人間に必要不可欠な「食」を用いた描写は生々しく、グロテスクに私の顔前へと迫ってくる。人間の歴史の中で禁忌とされてきた人肉嗜食を描くことで、田村の生への執着と、潔白であり続けようとする半ば強迫的な宗教観念という一見相反する事象を共存させているように感じた。

「戦争を知らない人間は、半分は子供である」作中で田村はこう述べた。戦争を実際に経験したことのない人が社会の大半を占めている今だからこそ、その悲惨さは周知されるべきであり、私たちは過去の歴史と向き合っていかなければならないのである。世界中の全ての人々が戦争の愚かさに気づき、真に平和な世界を私たちで創り上げることが課題だと信じている。

野火はまだ燃え続けている。

大岡昇平・著「野火」（新潮社）自由読書

●――毎日新聞社賞

中村哲さんの強さ

新潟県立新潟高等学校
一年　吉川晃太

鮮やかな緑の木々をバックに、笑顔を浮かべた人々はその人を囲んでいる。本に挿入された写真が、私の目に焼き付いた。そこがかつて、茶色い大地が露出した砂漠だったと俄には信じ難い。その緑、その笑顔を作ったのが、中村哲さんである。戦争が続くアフガニスタンで、医師でありながら旱魃地域の水路建設を行い、六十五万人を救った。

私はこの本のタイトルが気になっていた。「わたしは『セロ弾きのゴーシュ』」という言葉は、中村さんが、自らを語るとき、度々口にしていたそうだ。一体どこに、中村さんとの共通点があるのだろうか。上手くセロが弾けず、楽長にいじめられていたゴーシュは、一生懸命に練習していたところ、動物たちが次々に頼み事をしにくる。仕方なくその都度やってきた動物たちの相手をしていたが、演奏会で意外にも賞賛を受ける。この、「目の前の頼み事に応えていたら意外にも賞賛を受けた」ゴーシュの姿が、中村さん自身と重なるという。中村さんは過去を振り返り、「決して自らの信念を貫いたのではありません。」「自分の強さではなく、気弱さによってこそ、現地事業が拡大継続しているのが現状であります。」と言っている。

この言葉は私にとって予想外だった。異国の地で中村さんが成し遂げたことは、固い信念や相当な心の強さがなければとてもできないことだと思っていたからだ。最近私は、文理選択に悩んでいた。将来やりたい職業などがはっきり決まらず、教科の得意・不得意で決定しようとする自分にどこかもどかしさがあった。高校に入ってからは、周囲の医者になりたい、大学で考古学を学びたいなどという友人の明確なビジョンに圧倒されて、焦りも感じていた。私は目の前のことには集中できても、将来の職業や目標は、なかなか定められなかった。そのため、中村さんの言葉にはかえって希望を感じた。

中村さんは初め、パキスタンでハンセン病の担当として活動し始めた。患者がアフガニスタンから国境を越え、難民としてパキスタンにやってきていたことから、アフガニスタンでも活動を始めた。さらにアフガニスタンで起こった大旱魃を受け、水が飲めるようにするための井戸を、次いで用水路の建設を行い、再び農業ができるようにまでした。その結果、六十五万人の人々が難民にならずに故郷で生きることができるようになったのだ。中村さんの活動は、決して一貫してはいない。むしろ、問題を見つけ、その度に必要なことに取り組んできた。幾度か現地を引き上げようと考えたこともあったが、「自分なきあと、目前のハンセン病患者や、旱魃にあえぐ人々はどうなるのか」という現実から、どうしても去ることができなかったという。中村さんは一貫した自分の信念というより、現地の人への強い共感と実行力で多くの人を救ってきたのだと思う。中村さんは、アフガニスタンの人々の考え方や文化を深く尊重し、アフガニスタンの人々の立場で問題を捉えていた。現地の立場に立った支援の必要性を感じていた中村さんは、明日の食べ物もままならない人たちの教育問題や道路整備、女性問題を扱う支援には、疑問を呈していた。まして、平和のためだと言って武器や兵隊でことの解決を試みるようでは、人々の生活も、幸せも、命も、失われていくばかりである。

　日本にいる私たちはどうだろう。目の前の問題に、見て見ぬふりをせず責任を持って行動できているだろうか。そもそも周りの人がどんなことで困っているか、気づけているだろうか。中村さんが現地の状況を話すときによく、「あまり知られていないですけど」と前置きしていたのが虚しい。特に、大旱魃は地球温暖化が原因であるが、政情ばかりが注目され、ことの重大さが世界に伝わらないという。私は、はっとした。地球温暖化なら、私たちの生活が直に要因となる。今まで深く気にとめていなかったが、こうして被害に直面するアフガニスタンのことを考えると、急に当事者として感じられる。

　人の力になるのは簡単なことではない。自分では正しいと思ったことでも、それが必ずしも相手にとってありがたいことだとは限らない。だからこそ、相手の身になって考え、共感することが必要であると思う。中村さんは、現地の人々のことを思うと去ることができないのを自分の「気弱さ」と言っていたが、私はむしろそこが中村さんの強さだと思う。

　私の目に焼き付いた写真の笑顔は、中村さんの絶え間ない努力の結果生まれたものだ。大きな目標も、目前の課題に気づき、コツコツ取り組んでいった先にある。それが繰り返され、いつの間にか賞賛されたり、感謝されたりする結果に繋がるのだと思う。せっかくの人生、周りの人の力になりたい。焦らなくても良いのだ。人の身になり、思い、一心に行動することの地道な積み重ねが、私の心を豊かに大きくしてくれるはずだ。

中村哲・著「わたしは「セロ弾きのゴーシュ」：中村哲が本当に伝えたかったこと」（NHK出版）自由読書

●――毎日新聞社賞

人間らしく生きる道

香川県立高松高等学校
二年　坂賀　憩

「あなたが杉原千畝なら、どう判断する？」

　蝉しぐれの中、私は、目の前の中学生に問いかけてみた。八十三年前の一九四十年七月、ユダヤ人難民がビザを求め、千畝氏の元へ押し寄せたあの夏に思いをはせながら……。

　半年前までの私は、漫然と夢のない毎日を過ごしていた。小学校卒業時には、「世界の人の心を結ぶ通訳になりたい。夢があるから未来が輝く。」と書いた。だが、好きだった英語学習は、膨大な単語の海で漂流し、難解な文法の山で遭難してしまった。さらに、努力しても翻訳アプリやAI等の科学技術には敵わないと感じる。その結果力不足に苛まれ、努力する覚悟も持てず、私は夢を閉じ込めた。

　そんな時、私の通う高校が、杉原千畝氏の妻幸子さんの母校だと知った。その縁で、幸子さんが著した『六千人の命のビザ』と邂逅した。恥ずかしながら、私は、今までホロコーストやユダヤ人迫害の物語に足を踏み入れることを避けてきた。重く残虐であろうと想像するのは難くないからだ。しかし今回、幸子さんに導かれ、躊躇なくこの本を開いた。

　舞台は、同じ夏でも陽の光が柔らかく注ぐ北の国リトアニア。「命のビザ」。第二次世界大戦中、ナチスによる迫害から逃れるユダヤ人難民に、リトアニアの日本領事館領事代理の杉原千畝氏が発給した日本通過ビザのことをそう呼ぶ。なぜ、千畝氏は政府の命に背き、ビザ発給の道を選んだのか。自分の職も家族の命の危険も顧みず、手を差し伸べることができたのか。私なら、夢だった外交官の職や家族との日常を失いたくはない。「東洋のシンドラー」と呼ばれた杉原千畝も、初めから英雄であったわけではなかった。市井の人、杉原夫妻を追って、頁をめくる手が加速した。

　この本に、心を捉えて離さない一枚の写真がある。フェンス越しに重なるユダヤ人の群衆の写真だ。その瞳には、命懸けの強い思いが宿る。「一刻も早く安息の地へ。家族を、命を守りたい。」という悲痛な叫びがこだまする。無関心だったユダヤ人の悲劇に触れ、心の奥が疼いた。死の恐怖に怯える人を、ただ同じ人間として救いたい！苦悩する千畝氏の気持ちが私にも分かる。しかし同時に、人を助ける尊さと難しさを感じた。今とは国家の重みも違う。それでも、千畝氏は、外務省にビザを打診する。回答は「否。」さらなる苦悶の末、良心に従い、独断でビザ発給を英断した。そして幸子さんは「一人でも多く助けましょう。」と支えた。幼子をもつ母として、相当な覚悟であっただろう。二人の判断基準が、人道、博愛精神のみであったことに敬服する。

「哀・歓の　いづれが多き　わが生に
　いまも続けり　終わらざるドラマ」

　これは、時空を越え語りかけてくる幸子さんの短歌。ドラマチックな人生を望んだわけではない杉原夫妻だが、その勇気ある決断で誰より数奇な運命を辿る。また、千畝氏に救われた六千もの命により、多くのドラマ＝人生も生まれた。「民族意識を超えて、新しい方向で気持ちを結び、一つの地球上に仲よく住む、人間家族でありたい。」と記した幸子さん。人道の輪を広げ、平和への道を探る……何者でもない一介の高校生である私に何ができるかなんて分からないけれど、「無関心が最も大きな悪」とユダヤ人作家のヴィーセルは言った。現実をみれば、ロシアのウクライナ侵攻は長期化し、世界は平和な人間家族ではない。小さな私も無関心ではいられない。

「ビザを待つ　人群に父親の手を握る
　幼子は　いたく顔汚れをり」

　幸子さんの歌を読み、ウクライナ難民の方を想像してみる。これは、古くて新しい問題なのだ。この本で得た学びをつなぎ、広げたい！と、私は中学生との交流会や人道展を開き、仲間と行動し始めた。千畝氏に幸子さんという同志がいたように、友の存在は心強い。ユダヤ難民のために、寝食を惜しんでペンを走らせ、ビザを書き続けた千畝氏。私にだってできることはある。千畝氏が点けてくれた私の中の人道の灯火。心のバイブルになる本や、思いを共にする仲間との出会いに感謝している。今を生きる私たちが知り、考えることで、終わらざるドラマを続けることができるのではないか。杉原夫妻が託した命のバトンが、多くの善意で繋がったことを、私はユダヤ人が到着した敦賀の港、神戸のユダヤ人居住地跡を巡り、肌で感じた。「人との絆は、当たり前の人間としての行動から生まれてくる。」という幸子さんの深い言葉が沁みてくる。

　今秋、夫妻の孫の杉原まどかさんが講演に来てくださる。この本を携えてお会いできるなんて幸せだ。私は、幸子さんが綴った『杉原千畝』のドラマに揺さぶられ、二人を追い、熱い夏を過ごした。本の中に夢という箱の鍵も見つけた――。私も二人のドラマの一員になりたい。温かい人道の輪を広げ、現在を生きる人たちと平和について語り合いたい。それが、今の私の夢である。夢はきっと未来を輝かせると信じて、信じる道を駆けてみよう。

杉原幸子・著「六千人の命のビザ」（大正出版）自由読書

●——全国学校図書館協議会長賞

この窓の向こう側へ～「誰か」ではない、農家さんと～

宮城県仙台二華高等学校
二年　太齋純香

帰宅途中の電車から見える景色が、ビルから住宅地、水田へと変わりつつあった。黄金色の光を反射して遠く広がる田に佇む人影を見つけ、なぜだろう、私は目が離せなくなった。「農業は、命を支えるかけがえのない仕事。」本の中の白石さんの言葉がよみがえる。

幼い頃の私は、一ヶ月に一度、家に宅配便が届くのを心待ちにしていた。手に抱えきれないほど大きな段ボールには、祖父が丹精込めて作ってくれた野菜がぎっしりと詰まっていた。そのおかげだろうか、幼い私にとって、「好きなこと」は「食べること」だった。

それなのに、祖父が畑仕事をする姿は、あまり思い出せないのだ。虫がいる、日焼けが気になる、などとどこかで畑を避ける気持ちが私にあったからかもしれない。今までの私にとって、農作物はあくまでも「心待ちにするもの」であって、誰かが作ってくれるもの、誰かが与えてくれるものでしかなかった。

長年培ってきた経験と最新の機械を組み合わせ、効率よくおいしい作物を育てる農家さんや、アウトドアブランドのバイヤーとしての顔を持つ農家さん。本の中で白石さんが紹介する新しい農業の形は、私の中で固定されていた農業の泥臭いイメージをほどいていった。私たち消費者を思い、信念や誇りを持って農業に携わる方々の姿が印象的だった。

農業は、私たちの生きる根幹にある「食」を支える土台となるが、日本の農業従事者の数は減り続けていて、今後に向けての課題がいくつもある。そんな中、白石さんは、農業を盛り上げるためには私たち消費者の果たす役割が大きいと繰り返す。商品を購入することは、その商品が良いと一票を入れることと同じだからだ。食べられれば何でも良い、という食に無関心な消費者が増えると、判断基準が値段だけになり、良質な農作物を作る日本の農家さんが減少する一因となってしまう。

そこで白石さんがおすすめするのは、自分にとっての「推しの農家さん」や「推しの産地」を見つけ、食べて応援することだ。最近よく見かける、商品に貼られた生産者情報やQRコードによって、私たちは多くの農畜産物の生まれ育ちを知ることができる。食に対して関心を、その選択に責任を持つことが、私たち消費者に必要な姿勢なのだ。私たち一人一人の選択が、未来に残す商品を決め、ひいては日本の農業の行く先を決めるのだから。

　祖父が亡くなって一年半。もうあの野菜は届かないと思っていたら、先日一回り小さな段ボールが届いた。中には私の大好きな茄子。

「畑、続けることにしたの。おじいちゃんが何十年もかけて耕した土だからね。」

電話越しの祖母のどこか嬉しそうな声に、私は無性に、祖父の畑で、今の私を形作る野菜たちを育てた土に触れたいと思った。祖母の近くに住み畑仕事を手伝ういとこのように、私も祖母を支える自分なりの方法を探そうと思った。

　一度は祖父の畑をやめようとしていた祖母のように、近年、農業従事者の高齢化や人手不足に伴って、耕作地が放棄され農地が減少する問題も増えていると白石さんは言う。農地の定期的な手入れを怠ると、日本の農村風景は消滅してしまい、農業に適した土壌に戻すのにも相当な労力と時間がかかってしまう。この状況を危惧した農林水産省は、農地を貸し借りする「農地バンク」や、小さな田畑を集めてまとめて機械化できるようにする「農地集積」などを進めているそうだ。

「地に足のついた生き方」という言葉があるように、人は昔から、自分の命を支えているのは土であり、そこから離れては生きられないと知っていたのだろう。自然の恵みを日日いただいて生きる私たちの誰もが、農業と無縁であるはずがない。だからこそ農畜産物という命を扱う農家さんや農地を、日本全体で守り、支えていかなければならないのだ。

　地域の特色を生かして農業を営み、品質とおいしさを求めて品種改良を繰り返し、豊かな日本の食を創造、継承してきた先人たち。食材そのものの味を生かす日本ならではの食文化は、長寿と健康の秘訣であり、日本人の心の支えでもある。日本の誇れる食を、未来を生きるまだ見ぬ子孫たちに絶やすことなく受け継いでいくために、私たち一人一人が日本の農業に主体的に関わっていく必要がある。

　読み終わってふと、近所のスーパーマーケットの敷地で開かれる朝市に、数年ぶりでまた行きたいと思った。幼い頃は母の後ろにくっついて買い物を眺めるだけだった朝市で、今度はちゃんと自分で野菜を見て、農家さんと話をして、自分で野菜を選んで買いたい。

　あの時、車窓から見えなくなるまであの農家さんを目で追っていたのは、その方が「どこかの誰か」ではないと初めて感じたからだ。田畑を耕す百姓であった私のご先祖様を思い、祖父の畑で野菜を作る祖母の姿を重ね、私もこの窓の外に降り立って、この水田の中で、その方の話を聞きたいと思えたからだ。

　これが今の私の、農業との関わり方だ。

白石優生・著「タガヤセ！日本：「農水省の白石さん」が農業の魅力教えます」（河出書房新社）課題読書

●——全国学校図書館協議会長賞

ここに生きる者として

愛媛県立松山東高等学校
三年　田房聖菜

「多様性」とは何なのだろう。それが大切だとは理解していて、でも具体的に何を守ればいいのか私には分からない。行事のスローガンに掲げられていても、響きの良さだけが独り歩きしていると感じることすらある。現代における倫理的正しさの権化のようなその三文字に、私はいつも身構える。らしさを認めるって何だろう。誰かが認めるものなのか。多様さには、本当に価値があるのだろうか。

ノルウェーに暮らす保全生物学の教授アンヌによるこの著書には、昆虫の生態の多様さが詳らかに綴られている。アブラムシを飼育する蟻、共食いするバッタ、他の生物の排泄物を至高のご馳走とする糞虫。昆虫という言葉で括るには申し訳ないほどに、その内実は多様だった。そう知ると、今まで外見から忌み嫌っていた虫にも親近感が湧く。アンヌの文章に滲み出る昆虫愛につられて、彼らに愛着さえ抱いてしまう。「無知」ということは怖い。自然界と隔絶された生活の中で私は、彼らの存在を忘れていた。たまに道で出会ってしまう彼らについて私は何も知らなかった。何が危険で、何が危険ではないのかが分からない故に、見境なく彼らを恐れていたのだ。

では、どうすれば知る努力が出来るだろうか。この本を開かなければ、昆虫について調べようとすることは無かっただろう。なぜなら八歳の夏、キャンプ中にアシナガバチに刺された忌まわしい記憶が甦るからだ。でもそんな抵抗感を盾に、挑戦を渋り続けることは不本意だった。そこで、本を閉じた私は作中の「昆虫食」に挑んでみようと思い立った。幸い自宅から二〇分の場所に、昆虫食専用自動販売機というものを見つけた。恐る恐る口にしたコオロギクッキーは、意外にも口溶けがよく、控え目な甘さで頬がほころんだ。昆虫は「食事に困る人が食べるもの」だという先入観を持っていた。しかしそれは誤解だった。大量生産、消費のサイクルを抜け出そうとしなければ、近い将来、食糧供給が追いつかなくなってしまう。「これは食べ物ではない」という認識を覆すには、食べてみるしかない。無知を脱するためにも行動すべきだ。

もともと多様性は、環境変化に直面しても種が存続するよう設計された、遺伝子の仕組みである。性質の異なる同種がいれば、環境が変化しても適応する性質を持つ個体が生き残り、絶滅は免れる。

他の生物にとっては不要な糞や死骸にも、栄養や卵の保護材としての価値を見出す昆虫がいるからこそ、地面は排泄物で溢れない。その種も生き延びられる。

　人間も、同じではないか。利潤追求の結果、土着の文化が淘汰され、食の嗜好や思想信条が統一された社会での生活はどのようなものだろう。多様な人々からなる社会に比べて、問題が起きた際の解決法の選択肢が限られる。手に入れたいものが同じ故に争いが起こりやすい。多様性を蔑ろにすれば、いつか自分自身が弱者の立場に回ったとき、肩身の狭さに苦しめられることにもなってしまうだろう。

　「世界が一枚のハンモックなら」。アンヌは最終章にこう記す。私たちはハンモックの布地を故意に傷つけたりするだろうか。否、小さな綻びでも、それが発端となって構造が崩壊し、自らが傷つくことにもなりかねない。生態系は、一種属の存亡が全体に影響する緻密な網目のようなもの。その多様性の撹乱は、食糧生産の減少や気候変動にも直結するという事実を、この比喩によって突きつけられた。

　アンヌによるこの本の原題は「インセクテネス・プラネット」である。インセクテネスは造語だが、彼女がこの言葉で伝えたかったことは何なのだろう。頻繁に戦争のニュースを耳にすると、世界でこれほど苦しい思いをしているのは人間だけなのではないかという寂寞たる思いに捕らわれることがある。しかしこのような書物を開き、小さな住人の日常に肉薄すれば、心にもう一つの〝主語〟が生まれる。数日間、ないしは数週間の生涯を全うするべく命を燃やす間、銃弾の飛び交う戦場も、多量の農薬が散布される農地も、彼らにとってまさに「昆虫の」惑星なのだ。その事実を意識する瞬間が私にあっただろうか。

　私に見えなかっただけで、その土地に産まれ育ち、ただ穏やかに生きていきたいと願う〝主語〟が、この世界には無数にひしめいている。それは当然の願いなのだろうが、今の世界を見渡すと、その当たり前さえ保障されていない人々がいるのではないかと気付く。

　多様性は、ある立場の者が認めてあげるものではない。全ての生き様をありのままに包容する一枚の布なのだ。刃に傷ついても、私たちが互いを知ろうとする努力により再び織りなされ、誰にとっても生きやすい環境を作り出し、守り続けてくれる。私は将来どんな仕事をしていても、アンヌのように、見えない暮らしを見ようとする大人でありたい。私の生活と同じく彼らの生活も守られるよう、思いやる人になりたい。昆虫の棲家も人々の故郷も、決して侵されることがないように。

アンヌ・スヴェルトルップ＝ティーゲソン・著　小林玲子・訳「昆虫の惑星：虫たちは今日も地球を回す」（辰巳出版）課題読書

●――全国学校図書館協議会長賞

「自分自身を愛せる人に」

東京都　田園調布雙葉高等学校
二年　村井彩夏

人はなぜ、こんなにも愛しいのだろう。読後、深海をイメージした暗黒の世界で独りチェロを弾いている主人公の姿が描かれた美しい表紙を眺めながら、私はしばらく物語を反芻し、感動の余韻に浸っていた。人は一人で生きる時、弱くて脆いものだ。しかし、信頼できる人と出会い自分らしくいられる居場所を得た時、また心底愛し没頭できる何かを見つけた時、自分でも信じられない程の力が湧いてくる。この物語は、閉じこもった自分の殻を破壊して、人はいつでも変わることができること、そしてそれは未来を切り開く力の源となることを、私に教えてくれた。

主人公の橘樹は、トラウマを抱えて不眠症に悩む青年だ。勤務先の上司から、スパイとして音楽教室に潜入することを命じられた橘は、任務とは裏腹にチェロ教師の浅葉桜太郎の人柄とチェロの音色に魅了され、チェロ好きの仲間達との交流を深めていく。外へと心が開いていく一方で、裏切りの罪悪感が募る。この物語は、主人公の橘が、葛藤の末に自分にとって本当に大事なものを選び取り、自分らしい再生への道を歩み始める物語だ。この小説の中で私が一番好きな場面は、橘が浅葉から個人的に誘いを受け、初めて二人でお酒を飲むシーンだ。ここで、今まで一点の曇も見せなかった浅葉が、自らの人生への自虐的な思いや普段は他言しない夢の話で自分をさらけ出すと、橘はスパイである自分の立場と葛藤しつつも、初めて過去の誘拐未遂から受けたトラウマの秘密を明かす。そして、その後も言葉が溢れてとまらなくなってしまう。橘はきっと、ずっとこうして自分をさらけ出せる相手を探していたのだろう。しかし、自分がスパイ行為をした事実が変わらない以上、このままでは浅葉ともチェロとも、もうお別れだ。橘の目に涙が浮かぶと同時に、私の目にも涙が浮かんだ。孤独だった橘が、ずっと欲しかったもの。やっと手に入れたもの。それは、絶対に彼にとって必要なものだ。手放さないでほしいと願った。すると、橘はここで劇的な決断をくだす。それは、浅葉のための献身的な情動だった。「俺がなんとかしますよ、先生。」心の奥底から、自分にできることを実行しようとする力が漲る。これが、橘にとってトラウマを克服して、自分の殻を破壊し、再生するための大きな一歩となった。

そういえば、私にもトラウマがあった。私は二歳から十一歳まで、ずっとバレエを習っていたが、憧れのトウシューズを履き始めて最初の発表会の直前に、階段で転んで大切な足首を痛めてしまった。暫く練習を休む焦りと不安。そして私だけが発表会に出られない絶望感。発表会の日、それまで光り輝いて見えた舞台が、暗く沈んで見えた。いつも一緒に泣き笑いを共にしてきた仲間の演技を素直な気持ちで応援できない自分が、惨めで嫌いだった。あの時、必死で説得してくれた先生や仲間との連絡を絶ち切って、私はバレエをやめてしまったのだ。私がバレエを捨てたのは、逃げ出した方が、楽だったからだ。どんなに励まされても、もはや再び仲間の輪に入る勇気がなかった。そんな私だから、一度は連絡を断ち切った仲間からの誘いに応じて、チェロ仲間の集いに自分から足を運んだ主人公の勇気に、心から拍手を送りたい。「手を伸ばすべき現実はいつも、恐れの向こう側にある。」人間が自分の殻を打ち破るには、たとえ痛みを伴っても自分自身が勇気を持って壁を乗り越える行動力が必要なのだ。自分が作ったトラウマは、人から与えられたものだけでは超えられない。私の場合も、バレエに費やした時間は決して無駄などではなかった。バレエが今の私を作ってくれたと言っても過言ではない。そう思えるようになったのは、時の流れと共に、私が再び情熱をかけられる部活動と出会い、自分をさらけ出せる仲間と居場所を見つけることができたからかもしれない。今度こそ、私はこの宝を大切に守ろう。

この物語の主題は「信頼」だと思うが、その先にあって大切なことは「自分自身を肯定し、大切にできる力」ではないだろうか。浅葉が言うように、「真意じゃないことを口にしたって、自分の心が死ぬだけ」だ。自分の心に嘘をつかず、たとえ間違いだらけの自分であっても、自分だけは自分を裏切らないこと。複雑な世の中で人の感情は移ろいやすく、常に安定した自分を保つことは意外と難しいことだ。特に高等学校を卒業した後、今では想像もつかない荒波が私達を待ち受けているかもしれない。だから、いつも慎重に自分の心と対話をしながら納得のいく人生を歩んでいきたい。そしてもし間違いに気付いたら、勇気を持って変えていく力を持った大人になりたいと思う。私はこの本を読んで、自分をここまで育んでくれたすべての人や経験に対して改めて感謝したいと思った。そして、人間という存在と自分自身を愛しく思えるようになった。十七歳の夏、素晴らしい作品に出会えた。今、私はとても晴れやかな気持ちだ。

安壇美緒・著「ラブカは静かに弓を持つ」（集英社）課題読書

●――全国学校図書館協議会長賞

言葉の海で辞書を読む

埼玉県　淑徳与野高等学校
一年　安発　沙友里

辞書から得られるものは何か。以前の私なら「もちろん語彙力だ」と即答しただろう。知らない言葉に出会ったときに意味や例文を調べれば語彙力がつくと思っていた。だが、『舟を編む』を読み終えた今、私の答えは違う。辞書は言葉と向き合うことを促し、心の内を伝える手段を与えてくれるものだと知った。それにより自分自身を豊かに形成することができるのだ。だから、私は自らを言語化するために辞書を開く。松本先生が言ったように言葉の海は深く広い。その海で迷ったときには、選んだ言葉が本当に表現したいことと重なっているかどうかを確かめるために辞書を引く。そして、自分の考えをより明確に形づくることのできる、新たな言葉との出会いを切望し、私は今、辞書を「読む」のだ。

人員を減らされても難しい条件を出されても、諦めることなく辞書づくりに取り組む馬締たちの姿に、言葉への果てしない愛を私は感じた。言葉を紡ぐことは生きることそのものだ。何を感じて何を思うのか、言葉を紡がなければ自分自身にすらわからない。馬締は「記憶とは言葉だ」と香具矢に言った。これは彼女の板前としての仕事に限ったことではない。過去も未来も言葉がなければ形を持たず、人とも共有できない。その点において言葉は時代を繋ぐものだと言える。言葉を共有物として人は繋がり、社会が形成されていくことを馬締たちは体感している。だから十五年もの間、彼らは突き動かされてきたのだ。

私たちは話すとき、書くとき、相手にできる限り伝わるように言葉を探す。「あなたが全力で闘い抜いたことを私は知っているわ。」中学校の卒業式前日、私は友達から一通のメッセージを受け取り、涙が溢れ出した。受験期に体調を崩して入院した私の「闘い」を彼女は見守っていてくれたのだ。確かに字面だけを見ればありきたりなメッセージかもしれない。しかし、普段なら使わない「あなた」や「いるわ」という言葉選びから、照れ屋な彼女らしい優しさを私は感じとった。このように、心を込めて紡ぎ出された言葉には特別な力が宿る。馬締が香具矢に書いたラブレターも同じだ。時候の挨拶に始まり果ては項羽の詩をもじるという、この回りくどい手紙は溢れる思いを伝えようと馬締が必死に言葉を紡いだ結果である。だから、香具矢もその奇妙な文章に困惑しながらもその思いを汲み取り、受け入れたのだろう。

昨今、手紙や作文を代筆するＡＩが話題である。しかし、ＡＩがどれ程進歩しても不可能なことがある。それは、血と肉を持つ文章を作ることだ。ＡＩは場面に応じた相応しい文章を瞬時に作ってくれる。しかし、そこにＡＩ自身の体温はない。一方、人間が自力で紡ぎだす言葉は、たとえ不完全でもその不完全さの中に紡いだ人の血や肉が浮かび上がるのだ。これは『大渡海』の編纂にも通じるのではないか。ＡＩにとって、膨大な数の用例採集カードを整理し、五十音順に見出し語を並べることは容易い。馬締が頭を抱えていた原稿の分量調整パズルさえも簡単にやってのけるはずだ。しかし、それだけでは『大渡海』は完成しなかっただろう。なぜなら、辞書はそんな無機質な言葉の羅列ではないからだ。

少年時代の荒木は辞書が「完全無欠ではない」ことに気づき、そこから辞書の作り手の努力と熱気を感じとっていた。「その言葉を辞書で引いたひとが、心強く感じるかどうかを想像してみろ」これは馬締の先輩、西岡の助言だ。ＡＩには、辞書を引く人の感じ方を「想像」することはできない。辞書を引く人を思い、修正を重ね、馬締たちは『大渡海』を慈しみ育ててきた。改訂ごとに変化していく辞書はまるで生き物のようだ。人間の想像力が辞書に載る一語一語に息吹を与え、言葉の海を渡る舟『大渡海』は完成した。流行語の生滅や時代の変化まで捉え、生きた人間を乗せる「舟」を編み上げたのだ。

その「舟」は動力を持たないため、私たちが自ら櫂を握って漕ぐしかない。言葉を追い求めて自己を表現し形成していくこと、それこそが真の語彙力であり、人間が生きる上での櫂となるのだ。これは言葉の意味や使い方をただ知ることとは全くの別物だ。それだけで満足していてはＡＩという大波に呑まれてしまう。人間だからこそ心と向き合い、言葉を紡ぎ、他の漕ぎ手と出会いたい。そしてあのメッセージをくれた友達と私のように血の通う言葉を交わし、関係を深めていきたい。途中から『大渡海』に加わった岸辺も「言葉という新しい武器」を手に入れた。仲間とともに言葉を突き詰めるうちに少しずつ自信がつき、他者と意見を交換できるようになったのだ。私は岸辺から、言葉によって自分の世界が広がることを学んだ。読書を通じて登場人物と出会うように、辞書を「読む」ことで新しい言葉に出会える。だから私は、辞書づくりにかける情熱に思いを馳せながら、これからも言葉の海で辞書を読み、生きていく。

三浦しをん・著「舟を編む」（光文社）

自由読書

●——全国学校図書館協議会長賞

人間としての責任

岐阜県立岐阜北高等学校
二年　福井梨央

「君たちは次世代を担う大切な存在です。」

入学式、卒業式、講演会……。今まで幾度となくかけられてきたこの言葉に私が違和感を抱き始めたのは、いつからだろうか。今や将来、ＡＩの性能が人類の知能を超える、と言われている時代。次世代を担うのはむしろＡＩなのではないか。ＡＩ以上に合理的かつ創造的な存在にならなければ、社会に必要とされないのだろうか。進路について考え始めるべきこの時期に、そんな考えが脳裏を這いずり回る。その時、この本は冬空に差す陽光のように私の視界を暖かく照らしてくれた。

舞台は人工親友、通称ＡＦと呼ばれる人型ロボットが普及した近未来。しかし、そこは遊園地のように夢心地な場所ではない。「向上処置」という遺伝子操作を施された子供のみが将来を保証され、旧型のＡＦは用無しと言われんばかりに店の奥へ押しやられていく。本を開いた途端、残酷な格差社会の儚さが、文字を追う私の目を焼き焦がしていった。

そんな世界で、病弱な人間の女の子、ジョジーと一緒に暮らし始めるのが、太陽光をエネルギーにして動く有能なＡＦ、クララだ。「いちばんの友達になるのはわたしの務めなので」とクララが言う通り、ジョジーを献身的に支えることへの使命感が、彼女のＡＦとしての生活を鮮やかに活気づけていく。世界の中心が寂れたＡＦ販売店から十代の女の子との日常に移り変わったことへのクララの戸惑いと高揚感が、ページいっぱいに滲んだ。

ふと、本を支える自分の手に、パソコンの硬いキーボードの感触が温もりをもって蘇った。昨年の冬、情報科目の授業で、先生がＡＩによるチャットサービスである「チャットＧＰＴ」を紹介してくださったことを思い出す。瞬く間に画面上に浮かぶ「チャットＧＰＴ」からの返答に教室が興奮に包まれる中、私が最も衝撃を受けたのは、その画面上の文字を無心に目で追い続けている自分自身だった。巧みに質問に対する答えを返していく「チャットＧＰＴ」と、それを何も考えず一心不乱に凝視し続ける自分。どちらがより人間らしく、どちらがよりロボットらしいか。言うまでもなく分かるその答えを心の奥底に沈めたあの日の記憶を、ジョジーとクララの絆が淡く照らした。クララを人間の友達同然に扱うジョジーと、従順ながら責任感の強いクララの慎ましいやり取りは、人工親友という聞き慣れない言葉さえ、水彩画のような優しさと麗らかさを秘めて心地よく頭に響かせてくれる。ＡＦと人間の境界が曖昧な世界で強い関係性を築いていく二人の姿は、ＡＩと人間の共存そのものだ。

　物語の終盤、クララは自分がジョジーの人工親友としてではなく、万が一病弱なジョジーが亡くなった時、彼女のコピーとして生きるために買われたことを悟る。全てはジョジーへの愛ゆえに我を忘れた、ジョジーの母親が取り計らったことだったのだ。持ち前の高い観察力とコピー能力を活かし、衰弱していくジョジーと入れ替わるように変貌するクララと、それを指示し、静観するジョジーの母親。便利すぎるがゆえに先が見えない未来への不安、苛立ち、甘え……。発展する社会において今まで見て見ぬふりをしてきた渦巻く感情の数々を、登場人物を通して突き付けられるとともに、未来への警鐘が微かに聞こえてくる。

「特別な何かはあります。ただ、それはジョジーの中ではなく、ジョジーを愛する人々の中にありました。」

　人間は優秀なＡＦでもコピーできないほど特別なものを持っていない、だからＡＦは完璧に人間になれると信じ切っていた人々に対し、クララはそう言った。クララという存在から透けて見える世界は残酷で愚かだ。しかし、その中で科学技術をも超えてＡＦの心を動かしたのは、人間の心だったのだ。

　ＡＩは人間を変え、人間はＡＩを変えていく。物語の中で人間とＡＦは共に悩み、喜び、前進していった。互いに決して完璧な存在ではないからこそ、自分も相手も尊重することで壁を乗り越えられるのは、ＡＩも人間も同じだ。変革の時代を切り拓いていくための道が多様化してきている今、毎日様々なことに葛藤する中でおぼろげながらも掴めてきた自分の個性を胸に、未来を恐れず生きること。人間としての意思決定に責任を持つこと。それらは先行きの見えない道をＡＩと共に進むための糧になるのだろう。クララにとっての太陽のように。

「君たちは次世代を担う大切な存在です」。この本を読み終えた今、幾度となくかけられてきたこの言葉に対する誇らしさと緊張を湛えた温かい鼓動が、全身に響き渡っている。未来はＡＩを使う人間のあり方にかかっているという使命感を胸に、私は前を向いて生きる。前進という名のお日さまが、見据えた先を照らしてくれることを信じて。

カズオ・イシグロ・著　土屋政雄・訳「クララとお日さま」（早川書房）自由読書

●――全国学校図書館協議会長賞

開かれた未来に気付く

山口県立山口南総合支援学校高等部
二年　中嶋啓介

「夏休みが明けたら事業所見学、それから面接。そして実習という流れになるからな。」という先生の言葉に、「おいおい、まだ僕は二年生なんだけど……。」と思ったのは忘れもしない五月二十二日、僕の誕生日だった。そして、その日を境に、僕は「将来」＝「働く」ということを考えると不安で何も手につかなくなり、時間だけが過ぎていくことが増えていった。

僕がこの本に出会ったのは、一年生の時だ。入学したての頃で、高等部の生活に早く慣れようと必死になっていた。本は、読書タイムで図書室に行くと、おすすめコーナーに置いてあったので目についた。手に取り、借りはしたものの、目先の忙しさに頭も体も疲労困憊していた僕にとって、「働く」なんて遠い先の話のようで、途中まで目を通して返却してしまった。

しかし、この夏、不安に駆られるようにこの本を手にし、頁をめくっていくにしたがって、主人公の隼人の思いに共感し、目の前の「将来」＝「働く」ということにかかっていたどんよりとした暗い雲が、少しずつ晴れていくのを感じた。

主人公の隼人は東京で暮らしていたが、中学受験をし、私立の進学校へ入学したのを境に不登校になる。その後、広島に転居し、そこで母や叔母、祖母と暮らすようになる。学校で職場体験についての授業があるが、隼人は「働く」ことがよくわからない。だから、それについて叔母と話をする。そして、叔母から本を紹介され、その本を少しずつ読み進めていくことで、隼人は「働く」ということをスモールステップで理解していった。

隼人が抱いていた疑問や不安は、今の僕が抱えているものと同じだった。いや、僕は隼人よりもわからないことが大きすぎて、何がわからないのかがわからないという感じだったかもしれない。でも、一章ごとに文章あり、イラストあり、グラフありというスタイルで構成されているこの本は、隼人と僕の疑問に丁寧かつ明確にこたえてくれるものだった。

改めて周囲に目を向けると、父や母、先輩、先生、駅員さん、店員さん……僕は働いている人々に囲まれている。熱心に、目まぐるしく働く人達。仕事に加えて、家庭があり、育児もあれば、忙しさには拍車がかかるのだろうと思う。だから、なかなかその人達と「働く」とは何かなどについて、膝を付き合わせて話す機会は得られない。だからこそ、この本に記載されていた多種多様の職種、かつ幅広い年齢層の働く人の声を目にできたことはありがたかった。特に、「仕事で何もかも投げ出したくなるときもあります。それでも辞めないのは、聴こえない人たちを裏切れないから。信頼され、必要とされ、何より聴こえない人たちとともに生きる手話通訳者でありたいです。」という手話通訳者の声を見たときは、胸が震えた。僕は聴覚に障害がある。何をするにもこのことは僕の視野や思考、そして選択肢を狭めてきた。でも、その挟まる道を押し広げてきてくれたのが、手話通訳者の方々だ。幼い頃から手話がある環境が当たり前の僕は、手話通訳者の方々がそれを仕事にしていて、その仕事がどれほど大変なことなのかについて考えることを失念していた。仕事に対しては、「ありがとう」の意思表示としてお金が払われるということを、この本で改めて理解はした。しかし、読み進めるうちに、お金のためだけに働くのではないということもわかった。僕は、聴覚に障害のある僕のことを、こんなにも大切に考えて仕事をしてくれている人がいることに気付くことができ、嬉しくなった。そして、僕も誰かに嬉しさを伝えられる仕事をしたいと思った。

「なぜ僕らは働くのか」について、僕はまだ明確な答えは持っていない。でも、時間が流れれば環境は変わり、世の中の仕組みも変わっていく。そんな中で、自分がどのような選択をして、どのような仕事に就くのか。不安でしかなかった僕が、今言えることがある。それは、これからが楽しみだということだ。

　これまで、「僕はこの会社に実習に行ってみたい。」、「私はこれが得意だから、この能力を活かせる職場を探す。」と、同学年の生徒や後輩達が眩しい笑顔と溌剌とした声で話をしている様子を目にすることがあった。今まではそれが正直、羨ましかった。そして、それが僕を不安にさせる要因でもあった。でも、この本を読み終えた今は違う。僕の前にはたくさんの道が広がっているのだ。そして、今はどの道も選ぶことができ、挑戦することができるのだ。もちろん隼人と同じで全ての不安が拭いさられたわけではない。だからこそ、僕は、今学校でできることに一生懸命に取り組む必要があるのだと思う。失敗しても支えてくれる人達に囲まれていることに感謝しながら、吸収できるものは全て吸収し、それらを糧として、前へ前へと着実に歩みを進めていきたい。

池上彰・監修「なぜ僕らは働くのか：君が幸せになるために考えてほしい大切なこと」（学研プラス）自由読書

●——サントリー奨励賞

ラブカ達へ

山形県立鶴岡南高等学校
一年　鈴木遥人

　情報化が進んだ現代において、ＳＮＳでの投稿は学生の生活に深く浸透し、フォロワーの数は一種のステータスとなっている。友達とのプリクラ写真や自撮りをアップし、誰もがそれを閲覧する。そんな光景に、疑問を呈するのはおかしな事なのだろうか。

　思い出を共有したいという気持ちに異を唱えるつもりはない。ただ、特に顔を隠すでもなく投稿された写真を見る度、不安が頭をもたげる。投稿した人は一緒に写っている人の許可を得ているのか。肖像権を侵してはいないか、と。しかし一方でこうも思う。人の感情や志向についてとやかく言う資格は自分にあるのか、結局は彼らの自由ではないか、と。

　この小説の主人公橘樹は、楽曲の著作権を管理する立場にある。しかし、スパイとして音楽教室に潜入した彼はチェロの面白さに十数年振りに触れ、多くの人々と交流する中で葛藤し、苦しんでいく。私には、彼が自身と重なるように思えた。彼もまた、感情とモラルの間で揺れ動いていたからだ。

　先日、友達の投稿に写る事を拒むと、相手が心底当惑したかのような表情を見せた事がある。それを見たとき、私は自分が「普通」という名のレールを脱線していっている気分になった。橘の葛藤は、そんな私の意識を普遍的な物だと証明してくれたのである。

　私がこの本を選んだ主要因はこれを期待した事にある。橘は自身の立場から冷酷に振る舞おうとするが、周囲の人々との触れ合いの中で絆され、遂には後戻りができなくなってしまう。その姿は非常に人間的で、それでいて自分も橘の立場ならそうするだろうと思わせるものだった。橘に自身を重ねる間は私も人間的な感情を抱いていると実感できたのだ。しかし、ある一文が私の共感を引き留めた。「俺はただ、ここで静かにチェロを弾きたい」。橘にとってチェロは、揺れ動く感情を一定方向へ規定する役割を果たすものである。では、私にそのような物はあるのだろうか。そう思った時、一番に思い浮かんだのが自分の書棚だ。ＳＦ、ミステリー、啓蒙書、哲学書等々、ジャンルを問わず今まで読破してきた本を眺めると、知恵がそれらから迸り出て、私に決断する勇気を与えてくれるようだった。

　今、勇気を持って問いかけよう。モラルと感情、どちらを優先するべきか。

多くの人はきっとモラルと結論するだろう。私もかつてならそう結論づけたと思う。しかし、今はそうは思わない。感情がモラルに縛りつけられてはいないだろうか、と考えるようになったのだ。橘の人間的な感情が立場というモラルに抑えつけられていた姿を見て、折衷案を見つけたい、と感じた。無論、犯罪を容認する気は毛頭ない。許可なく人を撮影するのは肖像権の侵害に他ならない。ただ、自分の思い出や考えを共有したい、その気持ちをないがしろには出来ないと思った。撮影を拒否した私に当惑した表情を見せた友達は、きっと思い出を共有したいという気持ちで頭がいっぱいだったのだろう。今、私はその気持ちに応えたい。ネットに自分の顔が広まるのでなければ、私は喜んで彼らの思い出の一部になろう。そして、彼らと共により良いSNSの在り方を考えていきたい。

　例えば、SNSのコメント機能だ。良識の範囲でなら情報交換の場として非常に便利だが、最近では暴言や偽情報等、閲覧者の気持ちを踏みにじるような発信が当然のように為されている。これらを抑制する手段は、簡単には考えられない。一歩間違えば言論統制と取られる可能性があるからだ。そこで、様々な視点の人々と話し合っていきたい。解決策を生み出す事は難しい。だが、話し合いから新たに得るものは多くあるはずだ。

　作中において登場する架空の映画「戦慄きのラブカ」は、孤独なスパイを描いた作品で、そのスパイは「ラブカ」と呼ばれている。「ラブカ」とは深海魚の名であり、橘は潜入調査中の自分をこの魚になぞらえた。

　モラルと感情論の二極化が進むネット上で、その折衷案を見出そうとする人は少数派だ。今、世界では少数派の人々が己の進む道を探している。その姿は、深海を孤独に泳ぐラブカそのものだ。そして、私もまたラブカのうちの一匹なのだろう。

　今、ラブカ達へ伝えたい。どうか、気持ちを捨て去らないで欲しい。今は孤独かもしれないけれど、泳ぎ続ければ、いつか仲間に出会えるはずだ。だから、その胸に抱いた思いを、ずっと持ち続けていて欲しいのだ。

　橘は、最終的に自分の過去を振り切り、本当にやりたいことを出来るようになった。彼の持つ弓の先には、確かな希望があった。私達の行く先はどうだろう。暗闇の深海を行くかのような、不安に満ちた道かもしれない。それでも、歩んでいくしかないのだろう。立ち止まっていても、暗闇は暗闇のままだ。自分の知恵を信じて進むしかないのである。その先にはきっと、光が差しているはずだ。

安壇美緒・著「ラブカは静かに弓を持つ」（集英社）課題読書

●――サントリー奨励賞

地球ダイバーシティー

山口県立徳山高等学校
一年　倉橋和希

ヴォォーン。頭を掠める重低音。ハチだ！と首を竦めた僕が目にしたもの。それは緑の弾丸、カナブンだった。ハチではなかったものの、視界からメタリックが消えない限り、力を抜けない。そう、僕は昆虫が苦手だ。そんな僕が、なぜ『昆虫の惑星』を冒険することになったのか。はじまりは、高校最初の生物の授業だ。先生のある言葉が心に懸かった。

「地球には数多くの生き物がいる。その中でも圧倒的な割合を占めているのが昆虫だ。」

なるほど。では、昆虫の視点で地球を見たら、いったい何が見えてくるのだろうという興味が心をくすぐったからだ。

ノルウェーの昆虫学者である著者は、まるで目の前で実際に見ているかのように生き生きとした昆虫を紹介してくる。森の匂い、花の香、昆虫たちの羽音、足音。体温や息遣いまでも感じられる昆虫の世界に僕を連れ出し、冒険に誘う。世界にはヒト一人につき二億匹以上もの昆虫がいるそうだ。次々と饒舌に語る様子から、著者の昆虫が大好きだという想いが伝わってくる。僕が鉄道について語り出すのと同じ傾向だ。

なかでも、ハチの生態には驚かされた。数を数えたり、色を識別したりできるだけではない。花までの距離や方角を仲間に伝えることも可能だという。地図を描くでもなく、言葉を話したり文字を使ったりするでもなく、遠くにある対象物を相手に伝えることは、ヒトにとって難しいのではないだろうか。ハチたちはハチたちの方法でハチたちだけが理解できるように情報を伝える。僕がよく使うグーグルマップならぬビーマップなるものを駆使して、ハチたちは目的地にたどり着くことができるのだ。そこにはヒトとは異なるコミュニティーがあり、営みが成り立っている。生きることに関して、どちらが優位とかはない。著者の言う通り、ハチを含めた昆虫たちは、互いに敵対・共存しながら確かにこの地球を生きている。

さらに、ハチはヒトの顔を認識し、且つなじみのある顔を二日間は記憶しているというから驚きだ。それを知って思わず、庭先に来るハチに僕の顔を覚えてもらって、ぜひともセーフティリストに載せてほしいと思った。刺されるのは真っ平御免だ。しかし、どうやって顔を認識しているのだろうか。著者も言っている。「ごく小さな脳しかもたない生きものが、カリフラワー並みのサイズの脳をもつヒトと同じ認知作業に成功している」と。そもそも、見るという概念がヒトとハチでは全く異なるのではないだろうか。ヒトとして見えているものとハチとして見えているものは違うのかもしれない。膨大な情報を処理し、認識して、指令を出す仕組みを作り出すのは難しい。それをやってのける昆虫の驚異をまざまざと見せられた感じだ。僕は科学部に所属し、AIを使った画像や動画の判定アプリを製作している。仲間と共に苦労しながら取り組んでいるからこそ、ハチの認知手法に興味が尽きない。

　本書では、ハチだけではなく様々な昆虫の驚くべき生態を教えてくれる。前述のようなヒトにとって有用なこと、環境に役立つことなど。一方で、ヒトにとって無意味なこと、危険なこともきちんと伝えている。昆虫を保護するのが目的であればメリットばかり伝えた方がいいように思うが、著者はそうではない。もっと大きな視野で、種の垣根を超えた生き物全体を見ている。そこに、考えるヒントを残してくれている。

　我が家の食卓では、昆虫の話がよく出る。家庭菜園をしている家族が、「ミツバチが来たので実りがいい」とか「とうもろこしを幼虫に食べられた」とか話しながら、採れたての新鮮な野菜をいただく。よく益虫とか害虫とか聞くが、それはヒトにとって益か害かの基準であって、ヒトから昆虫を見て、価値があるかないかの視点だ。では、視点を逆にしたら、どうなるだろう。昆虫にとって森林を守るヒトは益人で、防虫剤を振りまくヒトは害人だろう。ひょっとして自然から見ると、ヒトよりも昆虫の方が益になっているかもしれないと気付いた。ヒトには益を感じないささやかな昆虫の働きが、地球を守っている。虫たちは今日も地球を回しているのだと著者は訴える。決してヒトだけが回しているわけではないのだ。

　現在、地球に生息する昆虫の四分の一が絶滅の危機にあるそうだ。それを知って、授業の安息角実験を思い出した。安息角は粒子の大きさと粒子の角の丸みや形状により決まる。地球環境と生物に例えるなら、安息角が地球環境で粒子が生物だ。もし、ヒトの働きによって角度が大きく変われば、雫きらめく惑星ではなくなるだろう。地球沸騰化という言葉が生まれるほど、近年の温暖化は留まるところをしらない。苦手だという感情だけではなく、僕は地球ダイバーシティーを考え、一生物（いちせいぶつ）として「ささやかな共働」を始めたい。

アンヌ・スヴェルトルップ＝ティーゲソン・著　小林玲子・訳「昆虫の惑星：虫たちは今日も地球を回す」（辰巳出版）課題読書

●──サントリー奨励賞

今を全力　輝く自分に

大阪府　関西創価高等学校
二　年　武　田　美紀子

「武田さん、授業がんばってな！」

「ありがとう。クラブがんばってね！」

友だちと軽く挨拶を交わして、私は受験クラスの七時間目の授業に向かう。

「しばらくサックスを吹いていないから、だいぶ腕が落ちただろうな。」そんなことを心でつぶやきながら、英語の教科書を開いた。

　私は大好きな音楽から、ほんの少しだけ離れることにした。吹奏楽部を休部中。受験勉強に専念するためだ。大袈裟かもしれないが、小学生から続けてきた吹奏楽の世界から離れることは、まるで親元を離れて旅に出るような気持ちだ。不安と寂しさを感じた。それぐらい私は音楽が大好きなことを改めて感じた。そして私にとっての音楽の意味を考え始めた。そんな時に出会ったのが、この本だった。

　全日本音楽著作権連盟、略して「全著連」に勤める主人公の橘は、ある日、上司から潜入調査を命令される。期間は二年間。音楽教室における著作権の侵害の実態調査のためだ。橘にはチェロという楽器の経験があった。善良で人間味あふれる講師の先生や仲間たちとの交流の中で、幼少期の怖い体験がきっかけで失っていた人と音楽を愛する気持ちを取り戻していく。そして同時に、大切な仲間たちを裏切ることになるであろう潜入調査に一人心を痛め翻弄されていくのである。

　音楽の作り手の権利を守るというのが全著連の考え。音楽教室のレッスンにまで著作権料を求めることは、音楽を楽しむ自由を侵害するというのが、音楽教室の運営団体ミカサの主張。それぞれ理にかなった主張である。しかしこの物語は、ミカサ優位の視点で展開される。それはなぜか。

　私は同じ行為でも「何のために、何を守るために為すものか」によってその価値が変わるという作者の思いであると考えた。潜入調査は、音楽の作り手の権利を守るというのが大義名分である。ところがその内実は、社内派閥の権力争いであり、それがための成果争いであった。相対するミカサの運営する音楽教室の講師が、法廷で次のような証言をする。

「講師と生徒の間には、信頼があり、絆があり、固定された関係がある。それらは決して代替えのきくものではないのです。」

　人は「好きか嫌いか」で行動を起こす

ことがある。また「損か得か」が優先する時だってある。しかし人間が人間として輝くのは、いざという時に、人の生き方としての正しさを基準に行動できた時であると思う。

全著連が行った潜入調査は、個人の損得勘定によって始まった。詩人の谷川俊太郎さんが詩に綴ったことが思い起こされる。「生きる」ということは「かくされた悪を注意深くこばむこと」と。まさに全著連の行いのようなことを指すのではないかと思った。しかし対するミカサの講師は優位である。しかし対するミカサの講師は優位である。法的には全著連が優「音楽活動を通して生まれる人間のつながりの価値を大切に考えてほしい」と訴えたのである。

私は改めて自分の所属している吹奏楽部のありがたさを感じた。教室に向かう友人の姿をうらやましく思いながら、自分は受験クラスの授業に向かう。そんな時、仲間や顧問の先生がかけてくれる「がんばってな!」という温かな声にどれほど励まされ勇気をもらっているか分からない。まさに信頼があり、絆があり、固定された関係があり、決して代替えのきくものではないのである。ただ音楽だけではない、そんな宝物に私は気づいた。

高校生活は、慌ただしく時間が過ぎていく。クラブも本当に限られた期間の活動だ。一日もあっという間。そしてきっと終わりを迎えるのもあっという間なのだろう。主人公の橘も、そんな限られた時間を生きていた。物語では、度々時計を見上げるシーンが登場する。潜入調査として過ごす時間はとてつもなく長く、人のつながりや音楽を楽しむ時間はきっとあっという間に過ぎたことだろう。

「始まってしまった音楽は、やがて必ず終わりを迎える。」このセリフが心にぐっとささった。私がこれまで参加してきたコンクールの場面が心によみがえる。開始前の心臓のドキドキ。演奏中のワクワク。そして演奏を終えて拍手に包まれる時に感じる達成感と少しの寂しさ。すべての始まりは、必ず終わりに向かう。積み上げてきた苦労が大きいほど終演は美しく輝く。人の一生も、きっとそのようなものではないだろうか。

人生は一度きりだ。昨日という日には戻れない。私が正面切って向かい合えるのは、常に「今」というこの瞬間だ。今への挑戦が未来を作り過去の苦労の意味を深める。だから私は、今の課題に全力を尽くし私らしく人生を輝かせていきたいと思う。

窓の向こうから吹奏楽部の練習の音が聞こえてくる。私はぐっとシャーペンをにぎって心に思う。

「みんな、がんばれ!　私もがんばる!」

安壇美緒・著「ラブカは静かに弓を持つ」(集英社)課題読書

●――サントリー奨励賞

「普通」って何だろう？

福井県立若狭高等学校
一年　小林由奈

中三の冬、悩みに悩んで「普通科」に決めた。将来もちゃんと決めていない私は、名前を付けられることが嫌だったからだ。「普通」でいたかった。でも、この本を読んで思った。「普通」って一体何だろう、と。

日本人の母とイギリス人の父を持つ、イエローでホワイトな「ぼく」は、なぜブルーなのか。何に怒り、何に悲しんでいるのだろう。その答えを探しながら読むと、なんと世の中には「怒り」「悲しむ」べきことが多いことか。裕福でないために食事や持ち物がままならない中で過ごさなくてはいけない友達。居住地域で分けられる観客席。不用意な発言でみんなから無視される仲間に手を差し出さない学校。日本では「ガイジン」と言われ、イギリスでは「チンク」と呼ばれる自分。これは、イエローでホワイトな「ぼく」だから出会う、見える世界なのか。

いやそうではない。私の周りにだって、こんな声は聞こえてくるのだ。「文理探究科だから」「海洋科学科だから」と。決して差別しようと思って言っているわけではない。だけど『正義は暴走する』とあるように、「普通」であることが正義となり、そこから外れるものを排除しようとする。そして、それにいつの間にか無意識に染まっている「私」。

確かに、世の中は不条理に満ち溢れている。しかし、「ぼく」はブルーでは終わらない。日常で感じる「ひっかかり」に蓋をせず向き合っているのだ。新しい制服を友達に用意する、体調が悪くてもいじめられている子のそばにいるために学校に行く、「いろいろあるのが当たり前だから」と受け入れる。「逃げる」という選択肢を選ぶこともできるのに、理解すること、正しいと思うことを行動に移すことを選択できるのは、いったいどうしてなのだろう。

『自分で誰かの靴を履いてみること』「ぼく」はさらりと言ってのける。同情したり、共感するだけのシンパシーとは異なり、自分と異なる立場の人が一体何を考えているのかを想像するエンパシーが必要だ、と。かなりハードルが高い。なぜなら、差別は良くないことだと分かっていても沸き起こる感情は止められないのである。自分と異なることへの「ひっかかり」がどうしても一線を引いてしまい、線の内側に入ることへの抵抗になる。結局、「普通」が一番だと思ってしまうのだ。

小学校高学年の頃、初めていじめを目にした。給食の牛乳をおかずに入れられる、階段から押される、そんなふざけでは済まされない状況に違和感を感じながらも、何もできなかった。「隣のクラスだから」「女子の私が言うことでもない」などと理由をつけて。波風の立たない「普通」の毎日を「普通」に過ごすことを選んだのだ。中学校で私はまたいじめを目にすることになる。裏でくすくす笑う、悪口を言う、仲間はずれにする。私は、その子にも「普通」の態度で接した。声をかけて、一緒に活動して、意外な一面に気づいたり、共通点を見つけたり。そんな「普通」の日々を横にいることしかできなかったけれど、心のひっかかりに蓋をした昔の自分より、ちょっとかっこよかったと今は思える。

そうか。もしかしたら、そんなに高いハードルではないのかもしれない。ヨシタケシンスケさんの絵本にこんなことが書いてあった。「そもそも僕たちはみんなちょっと違う。みんなそれぞれその人にしかわからない、その人だけの見え方や感じ方を持っている。」と。「へえ」と自分と違うところに驚きながらも納得し、「だよね」と自分と同じところに共感して仲良くなる。見ためや性別や国籍や性指向なんかが違っていたって、人間の根本ってそんなに変わらない。でも、近づいてみなければ、話してみなければ、自分の殻を破ろうとしなければ、そんな当たり前のことにも気づかずに過ごしてしまうのかもしれない。

私は「普通」でいることの安心を求めて普通科に入った。日本人の本能でもあるかのように。でも、毎日、クラスでみんなと過ごして「へえ」や「だよね」を積み上げる中で、そこには「普通」なんて存在しないことを実感している。「○○科」なんてもので、私たちは決められない。一人一人がユニークで唯一の存在であること、それが認められることが「普通」の世の中ならば、きっともっと楽しくておもしろい。問題がある生徒でも、生徒の発表を誇らしく拍手するこの本の先生のような人が周りに居ることが、そんな世の中の実現を助けてくれると思った。

ぼくはイエローでホワイトでちょっとグリーン。本の最後で「ぼく」はブルーからグリーンに変化していた。自分はまだ「未熟」で「経験が足りない」そんなグリーンだと思える「ぼく」は、この先もっと素敵な人間性を持った人になっていくのだろうと思った。「ぼく」よりもグリーンな私も少しずつ「ぼく」の「普通」に近づいていきたい。

ブレイディみかこ・著「ぼくはイエロー
でホワイトで、ちょっとブルー」
（新潮社）自由読書

●——サントリー奨励賞

自分で歩む道

岩手県立盛岡第二高等学校
一年　小森愛実

自分で道を切り開くということは、自分でその道を選ぶ責任を負うことだ。自分が選んだその道を、どんな気持ちで進むのか。自分で歩む道の選択一つ一つが、人生の全てであると考えるようになった。

これまで私は、自分の将来について不安になることが多々あった。目に見えない未来を追いかけ、思い通りの結果になるのかと思案するばかりだった。逆境に立ち向かう勇気も持ち合わせておらず、志を立てようにもその先のことが不安になってしまう。進路について考えることを苦痛に感じてしまうのは良くないことなのだろうか。十五歳の私には、今歩んでいるこの道が正しいのかどうかが全く分からなかった。

そんなことを考えていた私は、この終わることの無い考えを変えてくれる本を探し、この夏一冊の本に出会った。「道をひらく」の著者、松下さんの考えに影響を受け、私は前向きに物事を考える思考を持つようになる。

今まで私は、自分が経験した失敗が負の連鎖となり、たった一歩が踏み出せないことがあった。しかし失敗の原因から目を背けずに考えることができていたら、また違った行動をしていただろうと、今更ながら思う。

松下さんの考えに、このような一文があった。「転んでもただ起きぬ」この一文が意味することはとても奥深い。転んだ原因に気づかなければ、一度転んでも七度転んでも同じことであり、大切なのは失敗の原因に自力で気づき、這い上がることである。失敗の原因を一度で気づける人間になりたい。この本を読んで、私は初めてそう思うようになった。

この世の中、インターネット上に様々な情報が溢れている。嘘か本当か分からない三次情報に惑わされてしまうこともある。むしろその方が多いのではないかと思う。情報発信者は自己顕示欲の高まりで、見る人が引き寄せられる内容を根拠なしに発信する場合もある。しかし、自分の人生は何がなんでも決して惑わされてはいけない。自分で信頼性の高い情報をかき集め、自分の歩むべき道を判断しなければならない。「すでに何かにとらわれた姿」とならないよう、自らの考えを持つことが大切だ。この本は、私に人生観と信念を持って強く生きることの重要性を示してくれた。

松下さんは幼少期に下働きとして働い

ており、その経験を経営者として成功した理由にあげている。だからこそ、人としての在り方を学び、人間力を磨き、この本にある考え方に至ったのだと思う。「困難を困難とせず、思いを新たに決意を固く歩めば、困難はかえって飛躍の土台となる」この考え方は、下働きの経験をもとに小さな町工場を世界的企業に育てあげた松下さんだからこそ生み出せるものだ。これから先松下さんの考えの真意を把捉し、逆境も順境も、与えられた境涯を乗り越えていける精神をつくっていきたい。

「心配またよし」と考える発想は、今までの私には無かった。松下さんは心配することを良いことだと考え、むしろその心配、憂いそして恐れを乗り切ることが人間としての生きがいであると語る。その言葉は私の今までの悩みを打ち消してくれるかのように感じた。悩みに悩むことで新たな考えが生まれることもある。新しい道が開けてくることもあるのだと、そんな考えを持つようになったのも、この本を読んでからである。

　私はどこか焦っていたところがあった。周りの人達が皆自らの進路を明確にする中、自分は何も具体的に考えられていないと。文理選択、大学進学。ましてや将来自分は何をしたいのかすら明瞭に何一つ決まっていなかった。いつしかその焦りが不安へと変わり、進路について考えることを苦痛に感じるようになっていた。

　しかし、「いかに焦ろうと時期が来なければことは成せぬ」松下さんのその一文を読んでから、私の心は少し軽くなった。真剣に悩むことこそ今の自分に必要なことであり、焦ることで残るものは何も無いのだと。

　憂いごとに直面してもこれを恐れず、しりごみせず、「心配またよし」と考える。新しい考えを生み出す転機と承知し、これから先の進路を苦慮しながら考えていく決意を新たにした。自分が選んだ人生の道を歩くとき、その道を選んで良かったと心から思える選択ができるように、そして将来の夢に希望を持ち、高校生活が充実したものとなるように、志を強く持ってこれから先の進路を考えていこうと思う。

　物事の本質を見抜く力を身につけ、自分が満足のいく進路選択を、焦らず自分なりに導き出すことが一番だと思う。ものの見方は多彩であり、その中の一つが正しい見方であるとは限らない。自分の将来は誰にも分からないが、その不安を原動力に変え、自分が今できることに全力で打ち込もうと心に決めた。

松下幸之助・著「道をひらく」（ＰＨＰ研究所）自由読書

●――サントリー奨励賞

日本人にとっての陰翳

静岡県　静岡雙葉高等学校
三年　柴田栞奈

「母屋から離れて、青葉の匂や苔の匂のして来るような植え込みの陰に設けてあるその場所で瞑想に耽る気持ちが何とも言えない」と著者は言う。その場所とは、厠。私ならば、母屋から離れた場所まで薄暗い苔むしたじめじめした場所まで歩き、奥まったところにあるような手洗い場など遠慮したい気持ちになるし、瞑想なんてとんでもない、一刻も早く用を済ませて離れたいと思ってしまうであろう。この作品で、陰翳というものをこよなく愛する著者は、多角的に仄暗さの良さと高い精神性について語っている。著者である谷崎潤一郎の優れた文学作品が、こうした薄暗い厠での瞑想の中で生まれたかと思うと、さらにこの陰翳というものを深く知りたいと思うようになった。

仄暗さは、日本人の習慣や趣味生活に順応したものであると著者は論じている。作中に興味深い言葉があった。支那に「手沢」という言葉があり、日本にも「なれ」という言葉があるそうだ。長い年月の間に大勢の人が触れ、経年のうちにつやが出てくる、いうなれば手垢のことであるが東洋人はそうした長い年月の中で生み出された艶や色の変化を風雅と感じるのである。コロナ禍において、手指の消毒を徹底している昨今では、この「手沢」などはとんでもない、と思われるかも知れないが、確かに日本人は経年の産物を重んじる傾向にあると思う。京都を旅行した時に入った土産物店に茶道具が並んでいて、その中に茶杓があった。何気なく値札を見ると、何と六千円。私は目を疑った。こんな竹のマドラーのようなものにそんな高値がつけられていることに驚いた。茶杓に用いられている素材は、煤竹と呼ばれる古い藁葺きの屋根裏からとれる竹で、百年とか二百年という長い時間、家屋の囲炉裏端の煙に燻された竹が飴色に色づいた大変貴重な物であるという。人工では作り得ない、経年による自然の風合いが尊ばれている。この自然のあるがままを受け入れるのが日本人の気質であると著者は言う。西洋人はこうした経年のくすみや色の変化を汚れとして、徹底的に取り除くというのである。

少し前にこんな興味深いニュースを目にした。大阪の法善寺にある水かけ不動には、長年多くの参拝者が願をかけ、不動尊に水をかけている。不動尊は、長年にわたり全身に水を浴びすっかり苔むし、まるで体に緑の衣を纏っているようであった。ある時、参拝者の男性が、この不動尊の頭と顔の苔を柄杓でそぎ落として、きれいにしてしまったのである。多くの参拝者は、なんて罰当たりなと感じたが、その男性は頭や顔まで苔に覆われていて、みすぼらしいと思ったから苔を掃除したと語ったという。苔むした様子を、「みすぼらしい」と感じるのは、著者で言うところの「西洋的」な感じ方であろう。

　こうした東洋人と西洋人の感覚の違いは、肌の色の違いから生じる物だと著者は言う。西洋人は透けるほどの肌の白さがあり、くすみや澱みが見られない。それに比べ東洋人は白粉を塗って白さを醸し出そうとしても肌の奥底にある澱みを隠すことはできない。西洋人の中にあっては、東洋人の肌のくすみは一点の薄暗いしみとなり、目障りであるとまで書いてある。しかし、こうした日本人のくすんだ肌は、能舞台のような陰翳の世界では、見違えるほど、美しさが増すという。しかし、昔は私たちの生活のそこかしこにあったという能舞台のような陰翳が失われた。隅々まで照明で明るく照らし出すことが当たり前となった今日、私達の民族の魅力までもが失われてしまったのかも知れない。

　食に関しても陰翳の良さがある。「室内の暗黒が一箇の甘い塊になって舌の先で融ける」これは、羊羹を味わった著者の表現である。それに比べ西洋菓子のクリームは、浅はかで単純であるという。クリームもおいしいと思うが、ここで問うべきはおいしさではなく、奥深さである。私は、寺で祖父母の法事の際に供されたとらやの羊羹を思い出した。そこで頂いた羊羹に、特別な深みと味わいを感じた。それは、大切な人を失った漆黒の闇に、ほんのりとした柔らかな光のような甘み。そう祖父母が愛した深い甘みだった。寺の影翳の中で、黒塗の器に美しくある羊羹に私は癒され、救われた。

　陰翳が失われつつある現代、純白ではなくくすみの肌をもつ日本人は、どう生きていくべきだろうか。それは、新しい物、光り輝くものばかりに目を奪われるのではなく、時を重ねてなお風合いを増す経年の作り出す物に目を向けていくことであろう。これまでの私は、陰翳を暗闇として捉えていた。しかし、それは単なる闇ではなく、光を見出すための仄暗さである。仄暗さにある光は、慎み深く、それでいて力強い。この陰翳のような慎みと強さが日本人の精神であろう。私は、京都の旅先で、仄暗い趣のある町家の路地を歩きながら思った。

谷崎潤一郎・著「陰翳礼讃より「陰翳礼讃」」（中央公論新社）自由読書

●――サントリー奨励賞

灯に惹かれて

三重県立上野高等学校
三年 稲葉 歩乃美

二百歳まで生きると言ったときも、お笑いの頂点を目指すと言ったときも、将来地元にデパートを建てると言ったときも、成瀬あかりは真剣だった。周りからは無理だと言われるのが常だが、成瀬はいつも全て成し遂げる気でいる。馬鹿馬鹿しいと思われるような大き過ぎる目標も、成瀬の妥協のない取り組み方を見ていると、いったい彼女はどこまで駆け上がっていくのか興奮が止まらない。成瀬ほど自然体のままで面白い人を他には知らない。大きな目標の数々、それに対する姿勢、予測不能な言動、成瀬の全てに魅了された。私と同世代の少女だというのも、型にはまらない成瀬が身近に感じられて良いのだろう。

しかし、成瀬は面白いだけではない。全力で目標を追いながらも達成できなかったときに悔しがることはないのだ。たくさん種を蒔いてひとつでも花が咲けば良い、咲かなかったものも肥やしになると言う。これは決して負け惜しみではない。彼女は目標や自身の能力に賭けるのではなく、ただ純粋にその挑戦を楽しむことに懸けているのだと思う。また全く悔いが残らないほどに全力だ。その姿はとても格好良く、憧れている。私は人前で夢や目標を話すことが苦手だ。先日も友人に志望校を聞かれ答えをはぐらかしてしまった。誰かに言って失敗したら恥ずかしいと思ってしまうと、友人に嘘を吐いたり誤魔化したりしたくないと思いながらも、正直に答えられない。成瀬の挑戦はいつも友人の島崎みゆきに宣言することから始まる。成瀬も次の目標を告げるたびにこんな不安と戦っているなんてことはおそらくないだろう。新しい目標を見つけたときも、取り組んでいる最中も、上手くいかなかった結果さえも楽しんでいる。成瀬と私は違う人間だから同じように何もかも楽しめなくても良い。でももう少し楽しめるのではないか、楽しもうとすれば良いのではないかと思うようになった。思い返せば少し前に志望校を訪れたときは、ここに毎日通うのだと思うと心が躍った。模擬試験の点数も、目標には届かなかったが大幅に上がり、達成感と一言で表すには惜しい感情が湧き上がってきた。友だちと勉強することも一人とは違う特別感があって良い。不安や大変に感じる部分ばかりに気を取られてしまい、その時々の喜びや楽しさを見落としていることに気がついた。それに、私もいつも本気だった。自信がないことを理由に、自分で自分の目標を下に見ていた。人に言えないものにしてしまっていた。自分自身も成瀬と同様に、本気で目標と向かい合っていることを認めてあげて、今まで以上に強い気持ちで取り組むためにも、次に友人と会ったときに私の志望校とそれにまつわる想いを話そうと思う。これからは失敗を恐れる余地がないほどに、目標への過程と更にその先を楽しんでいけそうだ。これで少しは自分のことも格好良いと思って良いかもしれない。

　しかし成瀬は類を見ない言動に加えて、大抵のことはそつなくこなしてしまう能力の高さから、周りから敬遠されることは少なくない。実際は何でも極めたい性格で決して初めから全て完璧にできた訳ではないが、彼女の飄々とした態度もそうさせたのだろう。小学生のとき成瀬の私物を隠そうとしたクラスメイトたちを敵意のこもった視線を向けて追い払った。私は少し意外に思った。「拾ってくれたのか」などと言い適当にあしらうのだと予想していた。相手にしないだろうと思っていたが、成瀬は怒った。

　一方で、そのことを高校生になってから謝罪してきた元クラスメイトに対して、成瀬はそんなことがあっただろうか、というように軽く流した。謝罪をさせない、受け入れないという意味ではないと感じた。これは成瀬なりの許しだ。私はその謝罪にはしっかりと気持ちが込められているように感じた。成瀬にも伝わっていたのだと思う。島崎が大切な場面で忘れ物をしたときも、勢い余って心無い言葉をかけてしまったときも、謝ればすぐに受け入れた。成瀬は優しいが、それだけではなくよく人の内面を見ているからだと思う。

　私は成瀬への憧れが強いあまりに、他の人とはどこか違うと思ってしまっていた。物語の中で生きるとはいえ、彼女も人間だった。傷つき、怒りを覚えることもある。それでも憧れは強まる一方だ。成瀬は自分に降りかかる理不尽に怒り、また人の過ちを許すことができる人だったのだ。必ずしも謝罪を受け入れる必要はないが、真摯な気持ちを真っ直ぐに感じ取れる成瀬は素敵だと思う。

　私は自分が漫才をする姿など想像できないが、島崎もそうだったと思う。しかし島崎は自分が断ることで成瀬がステージに上がる機会を失うことの方が問題だと引き受ける。島崎の思い切りの良さも素敵だが、やはり成瀬にはそうさせるほどの魅力がある。成瀬に惹かれて変わった人は私の他にも大勢いるだろう。成瀬にはぜひ二百歳まで生きてほしい。

宮島未奈・著「成瀬は天下を取りにいく」（新潮社）自由読書

第69回コンクールのあらまし

この青少年読書感想文全国コンクールは、青少年の良書に対する関心を高め、読書指導の一助になればと、一九五五（昭和三〇）年に創設されました。約五万編の応募作品からのスタートでしたが、今回、第六十九回のコンクールには、全国の小学校・中学校・高等学校・海外各地の日本人学校など合わせて二万三千八百三十二校から、計二百六十五万四千二百三十五編（内訳は次ページ表参照）の作品が寄せられました。

本書のタイトル『考える読書』は、一九六五（昭和四〇）年、第十一回コンクールの折、当時の皇太子殿下（現在の上皇さま）より「みなさんが〝考える読書〟の習慣をりっぱに身につけていることを知り、ほんとうに心強く思いました」とのおことばにちなんだものです。

応募作品は各学校や市区町村で選抜されて、その上位入賞作品が代表として中央審査会に送られます。今回の都道府県代表作品は、小・中・高合わせて五百十編でした。その中から百十二編が、内閣総理大臣賞（最優秀作品）、文部科学大臣賞（優秀作品）、毎日新聞社賞（優秀作品）、全国学校図書館協議会長賞（優良作品）、サントリー奨励賞（奨励作品）の各賞に選ばれました。本書には、小学校・中学校・高等学校の部のすべての入賞作品を収めました。

■審査のしくみ■

応募作品 ←提出― 学校 ←審査― 市区町村 ←審査― 都道府県 ←審査― 中央審査会 ←審査― 入賞者

※6月上旬、応募要項を毎日新聞紙上に発表

※9月中旬、応募作品締め切り（9月下旬～11月中旬審査）

●主催　毎日新聞社・公益社団法人全国学校図書館協議会

●後援　内閣府・文部科学省

●協賛　サントリーホールディングス株式会社

中央審査会から

中央審査会で審査対象となる作品は、どれも読書の喜びとそこから得られる知力や生きる力に満ちており、審査員に読書の価値と読書指導の重要性を再確認させるものであった。

優れた読書感想文とはどのようなものか、まず第一に、本の内容を自らの体験や思いと結びつけて自分のものとして読み取っていることである。内容の正確な読み取りを前提として自分との対話が成立している。次に、読み深める胆力をもって本と対峙していることだ。何度も読み返したり、広げる読書を経てまたその本に戻ってきたりしながら、かけがえのない読書体験をしている。そして、自分のものとできた感動や考え、未来への展望を自分の言葉で書き表すことができている。

成長段階に応じて要求される字数を書かせることの困難が教育現場から聞こえてくる。確かに教育現場への期待は近年多方面にわたり、じっくりと読書指導に関わることが難しくなってきているのかもしれない。しかしながら中央審査員の多くが読書感想文を書くことの意義と価値を重ねて強調している。書くことで深まっていく考えがあり、さらに読書体験が豊かに広がっていくのである。方法は様々に工夫する必要があり、ICTの活用や交流のあり方など、今後に期待される。

冊子『考える読書』が毎年刊行される意義は大きい。教育現場や読書推進活動の様々な場面で活用できるものと確信している。子どもたちの豊かな読書生活を今後も願っていきたい。

中央審査委員長　吉川　百合子

★第69回青少年読書感想文全国コンクール集計★

●全国応募総数

小学校	15,432校	1,505,612編
中学校	6,795校	851,678編
高等学校	1,550校	295,527編
海外日本人学校	55校	1,418編
計	23,832校	2,654,235編

●中央審査会応募数(都道府県代表作品)

	小低	小中	小高	中学	高校	計
課題読書	52	52	52	53	46	255編
自由読書	52	52	51	52	48	255編
計	104	104	103	105	94	510編

第69回青少年読書感想文全国コンクール入賞者・入選者一覧

最優秀作品（内閣総理大臣賞）

自由読書、課題読書を通じて各部一編

部	種別	題名	学校・学年	氏名	書名	出版社
小学校低学年	自由	ぼくがちきゅうのためにできること	佐賀県杵島郡江北町立江北小学校 二年	高田　匡	ニール・レイトン・作・絵 いわじょうよしひと・訳「プラスチック星にはなりたくない！：地球のためにできること」	ひさかたチャイルド
小学校中学年	課題	それって、すてきだね！	島根県出雲市立大津小学校 三年	渉　千尋	ヘレイン・ベッカー・作 サンドラ・デュメイ・絵 木村由莉・訳・監修「化石のよぶ声がきこえる：天才恐竜ハンター ウェンディ・スローボダ」	くもん出版
小学校高学年	課題	心で世界を見る	石川県珠洲市立飯田小学校 五年	藤野結大	松島恵利子・著「中村哲物語：大地をうるおし平和につくした医師」	汐文社
中学校	自由	「好き」と向き合う	山口市立阿知須中学校 三年	倉重圭宏	小川洋子・著「博士の愛した数式」	新潮社
高等学校	課題	私のかけら	岐阜県立岐阜高等学校 一年	辻内　凜	安壇美緒・著「ラブカは静かに弓を持つ」	集英社

優秀作品（文部科学大臣賞）

自由読書、課題読書を通じて各部六編（一編は文部科学大臣賞、他の五編は毎日新聞社賞）

部	種別	題名	学校・学年	氏名	書名	出版社
小学校低学年	課題	ありのままっていいな	宮城県柴田郡柴田町立船岡小学校 一年	清水　恵	礒みゆき・作 はたこうしろう・絵「それで、いい！」	ポプラ社
小学校中学年	自由	気持ちをいっぱい伝えたい！	仙台市立国見小学校 三年	杉本　晴	山極寿一・文 阿部知暁・絵「ゴリラが胸をたたくわけ」	福音館書店

部門	種別	作品名	学校・学年	氏名	対象図書	出版社
小学校高学年	課題	皆が魔女で素敵な世界	福岡市立千早小学校 五年	安達和奏	エル・マクニコル・著 櫛田理絵・訳「魔女だったかもしれないわたし」	PHP研究所
中学校	課題	川で繋がる未来	横浜市立横浜サイエンスフロンティア高等学校附属中学校 三年	伊藤蒼唯	長谷川敦・著「人がつくった川・荒川：水害からいのちを守り、暮らしを豊かにする」	旬報社
高等学校	課題	「タガヤセ！日本『農水省の白石さん』が農業の魅力教えます」を読んで	埼玉県立川越女子高等学校 三年	迎里咲	白石優生・著「タガヤセ！日本：「農水省の白石さん」が農業の魅力教えます」	河出書房新社

優秀作品（毎日新聞社賞）

自由読書、課題読書を通じて各部六編（一編は文部科学大臣賞、他の五編は毎日新聞社賞）

部門	種別	作品名	学校・学年	氏名	対象図書	出版社
小学校低学年	課題	ヒーローになろう	神奈川県平塚市立松原小学校 二年	堀江貴裕	ラッセル・ホーバン・作 小宮由・訳 大野八生・絵「けんかのたね」	岩波書店
小学校低学年	課題	「よるのあいだに…」	愛媛県西予市立多田小学校 二年	吉岡晄	ポリー・フェイバー・文 ハリエット・ホブデイ・絵 中井はるの・訳「よるのあいだに……みんなをささえるはたらく人たち」	BL出版
小学校中学年	課題	給食室にはひみつがいっぱい	新潟県五泉市立五泉小学校 三年	奥山理央	大塚菜生・文 イシヤマアズサ・絵「給食室のいちにち」	少年写真新聞社
小学校中学年	課題	「伝統を大切に」	千葉県鴨川市立天津小湊小学校 四年	神田莉理奈	横田明子・作 塚越文雄・絵「ライスボールとみそ蔵と」	絵本塾出版
小学校中学年	課題	今のぼくが未来の自分をつくる	横浜市立相沢小学校 四年	松村和将	ヘレイン・ベッカー・作 サンドラ・デュメイ・絵 木村由莉・訳・監修「化石のよぶ声がきこえる：天才恐竜ハンター ウェンディ・スロボーダ」	くもん出版

小学校高学年	課題	「寄り添いの先に…」	埼玉県所沢市立上新井小学校	六年	齊藤悠真	松島恵利子・著「中村哲物語：大地をうるおし平和につくした医師」	汐文社
小学校高学年	課題	二番手になって見えたこと	甲府市　山梨学院小学校	六年	山内ひかり	ウン・ソホル・作　ノ・インギョン・絵　すんみ・訳「5番レーン」	鈴木出版
中学校	課題	混じり合う世界を進め	山口県萩市立萩東中学校	一年	松岡礼文	歌代朔・作「スクラッチ」	あかね書房
中学校	課題	シーラが私に教えてくれたこと	セントラルケンタッキー日本人補習校中学部	二年	川本愛子	ダイアナ・ハーモン・アシャー・作　武富博子・訳「アップステージ：シャイなわたしが舞台に立つまで」	評論社
高等学校	課題	「知る」ということ。	千葉県立千葉南高等学校	二年	鈴木ももか	アンヌ・スヴェルトルップ＝ティーゲソン・著　小林玲子・訳「昆虫の惑星：虫たちは今日も地球を回す」	辰巳出版
高等学校	課題	小さな生命(いのち)が世界を回す	秋田県立湯沢高等学校	二年	廣田蒼唯	アンヌ・スヴェルトルップ＝ティーゲソン・著　小林玲子・訳「昆虫の惑星：虫たちは今日も地球を回す」	辰巳出版
小学校低学年	自由	どきどきするけど会いたいな	静岡県島田市立伊久美小学校	二年	藤原汐希	もりやまみやこ・作　つちだよしはる・絵「つりばしゆらゆら」	あかね書房
小学校低学年	自由	きらきらじるし	石川県珠洲市立みさき小学校	一年	竹森晴香	新井悦子・作　さこももみ・絵「きらきらさがし」	岩崎書店
小学校低学年	自由	ちがうかな、おなじかな	横浜市立瀬谷小学校	一年	菊地貴仁	たにかわしゅんたろう・ぶん　Noritake・え「へいわとせんそう」	ブロンズ新社
小学校中学年	自由	自分らしさ	青森県十和田市立北園小学校	四年	工藤陽大	朝比奈蓉子・作　水元さきの・絵「わたしの気になるあの子」	ポプラ社
小学校中学年	自由	ぼくはかいじゅうポポリ	神奈川県川崎市立旭町小学校	三年	樋岡寛大	新井洋行・著　岡田俊・監修「かいじゅうポポリはこうやっていかりをのりきった」	パイインターナショナル

部門	種別	作品名	学校	学年	氏名	書名	出版社
小学校高学年	自由	大人になるということ	愛知県長久手市立市が洞小学校	六年	水野由麻	魚住直子・著 西村ツチカ・画「いいたいことがあります！」	偕成社
小学校高学年	自由	六つの星が照らした未来	秋田県鹿角市立花輪小学校	六年	村山奈那子	小倉明・著「闇を照らす六つの星：日本点字の父 石川倉次」	汐文社
小学校高学年	自由	個のもつ美しさ	宮崎市立大塚小学校	六年	迫田陽	宮沢賢治・作 中村道雄・絵「よだかの星」	偕成社
中学校	自由	自分自身と向き合う	静岡県賀茂郡東伊豆町立稲取中学校	二年	鈴木凜	梨木香歩・著「西の魔女が死んだ」	新潮社
中学校	自由	52ヘルツの作文	栃木県立宇都宮東高等学校附属中学校	三年	井口春音	町田そのこ・著「52ヘルツのクジラたち」	中央公論新社
中学校	自由	『にいちゃんのランドセル』を読んで	三重県伊賀市立崇広中学校	三年	村田麻陽	城島充・著「にいちゃんのランドセル」	講談社
高等学校	自由	野火はまだ燃えている	宮城県古川高等学校	二年	戸田青依	大岡昇平・著「野火」	新潮社
高等学校	自由	中村哲さんの強さ	新潟県立新潟高等学校	一年	吉川晃太	中村哲・著「わたしは「セロ弾きのゴーシュ」：中村哲が本当に伝えたかったこと」	NHK出版
高等学校	自由	人間らしく生きる道	香川県立高松高等学校	二年	坂賀憩	杉原幸子・著「六千人の命のビザ」	大正出版

優良作品（全国学校図書館協議会長賞）

自由読書、課題読書を通じて各部六編

部門	種別	作品名	学校	学年	氏名	書名	出版社
小学校低学年	課題	もっと知りたくなったよ	島根県邑智郡邑南町立口羽小学校	二年	茂久田海珠	高久至・しゃしん かんちくたかこ・ぶん「うまれてくるよ海のなか」	アリス館
小学校低学年	課題	わたしもみつけたよ。すごいもの	千葉県市川市立宮久保小学校	一年	酒井夢奏	礒みゆき・作 はたこうしろう・絵「それで、いい！」	ポプラ社

小学校低学年	課題	もうねたふりしないよ	福岡県北九州市明治学園小学校	二年	木下奈帆子	ポリー・フェイバー・文　ハリエット・ホブデイ・絵　中井はるの・訳「よるのあいだに……みんなをささえるはたらく人たち」	BL出版
小学校中学年	課題	人を笑顔にする仕事	山形県鶴岡市立朝暘第三小学校	四年	伊藤那由大	大塚菜生・文　イシヤマアズサ・絵「給食室のいちにち」	少年写真新聞社
小学校中学年	課題	一歩一歩進み続ける	埼玉県川越市立高階北小学校	四年	廣瀬煌也	オンジャリQ・ラウフ・著　千葉茂樹・訳　スギヤマカナヨ・絵「秘密の大作戦！フードバンクどろぼうをつかまえろ！」	あすなろ書房
小学校中学年	課題	世界に広がれ！日本の伝とう文化	広島県大竹市立大竹小学校	四年	嶋田光志	横田明子・作　塚越文雄・絵「ライスボールとみそ蔵と」	絵本塾出版
小学校高学年	課題	魔女を作ってしまったかもしれない私	宮城県気仙沼市立津谷小学校	六年	山谷桃子	エル・マクニコル・著　櫛田理絵・訳「魔女だったかもしれないわたし」	PHP研究所
小学校高学年	課題	キャラを被った私に『さようならンダバ』	北海道帯広市立帯広小学校	五年	須田陽愛	髙森美由紀・作「ふたりのえびす」	フレーベル館
小学校高学年	課題	真心が救った命と大地	鳥取県倉吉市立小鴨小学校	六年	宮本昌治	松島恵利子・著「中村哲物語：大地をうるおし平和につくした医師」	汐文社
中学校	課題	心という深い海へ	宮城県名取市立みどり台中学校	一年	佐藤慶仁	歌代朔・作「スクラッチ」	あかね書房
中学校	課題	荒川～受け継がれた人々の思い～	大阪市立高津中学校	二年	谷本美智子	長谷川敦・著「人がつくった川・荒川：水害からいのちを守り、暮らしを豊かにする」	旬報社
中学校	課題	熱く生きる。	岡山県立岡山大安寺中等教育学校	二年	森山尊央	歌代朔・作「スクラッチ」	あかね書房
高等学校	課題	この窓の向こう側へ～「誰か」ではない、農家さんと～	宮城県仙台二華高等学校	二年	太齋純香	白石優生・著「タガヤセ！日本：「農水省の白石さん」が農業の魅力教えます」	河出書房新社

部門	種別	題名	学校・学年	氏名	読んだ本	出版社
高等学校	課題	ここに生きる者として	愛媛県立松山東高等学校 三年	田房聖菜	アンヌ・スヴェルトルップ＝ティーゲソン・著 小林玲子・訳「昆虫の惑星：虫たちは今日も地球を回す」	辰巳出版
高等学校	課題	「自分自身を愛せる人に」	東京都 田園調布雙葉高等学校 二年	村井彩夏	安壇美緒・著「ラブカは静かに弓を持つ」	集英社
小学校低学年	自由	まほうの力	岐阜県可児市立東明小学校 二年	フレィリック世奈	吉富多美・作 小泉晃子・絵「まほうのほうせきばこ」	金の星社
小学校低学年	自由	こちらミミズけんきゅうじょ	神奈川県南足柄市立南足柄小学校 一年	三原恵真	スージー・ウィリアムズ・作 ハンナ・トルソン・絵 渡邊真里・訳「ミミズ」	化学同人
小学校低学年	自由	「かぶとむし：かぶとむしの一生」	徳島県阿南市立羽ノ浦小学校 二年	大北万尋	得田之久・ぶん・え「かぶとむし：かぶとむしの一生」	福音館書店
小学校中学年	自由	「どっちでもいい子」を読んで	愛知県豊明市立三崎小学校 四年	上野さくら	かさいまり・作 おとないちあき・絵「どっちでもいい子」	岩崎書店
小学校中学年	自由	水とはなんじゃ？	静岡市立清水興津小学校 三年	木下凜香	かこさとし・作 鈴木まもる・絵「みずとはなんじゃ？」	小峰書店
小学校中学年	自由	けい子さん、ありがとう。	宇都宮市 作新学院小学部 四年	大久保光莉	金沢嘉市・編著 久米宏一・絵「つしま丸のそうなん：沖縄のこどもたち」	あすなろ書房
小学校高学年	自由	広がる僕らの世界	東京都小平市立小平第十一小学校 六年	室田周豊	樫崎茜・作「手で見るぼくの世界は」	くもん出版
小学校高学年	自由	生きていること	福井県鯖江市神明小学校 六年	松岡茉那	湯本香樹実・著「夏の庭：The Friends」	新潮社
小学校高学年	自由	「チキン！」を読んで	石川県七尾市立和倉小学校 五年	松田瑞紀	いとうみく・作 こがしわかおり・絵「チキン！」	文研出版
中学校	自由	勇気で変える今と自分	香川県東かがわ市立引田中学校 二年	三谷希歩	住野よる・著「よるのばけもの」	双葉社
中学校	自由	登山と人生	佐賀県立唐津東中学校 二年	太田瑚春	湊かなえ・著「山女日記」	幻冬舎

中学校	自由	どんな状況でも、かけがえのない「今」を	神奈川県秦野市立西中学校　三年	井上　和奏	辻村深月・著「この夏の星を見る」	KADOKAWA
高等学校	自由	言葉の海で辞書を読む	埼玉県　淑徳与野高等学校　一年	安発　沙友里	三浦しをん・著「舟を編む」	光文社
高等学校	自由	人間としての責任	岐阜県立岐阜北高等学校　二年	福井　梨央	カズオ・イシグロ・著　土屋政雄・訳「クララとお日さま」	早川書房
高等学校	自由	開かれた未来に気付く	山口県立山口南総合支援学校高等部　二年	中嶋　啓介	池上彰・監修「なぜ僕らは働くのか：君が幸せになるために考えてほしい大切なこと」	学研プラス

奨励作品（サントリー奨励賞）

自由読書、課題読書を通じて各部一〇編以内

小学校低学年	課題	ぼくのみらいの友だち	富山県射水市立新湊小学校　二年	宇野津　結人	礒みゆき・作　はたこうしろう・絵「それで、いい！」	ポプラ社
小学校低学年	課題	いつもありがとう	愛知県日進市立相野山小学校　二年	市川　和	ポリー・フェイバー・文　ハリエット・ホブデイ・絵　中井はるの・訳「よるのあいだに…：みんなをささえるはたらく人たち」	BL出版
小学校低学年	課題	それで、いい！	青森県十和田市立三本木小学校　一年	中野渡　翔大	礒みゆき・作　はたこうしろう・絵「それで、いい！」	ポプラ社
小学校低学年	課題	わたしはたまご	茨城県潮来市立日の出小学校　一年	村松　佳歩	高久至・しゃしん　かんちくたかこ・ぶん「うまれてくるよ海のなか」	アリス館
小学校低学年	課題	「けんかのたね」を読んで	鳥取県西伯郡大山町立名和小学校　二年	下嶋　和佳菜	ラッセル・ホーバン・作　小宮由・訳　大野八生・絵「けんかのたね」	岩波書店
小学校中学年	課題	「ライスボール」から「オニギリ」へ	東京都港区立白金小学校　四年	ゴッツィル　ヘザー怜	横田明子・作　塚越文雄・絵「ライスボールとみそ蔵と」	絵本塾出版

小学校中学年	課題	心と体に栄養を	福島県須賀川市立第三小学校　四年	野沢　來	大塚菜生・文　イシヤマアズサ・絵「給食室のいちにち」	少年写真新聞社
小学校中学年	課題	この街のためにわたしができること	岐阜県海津市立東江小学校　四年	水谷友香	横田明子・作　塚越文雄・絵「ライスボールとみそ蔵と」	絵本塾出版
小学校中学年	課題	ぼくをよぶ声	佐賀県嬉野市立嬉野小学校　四年	小野原　諒	ヘレイン・ベッカー・作　サンドラ・デュメイ・絵　木村由莉・訳・監修「化石のよぶ声がきこえる：天才恐竜ハンターウェンディ・スロボーダ」	くもん出版
小学校中学年	課題	広がれフードバンク	山梨県大月市立初狩小学校　四年	小林優月	オンジャリQ・ラウフ・著　千葉茂樹・訳　スギヤマカナヨ・絵「秘密の大作戦！フードバンクどろぼうをつかまえろ！」	あすなろ書房
小学校高学年	課題	「普通」って何だ	兵庫県西宮市立高木北小学校　六年	益滿杏珠	エル・マクニコル・著　櫛田理絵・訳「魔女だったかもしれないわたし」	PHP研究所
小学校高学年	課題	苦しいときこそ前を向く	鹿児島県大島郡伊仙町立喜念小学校　六年	中原芽唯	ウン・ソホル・作　ノ・インギョン・絵　すんみ・訳「5番レーン」	鈴木出版
小学校高学年	課題	続けた先に見えるもの	岐阜県安八郡神戸町立南平野小学校　六年	竹中千瀬	ウン・ソホル・作　ノ・インギョン・絵　すんみ・訳「5番レーン」	鈴木出版
小学校高学年	課題	命を守る	愛媛県南宇和郡愛南町立城辺小学校　六年	藤森一樺	松島恵利子・著「中村哲物語：大地をうるおし平和につくした医師」	汐文社
小学校高学年	課題	私の「えびす」	宮崎市立加納小学校　五年	桐明真和	髙森美由紀・作「ふたりのえびす」	フレーベル館
中学校	課題	未来へ残す川	埼玉県越谷市立富士中学校　一年	加藤結衣	長谷川敦・著「人がつくった川・荒川：水害からいのちを守り、暮らしを豊かにする」	旬報社
中学校	課題	あざやかな色を削り出すために	佐賀県立武雄青陵中学校　一年	秀島一綺	歌代朔・作「スクラッチ」	あかね書房

中学校	課題	僕の色	岐阜県安八郡輪之内町立輪之内中学校	一年	辻井恒也	歌代朔・作「スクラッチ」	あかね書房
中学校	課題	「スクラッチ」を読んで	金沢市立大徳中学校	三年	佐々木萌寧	歌代朔・作「スクラッチ」	あかね書房
中学校	課題	思い描く本当の自分を探して	長崎県島原市立第一中学校	三年	横尾泰成	ダイアナ・ハーモン・アシャー・作 武富博子・訳「アップステージ：シャイなわたしが舞台に立つまで」	評論社
高等学校	課題	ラブカ達へ	山形県立鶴岡南高等学校	一年	鈴木遥人	安壇美緒・著「ラブカは静かに弓を持つ」	集英社
高等学校	課題	地球ダイバーシティー	山口県立徳山高等学校	一年	倉橋和希	アンヌ・スヴェルトルップ＝ティーゲソン・著 小林玲子・訳「昆虫の惑星：虫たちは今日も地球を回す」	辰巳出版
高等学校	課題	今を全力 輝く自分に	大阪府 関西創価高等学校	二年	武田美紀子	安壇美緒・著「ラブカは静かに弓を持つ」	集英社
小学校低学年	自由	おもいでって、こころのなかにあるんだな	東京都中野区立武蔵台小学校	一年	平岡良太	エリック・バトゥー・絵 モニカ・バイツェ・文 那須田淳・訳「いつだってともだち」	講談社
小学校低学年	自由	のんびりなわたしのきもち	埼玉県入間郡越生町立越生小学校	一年	辻帆夏	益田ミリ・作 平澤一平・絵「はやくはやくっていわないで」	ミシマ社
小学校低学年	自由	もぐらのこと、知ってる？	愛知県春日井市立小野小学校	二年	都築勇太	アヤ井アキコ・著 川田伸一郎・監修「もぐらはすごい」	アリス館
小学校低学年	自由	すきなものがあるってすてきだね	水戸市立渡里小学校	二年	喜多柚月	ソフィア・スペンサー、マーガレット・マクナマラ・文 ケラスコエット・絵 福本友美子・訳「虫ガール：ほんとうにあったおはなし」	岩崎書店
小学校低学年	自由	すてきなおさがり	甲府市立大里小学校	二年	三枝逢央	くすのきしげのり・さく 北村裕花・え「おさがり」	東洋館出版社

小学校中学年	自由	十歳の私にできること	東京都港区 聖心女子学院初等科 四年	伊藤瑚春	日野原重明・著「十歳のきみへ‥九十五歳のわたしから」	冨山房インターナショナル
小学校中学年	自由	ゆめを持ち前へ歩け	北海道茅部郡森町立森小学校 四年	今井玲一朗	清水靖夫・監修「伊能忠敬」	ポプラ社
小学校中学年	自由	わたしの言葉はどんな形？	山口市立大殿小学校 四年	藤本万結	おーなり由子・著「ことばのかたち」	講談社
小学校中学年	自由	うちゅうに関わる仕事がぼくのゆめ	松山市立みどり小学校 四年	小笠原吏輿	渡部潤一・監修「天体観測☆100年絵事典‥未来の宇宙カレンダー 日食・すい星の観られる日が予測できる！」	PHP研究所
小学校中学年	自由	ぼくはぼくのままでいい	沖縄県中頭郡北谷町立浜川小学校 三年	金城倫太	デビッド・マッキー・ぶんとえ きたむらさとし・やく「ぞうのエルマー」	BL出版
小学校高学年	自由	「かけがえのないピアノ」	北海道教育大学附属旭川小学校 五年	本間明華	柴田昌平・文 阿部結・絵「ももちゃんのピアノ‥沖縄戦・ひめゆり学徒の物語」	ポプラ社
小学校高学年	自由	「働くこと」とは	静岡県榛原郡吉田町立中央小学校 五年	山口新太	池上彰・監修「なぜ僕らは働くのか‥君が幸せになるために考えてほしい大切なこと」	学研プラス
小学校高学年	自由	伝えることの大切さ	鳥取県米子市立義方小学校 六年	小西葵佑子	久米絵美里・作 もとやままさこ・絵「言葉屋‥言箱と言珠のひみつ」	朝日学生新聞社
小学校高学年	自由	植物から学んだこと	神奈川県相模原市立相原小学校 六年	小室孝介	稲垣栄洋・著「植物はなぜ動かないのか‥弱くて強い植物のはなし」	筑摩書房
小学校高学年	自由	祖父がくれた落語バトン	千葉県富里市立七栄小学校 五年	木舟優作	田中啓文・作 朝倉世界一・画「落語少年サダキチ」	福音館書店
中学校	自由	小さな自信を大きな夢に	山形大学附属中学校 一年	石井多維知	植松努・著「好奇心を〝天職〟に変える 空想教室＝Lesson of imagination」	サンクチュアリ出版
中学校	自由	大田になろうプロジェクト	鹿児島県大島郡天城町立天城中学校 一年	初田一心	瀬尾まいこ・著「君が夏を走らせる」	新潮社

学校	部門	作品	学校名・学年	氏名	書名	出版社
中学校	自由	昆虫の世界を覗いて	埼玉県越谷市立富士中学校 三年	田能朱莉	アンヌ・スヴェルトルップ＝ティーゲソン・著 小林玲子・訳「昆虫の惑星：虫たちは今日も地球を回す」	辰巳出版
中学校	自由	戦い抜く力	鳥取県米子市 米子北斗中学校 三年	高田航成	大崎善生・著「聖の青春」	KADOKAWA
中学校	自由	「狭間の世代」として考える	東京都渋谷区立原宿外苑中学校 二年	目黒龍一郎	フィリップ・クローデル・著 高橋啓・訳「子どもたちのいない世界」	みすず書房
高等学校	自由	「普通」って何だろう？	福井県立若狭高等学校 一年	小林由奈	ブレイディみかこ・著「ぼくはイエローでホワイトで、ちょっとブルー」	新潮社
高等学校	自由	自分で歩む道	岩手県立盛岡第二高等学校 一年	小森愛実	松下幸之助・著「道をひらく」	PHP研究所
高等学校	自由	日本人にとっての陰翳	静岡県 静岡雙葉高等学校 三年	柴田琹奈	谷崎潤一郎・著「陰翳礼讃」より「陰翳礼讃」	中央公論新社
高等学校	自由	灯に惹かれて	三重県立上野高等学校 三年	稲葉歩乃美	宮島未奈・著「成瀬は天下を取りにいく」	新潮社

入選作品

学校	部門	作品	学校名・学年	氏名	書名	出版社
小学校低学年	課題	「よるのあいだに…」をよんで	山形県村山市立楯岡小学校 一年	秋葉芽実	ポリー・フェイバー・文 ハリエット・ホブデイ・絵 中井はるの・訳「よるのあいだに……みんなをささえるはたらく人たち」	BL出版
小学校低学年	課題	「それで、いい！」でつたわるきもち	広島市立石内北小学校 一年	安部咲花	礒みゆき・作 はたこうしろう・絵「それで、いい！」	ポプラ社

区分	課題	題名	学校・学年	氏名	書名	出版社
小学校低学年	課題	みんなのために	栃木県大田原市立大田原小学校 一年	井川千嘉	ポリー・フェイバー・文 ハリエット・ホブデイ・絵 中井はるの・訳「よるのあいだに…みんなをささえるはたらく人たち」	BL出版
小学校低学年	課題	おうえんしてます！	三重県志摩市立大王小学校 一年	石野蒼太	高久至・しゃしん かんちくたかこ・ぶん「うまれてくるよ海のなか」	アリス館
小学校低学年	課題	「それで、いい！」を読んで	高知県南国市立大篠小学校 一年	市川すず	礒みゆき・作 はたこうしろう・絵「それで、いい！」	ポプラ社
小学校低学年	課題	「けんかのたね」をよんで	長崎県東彼杵郡波佐見町立中央小学校 一年	井手優空	ラッセル・ホーバン・作 小宮由・訳 大野八生・絵「けんかのたね」	岩波書店
小学校低学年	課題	わたしやきんきらい	静岡市立西奈小学校 一年	太田蓮月	ポリー・フェイバー・文 ハリエット・ホブデイ・絵 中井はるの・訳「よるのあいだに…みんなをささえるはたらく人たち」	BL出版
小学校低学年	課題	「それで、いい！」をよんで	大分市立明治小学校 一年	小川洸	礒みゆき・作 はたこうしろう・絵「それで、いい！」	ポプラ社
小学校低学年	課題	たからものはなんだろう	鹿児島県指宿市立柳田小学校 一年	末吉真珠子	礒みゆき・作 はたこうしろう・絵「それで、いい！」	ポプラ社
小学校低学年	課題	まいにちのせいかつ	横浜市立末吉小学校 一年	鈴木康耀	ポリー・フェイバー・文 ハリエット・ホブデイ・絵 中井はるの・訳「よるのあいだに…みんなをささえるはたらく人たち」	BL出版
小学校低学年	課題	「うまれてくるよ海のなか」をよんで	滋賀県長浜市立長浜北小学校 一年	中村奈優	高久至・しゃしん かんちくたかこ・ぶん「うまれてくるよ海のなか」	アリス館
小学校低学年	課題	「それで、いい！」をよんで	長野県上田市立城下小学校 一年	長坂乙葉	礒みゆき・作 はたこうしろう・絵「それで、いい！」	ポプラ社

部門	種別	題名	学校名	学年	氏名	図書	出版社
小学校低学年	課題	「うまれてくるよ海のなか」をよんで	大阪市立南百済小学校	一年	永田桃花	高久至・しゃしん かんちくたかこ・ぶん「うまれてくるよ海のなか」	アリス館
小学校低学年	課題	うみのおとうさんすごい	那覇市立さつき小学校	一年	根間貴丈	高久至・しゃしん かんちくたかこ・ぶん「うまれてくるよ海のなか」	アリス館
小学校低学年	課題	かきたいものをかいてね、きつねちゃん	熊本市立力合西小学校	一年	本村紗々	礒みゆき・作 はたこうしろう・絵「それで、いい!」	ポプラ社
小学校低学年	課題	がんばれうみのなかのこどもたち	新潟大学附属新潟小学校	一年	柳澤里胡	高久至・しゃしん かんちくたかこ・ぶん「うまれてくるよ海のなか」	アリス館
小学校低学年	課題	「それで、いい!」をよんで	兵庫県高砂市立阿弥陀小学校	一年	山本結莉	礒みゆき・作 はたこうしろう・絵「それで、いい!」	ポプラ社
小学校低学年	課題	ぼくは、ぼく!「それでいい!」	石川県かほく市立高松小学校	二年	石坂壱思	礒みゆき・作 はたこうしろう・絵「それで、いい!」	ポプラ社
小学校低学年	課題	みんなのためにはたらく人	東京都中野区立武蔵台小学校	二年	市川未來	ポリー・フェイバー・文 ハリエット・ホブデイ・絵 中井はるの・訳「よるのあいだに……みんなをささえるはたらく人たち」	BL出版
小学校低学年	課題	「すき」の気もちを大切に	佐賀市立北川副小学校	二年	井手しづく	礒みゆき・作 はたこうしろう・絵「それで、いい!」	ポプラ社
小学校低学年	課題	わたしの音をとどけたい	徳島市富田小学校	二年	井上琴葉	礒みゆき・作 はたこうしろう・絵「それで、いい!」	ポプラ社
小学校低学年	課題	ぼくたちをささえるために	東京都足立区立花畑第一小学校	二年	上山知多	ポリー・フェイバー・文 ハリエット・ホブデイ・絵 中井はるの・訳「よるのあいだに……みんなをささえるはたらく人たち」	BL出版
小学校低学年	課題	ぼくはぼく!それでいい!	岐阜市立梅林小学校	二年	逢坂琉生	礒みゆき・作 はたこうしろう・絵「それで、いい!」	ポプラ社
小学校低学年	課題	それで、いい!	前橋市立荒子小学校	二年	小野紘侑	礒みゆき・作 はたこうしろう・絵「それで、いい!」	ポプラ社

部門	区分	題名	学校・学年	氏名	書名	出版社
小学校低学年	課題	本当に大切なこと	和歌山市立吹上小学校 二年	金川万修	礒みゆき・作 はたこうしろう・絵「それで、いい！」	ポプラ社
小学校低学年	課題	きつねくんに教えてもらったこと	京都府南丹市立殿田小学校 二年	久保田倫	礒みゆき・作 はたこうしろう・絵「それで、いい！」	ポプラ社
小学校低学年	課題	「よるのあいだに…」を読んで	福島県須賀川市立大森小学校 二年	熊田愛友菜	ポリー・フェイバー・文 ハリエット・ホブデイ・絵 中井はるの・訳「よるのあいだに…みんなをささえるはたらく人たち」	BL出版
小学校低学年	課題	ありがとう	山梨県笛吹市立一宮西小学校 二年	小泉魁斗	ポリー・フェイバー・文 ハリエット・ホブデイ・絵 中井はるの・訳「よるのあいだに…みんなをささえるはたらく人たち」	BL出版
小学校低学年	課題	「よるのおしごとって、たいへん」	名古屋市立富士見台小学校 二年	小山珠衣那	ポリー・フェイバー・文 ハリエット・ホブデイ・絵 中井はるの・訳「よるのあいだに…みんなをささえるはたらく人たち」	BL出版
小学校低学年	課題	けんかのたねはなかよしの花	愛知県豊橋市立向山小学校 二年	水藤結希乃	ラッセル・ホーバン・作 小宮由・訳 大野八生・絵「けんかのたね」	岩波書店
小学校低学年	課題	自分らしく	山口県山陽小野田市立高千帆小学校 二年	砂川知慧	礒みゆき・作 はたこうしろう・絵「それで、いい！」	ポプラ社
小学校低学年	課題	「前むきなきつね」	北海道岩見沢市立幌向小学校 二年	田中綾乃	礒みゆき・作 はたこうしろう・絵「それで、いい！」	ポプラ社
小学校低学年	課題	「それで、いい！」を読んで	宮崎県延岡市立尚学館小学校 二年	田中友理子	礒みゆき・作 はたこうしろう・絵「それで、いい！」	ポプラ社
小学校低学年	課題	わたしがねている間に	香川県綾歌郡宇多津町立宇多津小学校 二年	谷川琴音	ポリー・フェイバー・文 ハリエット・ホブデイ・絵 中井はるの・訳「よるのあいだに…みんなをささえるはたらく人たち」	BL出版

区分	課題	学校・学年	氏名	書名	出版社
小学校低学年	課題　えがおの花をさかせよう	埼玉県川越市立高階北小学校　二年	廣瀬莉央	ラッセル・ホーバン・作　小宮由・訳　大野八生・絵「けんかのたね」	岩波書店
小学校低学年	課題　すきをたのしもう	岡山県倉敷市立茶屋町小学校　二年	藤村栞帆	礒みゆき・作「それで、いい！」はたこうしろう・絵	ポプラ社
小学校低学年	課題　夜の間もありがとう	岩手県岩手郡雫石町立雫石小学校　二年	前田望瑛	ポリー・フェイバー・文　ハリエット・ホブデイ・絵　中井はるの・訳「よるのあいだに……みんなをささえるはたらく人たち」	BL出版
小学校低学年	課題　「なにかスポーツでもやればいいのに」	大阪府池田市立北豊島小学校　二年	松本岳	礒みゆき・作「それで、いい！」はたこうしろう・絵	ポプラ社
小学校低学年	課題　よるのあいだにはたらく人たち	秋田市立御所野小学校　二年	水澤千晴	ポリー・フェイバー・文　ハリエット・ホブデイ・絵　中井はるの・訳「よるのあいだに……みんなをささえるはたらく人たち」	BL出版
小学校低学年	課題　それで、いいを読んで	奈良県天理市立櫟本小学校　二年	矢尾花香	礒みゆき・作「それで、いい！」はたこうしろう・絵	ポプラ社
小学校低学年	課題　「それで、いい！」をよんで	福井県三方郡美浜町立美浜西小学校　二年	山脇奈桜	礒みゆき・作「それで、いい！」はたこうしろう・絵	ポプラ社
小学校中学年	課題　これから見つけたいこと	静岡県御殿場市立御殿場南小学校　三年	青山直輝	ヘレイン・ベッカー・作　サンドライ・デュメイ・絵　木村由莉・訳・監修「化石のよぶ声がきこえる……天才恐竜ハンター　ウェンディ・スローボーダ」	くもん出版
小学校中学年	課題　好きはたから物	金沢市立馬場小学校　三年	荒木陽	ヘレイン・ベッカー・作　サンドライ・デュメイ・絵　木村由莉・訳・監修「化石のよぶ声がきこえる……天才恐竜ハンター　ウェンディ・スローボーダ」	くもん出版

区分	課題	学校・学年	氏名	課題図書	出版社
小学校中学年	きゅう食大すき	栃木県佐野市立城北小学校 三年	磯部　隼	大塚菜生・文　イシヤマアズサ・絵「給食室のいちにち」	少年写真新聞社
小学校中学年	「おいしさのひみつを知りたい」	愛知県豊橋市立高師小学校 三年	小野夏寧	大塚菜生・文　イシヤマアズサ・絵「給食室のいちにち」	少年写真新聞社
小学校中学年	「給食室のいちにち」を読んで	兵庫県豊岡市立五荘小学校 三年	貝尻葵依	大塚菜生・文　イシヤマアズサ・絵「給食室のいちにち」	少年写真新聞社
小学校中学年	みそが教えてくれたこと	福井市上文殊小学校 三年	川﨑　糸	横田明子・作　塚越文雄・絵「ライスボールとみそ蔵と」	絵本塾出版
小学校中学年	「信じてがんばってみたい」	名古屋市立大高南小学校 三年	久米悠雅	ヘレイン・ベッカー・作　サンドラ・デュメイ・絵　木村由莉・訳・監修「化石のよぶ声がきこえる：天才恐竜ハンターウェンディ・スロボーダ」	くもん出版
小学校中学年	ライスボールと野球ボールと	前橋市立東小学校 三年	小暮泰幹	横田明子・作　塚越文雄・絵「ライスボールとみそ蔵と」	絵本塾出版
小学校中学年	わたしが生まれた場所	愛媛県四国中央市立中曽根小学校 三年	齋藤　花	横田明子・作　塚越文雄・絵「ライスボールとみそ蔵と」	絵本塾出版
小学校中学年	おいしく食べてあいのみそ	京都府宮津市立府中小学校 三年	重田　空	横田明子・作　塚越文雄・絵「ライスボールとみそ蔵と」	絵本塾出版
小学校中学年	大すきをしごとに	滋賀県栗東市立大宝小学校 三年	神馬琥太朗	ヘレイン・ベッカー・作　サンドラ・デュメイ・絵　木村由莉・訳・監修「化石のよぶ声がきこえる：天才恐竜ハンターウェンディ・スロボーダ」	くもん出版
小学校中学年	え顔できゅう食、おいしいな	熊本県球磨郡湯前町立湯前小学校 三年	竹下音彩	大塚菜生・文　イシヤマアズサ・絵「給食室のいちにち」	少年写真新聞社
小学校中学年	「心のこもった給食」	東京都品川区立立会小学校 三年	長﨑晴陽	大塚菜生・文　イシヤマアズサ・絵「給食室のいちにち」	少年写真新聞社

小学校中学年　課題　ネルソンのフードバンクが教えてくれたこと　鳥取市立城北小学校　三年　橋中優佳里　オンジャリQ・ラウフ・著　千葉茂樹・訳　スギヤマカナヨ・絵「秘密の大作戦！フードバンクどろぼうをつかまえろ！」　あすなろ書房

小学校中学年　課題　「ライスボールとみそぐらと」を読んで　長崎県大村市立大村小学校　三年　原田響己　横田明子・作　塚越文雄・絵「ライスボールとみそ蔵と」　絵本塾出版

小学校中学年　課題　やさしさがあふれる社会に　徳島市佐古小学校　三年　藤本裕貴　オンジャリQ・ラウフ・著　千葉茂樹・訳　スギヤマカナヨ・絵「秘密の大作戦！フードバンクどろぼうをつかまえろ！」　あすなろ書房

小学校中学年　課題　おいしいきゅう食　岡山県津山市立高野小学校　三年　森安奏恵　大塚菜生・文　イシヤマアズサ・絵「給食室のいちにち」　少年写真新聞社

小学校中学年　課題　「手前味噌」ですが　奈良県葛城市立忍海小学校　四年　飯田愛梨　横田明子・作　塚越文雄・絵「ライスボールとみそ蔵と」　絵本塾出版

小学校中学年　課題　大好きを大切に　青森県十和田市立三本木小学校　四年　飯田尚磨　ヘレイン・ベッカー・作　サンドラ・デュメイ・絵　木村由莉・訳・監修「化石のよぶ声がきこえる：天才恐竜ハンターウェンディ・スロボーダ」　くもん出版

小学校中学年　課題　化石の声がききたい　高知県南国市立岡豊小学校　四年　飯田梨乃　ヘレイン・ベッカー・作　サンドラ・デュメイ・絵　木村由莉・訳・監修「化石のよぶ声がきこえる：天才恐竜ハンターウェンディ・スロボーダ」　くもん出版

小学校中学年　課題　きらきら光る、宝石のような人に　茨城県守谷市立守谷小学校　四年　上田悠　横田明子・作　塚越文雄・絵「ライスボールとみそ蔵と」　絵本塾出版

小学校中学年	課題	好きなことに、夢中になると	富山県小矢部市立石動小学校 四年	大井絢翔	ヘレイン・ベッカー・作　サンドラ・デュメイ・絵　木村由莉・訳・監修「化石のよぶ声がきこえる‥天才恐竜ハンター　ウェンディ・スロボーダ」	くもん出版
小学校中学年	課題	守るためになくすこと	大分市立碩田学園 四年	大山亮介	オンジャリQ・ラウフ・著　千葉茂樹・訳　スギヤマカナヨ・絵「秘密の大作戦！フードバンクどろぼうをつかまえろ！」	あすなろ書房
小学校中学年	課題	うけつがれていく想い	沖縄県島尻郡久米島町立久米島小学校 四年	嘉手苅志優	横田明子・作　塚越文雄・絵「ライスボールとみそ蔵と」	絵本塾出版
小学校中学年	課題	だれもが幸せに	宮崎市立西池小学校 四年	川口明莉	オンジャリQ・ラウフ・著　千葉茂樹・訳　スギヤマカナヨ・絵「秘密の大作戦！フードバンクどろぼうをつかまえろ！」	あすなろ書房
小学校中学年	課題	『がんばって食べたい給食』	長野県北安曇郡白馬村立白馬南小学校 四年	小山大斗	大塚菜生・文　イシヤマアズサ・絵「給食室のいちにち」	少年写真新聞社
小学校中学年	課題	「世界でいちばんいい銀行」	福岡県宗像市立河東小学校 四年	後藤和子	オンジャリQ・ラウフ・著　千葉茂樹・訳　スギヤマカナヨ・絵「秘密の大作戦！フードバンクどろぼうをつかまえろ！」	あすなろ書房
小学校中学年	課題	「ありがとう」を伝えたい	秋田県北秋田市立義務教育学校阿仁学園 四年	佐京寛剛	大塚菜生・文　イシヤマアズサ・絵「給食室のいちにち」	少年写真新聞社
小学校中学年	課題	笑顔を作る給食	盛岡市立向中野小学校 四年	佐々木奏馬	大塚菜生・文　イシヤマアズサ・絵「給食室のいちにち」	少年写真新聞社
小学校中学年	課題	いただきます	和歌山県紀の川市立田中小学校 四年	守法花香	大塚菜生・文　イシヤマアズサ・絵「給食室のいちにち」	少年写真新聞社

小学校中学年	課題	身近にあふれるあたり前の良さ	山口県下関市立安岡小学校 四年	新内橙子	横田明子・作 塚越文雄・絵「ライスボールとみそ蔵と」	絵本塾出版
小学校中学年	課題	「好き」を味方にして	高松市立国分寺北部小学校 四年	谷東ゆめか	ヘレイン・ベッカー・作 サンドラ・デュメイ・絵 木村由莉・訳・監修「化石のよぶ声がきこえる：天才恐竜ハンター ウェンディ・スローボーダ」	くもん出版
小学校中学年	課題	「ライスボールとみそ蔵と」がぼくに教えてくれたこと	愛知県日進市立梨の木小学校 四年	鳥山悠成	横田明子・作 塚越文雄・絵「ライスボールとみそ蔵と」	絵本塾出版
小学校中学年	課題	ぼくのあこがれウェンディ	宮城県登米市立佐沼小学校 四年	二瓶昴	ヘレイン・ベッカー・作 サンドラ・デュメイ・絵 木村由莉・訳・監修「化石のよぶ声がきこえる：天才恐竜ハンター ウェンディ・スローボーダ」	くもん出版
小学校中学年	課題	ぼくは今日も海に行く	鹿児島県大島郡伊仙町立鹿浦小学校 四年	久留暉仁	ヘレイン・ベッカー・作 サンドラ・デュメイ・絵 木村由莉・訳・監修「化石のよぶ声がきこえる：天才恐竜ハンター ウェンディ・スローボーダ」	くもん出版
小学校中学年	課題	「フードバンクどろぼうをつかまえろ！」を読んで	大阪府寝屋川市立三井小学校 四年	藤野朋花	オンジャリQ・ラウフ・著 千葉茂樹・訳 スギヤマカナヨ・絵「秘密の大作戦！フードバンクどろぼうをつかまえろ！」	あすなろ書房
小学校中学年	課題	ジュンのみそと、わたしの落とし物	神奈川県藤沢市立湘南台小学校 四年	藤原綾乃	横田明子・作 塚越文雄・絵「ライスボールとみそ蔵と」	絵本塾出版
小学校中学年	課題	食べ物の大切さ	北海道岩見沢市立岩見沢小学校 四年	三嶋芽衣	オンジャリQ・ラウフ・著 千葉茂樹・訳 スギヤマカナヨ・絵「秘密の大作戦！フードバンクどろぼうをつかまえろ！」	あすなろ書房

小学校中学年　課題　笑顔の調味料　三重県松阪市立幸小学校　四年　渡部瑛士　横田明子・作　塚越文雄・絵「ライスボールとみそ蔵と」　絵本塾出版

小学校中学年　課題　心の目　大阪市立上福島小学校　四年　渡部貴暁　ヘレイン・ベッカー・作　サンドラ・デュメイ・絵　木村由莉・訳・監修「化石のよぶ声がきこえる：天才恐竜ハンター　ウェンディ・スロボーダ」　くもん出版

小学校高学年　課題　私にとってのお守り　松江市立津田小学校　五年　安部心晴　ウン・ソホル・作　ノ・インギョン・絵　すんみ・訳「5番レーン」　鈴木出版

小学校高学年　課題　ありのままの自分　山形県東村山郡中山町立長崎小学校　五年　池田望実　エル・マクニコル・著　櫛田理絵・訳「魔女だったかもしれないわたし」　PHP研究所

小学校高学年　課題　真心から生まれたもの　千葉県市川市立鬼高小学校　五年　稲葉心花　松島恵利子・著「中村哲物語：大地をうるおし平和につくした医師」　汐文社

小学校高学年　課題　負けることで学ぶこと　大阪府和泉市立緑ケ丘小学校　五年　奥田紬　ウン・ソホル・作　ノ・インギョン・絵　すんみ・訳「5番レーン」　鈴木出版

小学校高学年　課題　アディと出会って　長崎県佐世保市立祇園小学校　五年　國松のぞ実　エル・マクニコル・著　櫛田理絵・訳「魔女だったかもしれないわたし」　PHP研究所

小学校高学年　課題　ぼくの周りの魔女たち　前橋市立東小学校　五年　小暮宗資　エル・マクニコル・著　櫛田理絵・訳「魔女だったかもしれないわたし」　PHP研究所

小学校高学年　課題　努力を続けるために大切なこと　青森県西津軽郡深浦町立深浦小学校　五年　鈴木励士朗　ウン・ソホル・作　ノ・インギョン・絵　すんみ・訳「5番レーン」　鈴木出版

小学校高学年　課題　本当の自分とキャラの自分　東京都足立区立栗原小学校　五年　瀧　玲美　髙森美由紀・作「ふたりのえびす」　フレーベル館

小学校高学年　課題　前の自分をこえるために　香川県坂出市立東部小学校　五年　武村朋佳　ウン・ソホル・作　ノ・インギョン・絵　すんみ・訳「5番レーン」　鈴木出版

部門	区分	題名	学校・学年	氏名	書名	出版社
小学校高学年	課題	全てのものを見ようとし受けいれる	高知県香南市立野市小学校 五年	田村虹琴	松島恵利子・著「中村哲物語：大地をうるおし平和につくした医師」	汐文社
小学校高学年	課題	人とちがうこと	富山県高岡市立博労小学校 五年	平島央太郎	エル・マクニコル・著 櫛田理絵・訳「魔女だったかもしれないわたし」	PHP研究所
小学校高学年	課題	「ま女だったかもしれない私」	徳島市八万小学校 五年	眞鍋和葉	エル・マクニコル・著 櫛田理絵・訳「魔女だったかもしれないわたし」	PHP研究所
小学校高学年	課題	「5番レーン」を読んで	福井県敦賀市立中央小学校 五年	万谷明璃	ウン・ソホル・作 ノ・インギョン・絵 すんみ・訳「5番レーン」	鈴木出版
小学校高学年	課題	ぼくのちょう戦『5番レーン』を読んで	岡山市立旭竜小学校 五年	三谷爽佑	ウン・ソホル・作 ノ・インギョン・絵 すんみ・訳「5番レーン」	鈴木出版
小学校高学年	課題	「勝つ」ことよりも大切なものとは	京都府与謝郡伊根町立本庄小学校 五年	三野慶心	ウン・ソホル・作 ノ・インギョン・絵 すんみ・訳「5番レーン」	鈴木出版
小学校高学年	課題	自分自身と向き合うために	横浜市立三保小学校 五年	村上愛紘	ウン・ソホル・作 ノ・インギョン・絵 すんみ・訳「5番レーン」	鈴木出版
小学校高学年	課題	「当たり前」ができるように	和歌山市立山口小学校 五年	矢島慶	松島恵利子・著「中村哲物語：大地をうるおし平和につくした医師」	汐文社
小学校高学年	課題	私は私	広島市立五日市東小学校 五年	吉賀桜	ウン・ソホル・作 ノ・インギョン・絵 すんみ・訳「5番レーン」	鈴木出版
小学校高学年	課題	本当の強さ	名古屋市立山吹小学校 六年	石原快	ウン・ソホル・作 ノ・インギョン・絵 すんみ・訳「5番レーン」	鈴木出版
小学校高学年	課題	水がつなぐアフガニスタンの命	大分市立田尻小学校 六年	江口千幸	松島恵利子・著「中村哲物語：大地をうるおし平和につくした医師」	汐文社

部門		題名	学校	氏名	作品	出版社
小学校高学年	課題	自分自身と向き合ったふたり	佐賀市立鍋島小学校六年	江口友梨奈	髙森美由紀・作「ふたりのえびす」	フレーベル館
小学校高学年	課題	私が習字を続ける理由	福島県田村市立常葉小学校六年	遠藤朱莉	ウン・ソホル・作　ノ・インギョン・絵　すんみ・訳「5番レーン」	鈴木出版
小学校高学年	課題	みんなちがってみんないい	愛知県春日井市立藤山台小学校六年	柿塚梨緒	エル・マクニコル・著　櫛田理絵・訳「魔女だったかもしれないわたし」	PHP研究所
小学校高学年	課題	人と違うっていいことだと思う	熊本県玉名市立大野小学校六年	樫原紗優実	エル・マクニコル・著　櫛田理絵・訳「魔女だったかもしれないわたし」	PHP研究所
小学校高学年	課題	アディに教えられたこと	大阪市立菅原小学校六年	梶川祐希歩	エル・マクニコル・著　櫛田理絵・訳「魔女だったかもしれないわたし」	PHP研究所
小学校高学年	課題	人と違うということ	三重県鳥羽市立鳥羽小学校六年	北原樹季	エル・マクニコル・著　櫛田理絵・訳「魔女だったかもしれないわたし」	PHP研究所
小学校高学年	課題	そのままのアディが大好き	新潟県燕市立燕北小学校六年	吉川百花	エル・マクニコル・著　櫛田理絵・訳「魔女だったかもしれないわたし」	PHP研究所
小学校高学年	課題	知る事で「平和な世界へ」	奈良県香芝市立関屋小学校六年	澤本壮馬	松島恵利子・著「中村哲物語：大地をうるおし平和につくした医師」	汐文社
小学校高学年	課題	勝てないライバル	秋田市立上北手小学校六年	進藤心瑠	ウン・ソホル・作　ノ・インギョン・絵　すんみ・訳「5番レーン」	鈴木出版
小学校高学年	課題	一歩前進	滋賀県高島市立マキノ東小学校六年	須﨑栞那	ウン・ソホル・作　ノ・インギョン・絵　すんみ・訳「5番レーン」	鈴木出版
小学校高学年	課題	あきらめない強い心	長野市立緑ヶ丘小学校六年	塚田幸	エル・マクニコル・著　櫛田理絵・訳「魔女だったかもしれないわたし」	PHP研究所

部門	課題	題名	学校・学年	氏名	作品	出版社
小学校高学年	課題	魔法のように	神奈川県藤沢市立湘南台小学校 六年	寺内瑠偉	エル・マクニコル・著 櫛田理絵・訳「魔女だったかもしれないわたし」	PHP研究所
小学校高学年	課題	もっと強くなりたい	栃木県真岡市立久下田小学校 六年	西﨑惺菜	ウン・ソホル・作 ノ・インギョン・絵 すんみ・訳「5番レーン」	鈴木出版
小学校高学年	課題	自分らしくいたい	沖縄県豊見城市立ゆたか小学校 六年	野底禾琳	髙森美由紀・作「ふたりのえびす」	フレーベル館
小学校高学年	課題	自分らしく	静岡市立大里西小学校 六年	野呂美怜	エル・マクニコル・著 櫛田理絵・訳「魔女だったかもしれないわたし」	PHP研究所
小学校高学年	課題	魔女だったかもしれないわたし	岩手県九戸郡軽米町立晴山小学校 六年	畑中結奈	エル・マクニコル・著 櫛田理絵・訳「魔女だったかもしれないわたし」	PHP研究所
小学校高学年	課題	ふたりのえびす	茨城県つくば市立柳橋小学校 六年	花田舜	髙森美由紀・作「ふたりのえびす」	フレーベル館
小学校高学年	課題	ナルとチョヒ、ぼくと姉	東京都練馬区立開進第三小学校 六年	藤田蓮	ウン・ソホル・作 ノ・インギョン・絵 すんみ・訳「5番レーン」	鈴木出版
小学校高学年	課題	負けから学ぶこと	愛知県高浜市立高浜小学校 六年	古重穂果	ウン・ソホル・作 ノ・インギョン・絵 すんみ・訳「5番レーン」	鈴木出版
小学校高学年	課題	民族の花束の地にふれて	山口県周南市立富田東小学校 六年	松尾奏政	松島恵利子・著「中村哲物語：大地をうるおし平和につくした医師」	汐文社
中学校	課題	未来の黒を削る刃	福井県小浜市立小浜中学校 二年	大橋奏斗	歌代朔・作「スクラッチ」	あかね書房
中学校	課題	「スクラッチ」を読んで	北海道小樽市立松ヶ枝中学校 一年	上田遥	歌代朔・作「スクラッチ」	あかね書房
中学校	課題	彩られた私の日々	京都市 洛南高等学校附属中学校 一年	惠荘充結	歌代朔・作「スクラッチ」	あかね書房
中学校	課題	コロナ禍の影響って？	滋賀県東近江市立能登川中学校 一年	木下莉緒	歌代朔・作「スクラッチ」	あかね書房

部門	区分	題名	学校名	学年	氏名	書名	出版社
中学校	課題	未来を創る	和歌山県立桐蔭中学校	一年	西本紀海	歌代朔・作「スクラッチ」	あかね書房
中学校	課題	色鮮やかな未来へ	静岡市　静岡雙葉中学校	一年	原田みゆう	歌代朔・作「スクラッチ」	あかね書房
中学校	課題	私の過去と「スクラッチ」	熊本県立八代中学校	一年	古島美空	歌代朔・作「スクラッチ」	あかね書房
中学校	課題	「人生の主役は私」	松山市立湯山中学校	一年	森知星	ダイアナ・ハーモン・アシャー・作　武富博子・訳「アップステージ：シャイなわたしが舞台に立つまで」	評論社
中学校	課題	『人がつくった川・荒川』を読んで考えたこと	奈良県立青翔中学校	一年	山田和奏	長谷川敦・著「人がつくった川・荒川：水害からいのちを守り、暮らしを豊かにする」	旬報社
中学校	課題	よりよくしていくためには	青森県十和田市立三本木中学校	二年	青山慈	長谷川敦・著「人がつくった川・荒川：水害からいのちを守り、暮らしを豊かにする」	旬報社
中学校	課題	「光と影」どちらも大切な自分	盛岡市立見前南中学校	二年	内田万優	ダイアナ・ハーモン・アシャー・作　武富博子・訳「アップステージ：シャイなわたしが舞台に立つまで」	評論社
中学校	課題	見方を豊かにする	高知県香南市立赤岡中学校	二年	江内楓斗	長谷川敦・著「人がつくった川・荒川：水害からいのちを守り、暮らしを豊かにする」	旬報社
中学校	課題	新しい道を開くために	栃木県大田原市立若草中学校	二年	小野美紗稀	歌代朔・作「スクラッチ」	あかね書房
中学校	課題	黒く塗りつぶされた絵の中に見えたもの	東京都練馬区立大泉中学校	二年	笠原美礼	歌代朔・作「スクラッチ」	あかね書房
中学校	課題	私は何色だろう	愛知県豊田市立豊南中学校	二年	黒川歩	歌代朔・作「スクラッチ」	あかね書房
中学校	課題	いつかアップステージする日まで	富山市立堀川中学校	二年	小橋菜々実	ダイアナ・ハーモン・アシャー・作　武富博子・訳「アップステージ：シャイなわたしが舞台に立つまで」	評論社

部門	作品題	学校・学年	氏名	課題図書	出版社
中学校 課題	変化を描(えが)き、抗(あらが)いを描(えが)く	兵庫県洲本市立由良中学校 二年	渋谷日桜莉	歌代朔・作「スクラッチ」	あかね書房
中学校 課題	僕の人生の「スクラッチ」	徳島市 徳島文理中学校 二年	高尾優一郎	歌代朔・作「スクラッチ」	あかね書房
中学校 課題	経験を積んだその先に	大分大学教育学部附属中学校 二年	野上 桜	ダイアナ・ハーモン・アシャー・作 武富博子・訳「アップステージ：シャイなわたしが舞台に立つまで」	評論社
中学校 課題	漆黒の闇に輝くカラフルを意志に	鹿児島市立明和中学校 二年	東 来瞳	歌代朔・作「スクラッチ」	あかね書房
中学校 課題	一筋の光を信じて	東京都板橋区立中台中学校 二年	藤原悠暉	ダイアナ・ハーモン・アシャー・作 武富博子・訳「アップステージ：シャイなわたしが舞台に立つまで」	評論社
中学校 課題	陽はまた昇る	香川県観音寺市立大野原中学校 三年	石川舞花	歌代朔・作「スクラッチ」	あかね書房
中学校 課題	黒の下の「自分」	広島県呉市立呉中央中学校 三年	石原菜乃子	歌代朔・作「スクラッチ」	あかね書房
中学校 課題	川に育てられた街、東京	三重県伊勢市 皇學館中学校 三年	伊東亜里紗	長谷川敦・著「人がつくった川・荒川：水害からいのちを守り、暮らしを豊かにする」	旬報社
中学校 課題	無限の色	群馬県高崎市立高松中学校 三年	大澤結花	歌代朔・作「スクラッチ」	あかね書房
中学校 課題	川でつながる未来への想い	水戸市立第二中学校 三年	大平柚希	長谷川敦・著「人がつくった川・荒川：水害からいのちを守り、暮らしを豊かにする」	旬報社
中学校 課題	団子の外へ	島根県安来市立第二中学校 三年	門脇東洋	歌代朔・作「スクラッチ」	あかね書房
中学校 課題	スポットライトは誰にでも	愛知県半田市立半田中学校 三年	木下みな美	ダイアナ・ハーモン・アシャー・作 武富博子・訳「アップステージ：シャイなわたしが舞台に立つまで」	評論社

中学校	課題	川が繋げる	名古屋市立駒形中学校 三年	久保響弓	長谷川敦・著「人がつくった川・荒川‥水害からいのちを守り、暮らしを豊かにする」	旬報社
中学校	課題	人のくらしをつくる川	秋田県由利本荘市立本荘北中学校 三年	佐々木晴陽	長谷川敦・著「人がつくった川・荒川‥水害からいのちを守り、暮らしを豊かにする」	旬報社
中学校	課題	「いざ、今こそスクラッチ」	宮崎県立宮崎西高等学校附属中学校 三年	鮫島直希	歌代朔・作「スクラッチ」	あかね書房
中学校	課題	自分と向き合うということ	鳥取県東伯郡湯梨浜町立湯梨浜中学校 三年	杉浦友紀	歌代朔・作「スクラッチ」	あかね書房
中学校	課題	スタートライン	福岡市 筑紫女学園中学校 三年	鶴原舞夏	歌代朔・作「スクラッチ」	あかね書房
中学校	課題	心の色	大阪府守口市立梶中学校 三年	橋本詩音	歌代朔・作「スクラッチ」	あかね書房
中学校	課題	スポットライトが照らすもの	山形県鶴岡市立鶴岡第三中学校 三年	平井唯央	ダイアナ・ハーモン・アシャー・作 武富博子・訳「アップステージ‥シャイなわたしが舞台に立つまで」	評論社
中学校	課題	新しい自分へ	長野県松本市立梓川中学校 三年	藤森灯里	ダイアナ・ハーモン・アシャー・作 武富博子・訳「アップステージ‥シャイなわたしが舞台に立つまで」	評論社
中学校	課題	黒塗りの向こうに	甲府市 山梨学院中学校 三年	古屋美緒	歌代朔・作「スクラッチ」	あかね書房
中学校	課題	感情と向き合うその先に	神奈川県平塚市立神明中学校 三年	松沢芽依	歌代朔・作「スクラッチ」	あかね書房
中学校	課題	忘れないもの	千葉市立花見川中学校 三年	松永淳之介	歌代朔・作「スクラッチ」	あかね書房
中学校	課題	「今」を生きる	新潟県佐渡市立新穂中学校 三年	松本結南	歌代朔・作「スクラッチ」	あかね書房
中学校	課題	心の羽化	沖縄県中頭郡読谷村立読谷中学校 三年	宮城愛香	歌代朔・作「スクラッチ」	あかね書房

部門	課題	題名	学校	学年	氏名	書名	出版社
中学校	課題	コロナの「黒」のその奥に	福島市立清水中学校	三年	八田部 颯大	歌代朔・作「スクラッチ」	あかね書房
高等学校	課題	孤独を掬う	横浜市立南高等学校	一年	安住 はな	安壇美緒・著「ラブカは静かに弓を持つ」	集英社
高等学校	課題	農業と進路	和歌山県立橋本高等学校	一年	池田 朱里	白石優生・著「タガヤセ！日本‥「農水省の白石さん」が農業の魅力教えます」	河出書房新社
高等学校	課題	深海と地上	大分県立大分雄城台高等学校	一年	伊東 美織	安壇美緒・著「ラブカは静かに弓を持つ」	集英社
高等学校	課題	真実は海の奥底に	茨城県立鉾田第一高等学校	一年	兼原 心音	安壇美緒・著「ラブカは静かに弓を持つ」	集英社
高等学校	課題	恐怖の一歩先へ	山梨県立甲府西高等学校	一年	久保 琴心	安壇美緒・著「ラブカは静かに弓を持つ」	集英社
高等学校	課題	視点を変えると道は開ける	栃木県立大田原女子高等学校	一年	小林 愛佳	白石優生・著「タガヤセ！日本‥「農水省の白石さん」が農業の魅力教えます」	河出書房新社
高等学校	課題	現実と向き合うとはどういうことか	沖縄県立開邦高等学校	一年	新里 美帆	安壇美緒・著「ラブカは静かに弓を持つ」	集英社
高等学校	課題	自己の確立	長崎県立佐世保西高等学校	一年	西田 心春	安壇美緒・著「ラブカは静かに弓を持つ」	集英社
高等学校	課題	昆虫と昆虫学者から学ぶ自分の生き方	三重県立松阪高等学校	一年	西 美丈	アンヌ・スヴェルトルップ＝ティーゲソン・著 小林玲子・訳「昆虫の惑星‥虫たちは今日も地球を回す」	辰巳出版
高等学校	課題	深海にさす一筋の光	兵庫県立篠山鳳鳴高等学校	一年	西村 和紗	安壇美緒・著「ラブカは静かに弓を持つ」	集英社
高等学校	課題	「物語」を奏でる	滋賀県立高島高等学校	一年	服部 明末	安壇美緒・著「ラブカは静かに弓を持つ」	集英社
高等学校	課題	人はきっと変わることができる	新潟県立新潟高等学校	一年	本間 菜々子	安壇美緒・著「ラブカは静かに弓を持つ」	集英社
高等学校	課題	未来へのプレリュード	愛知県立旭丘高等学校	一年	山浦 優音	安壇美緒・著「ラブカは静かに弓を持つ」	集英社

部門	題名	学校	学年	氏名	課題図書	出版社
高等学校　課題	音楽と私	長野市立長野高等学校	一年	渡邉愛菜	安壇美緒・著「ラブカは静かに弓を持つ」	集英社
高等学校　課題	未来を奏でる	京都府　京都文教高等学校	二年	有田芽以	安壇美緒・著「ラブカは静かに弓を持つ」	集英社
高等学校　課題	音楽と信頼	徳島県立城ノ内中等教育学校	二年	内海葵	安壇美緒・著「ラブカは静かに弓を持つ」	集英社
高等学校　課題	本当の信頼関係	石川県立金沢桜丘高等学校	二年	浦永芽泉	安壇美緒・著「ラブカは静かに弓を持つ」	集英社
高等学校　課題	昆虫の教え	鳥取県　米子北斗高等学校	二年	大口華	アンヌ・スヴェルトルップ＝ティーゲソン・著　小林玲子・訳「昆虫の惑星：虫たちは今日も地球を回す」	辰巳出版
高等学校　課題	タガヤセ！日本「農水省の白石さん」が農業の魅力教えますを読んで	福島県立会津高等学校	二年	久家千夏	白石優生・著「タガヤセ！日本：「農水省の白石さん」が農業の魅力教えます」	河出書房新社
高等学校　課題	信じて頼る	香川県立高松商業高等学校	二年	國方彩羽	安壇美緒・著「ラブカは静かに弓を持つ」	集英社
高等学校　課題	昆虫と化粧品と私	青森県立弘前高等学校	二年	古川美奈都	アンヌ・スヴェルトルップ＝ティーゲソン・著　小林玲子・訳「昆虫の惑星：虫たちは今日も地球を回す」	辰巳出版
高等学校　課題	「創造力」×「共創力」＝日本の未来	宮崎県　鵬翔高等学校	二年	柴田悠雅	白石優生・著「タガヤセ！日本：「農水省の白石さん」が農業の魅力教えます」	河出書房新社
高等学校　課題	音楽の力を信じて生きる	佐賀県　弘学館高等学校	二年	高取杏奈	安壇美緒・著「ラブカは静かに弓を持つ」	集英社
高等学校　課題	まだ見ぬ世界の素晴らしさ	鹿児島市立鹿児島玉龍高等学校	二年	立和名桃佳	白石優生・著「タガヤセ！日本：「農水省の白石さん」が農業の魅力教えます」	河出書房新社
高等学校　課題	正義への第一歩	福岡県　西南学院高等学校	二年	田中音羽	安壇美緒・著「ラブカは静かに弓を持つ」	集英社

部門	課題/自由	題名	学校・学年	氏名	読んだ本	出版社
高等学校	課題	「昆虫の惑星」を読んで	高知県立高知小津高等学校　二年	寺村有加	アンヌ・スヴェルトルップ＝ティーゲソン・著　小林玲子・訳「昆虫の惑星：虫たちは今日も地球を回す」	辰巳出版
高等学校	課題	ラブカを導くもの	広島大学附属高等学校　二年	西井はる佳	安壇美緒・著「ラブカは静かに弓を持つ」	集英社
高等学校	課題	魅惑のラブカ	岡山県立岡山操山高等学校　二年	蓮池日茉璃	安壇美緒・著「ラブカは静かに弓を持つ」	集英社
高等学校	課題	「昆虫の惑星」を読んで	富山県立桜井高等学校　二年	長谷碧唯	アンヌ・スヴェルトルップ＝ティーゲソン・著　小林玲子・訳「昆虫の惑星：虫たちは今日も地球を回す」	辰巳出版
高等学校	課題	タガヤセ！私	島根県立隠岐高等学校　二年	藤野眞央	白石優生・著「タガヤセ！日本：「農水省の白石さん」が農業の魅力教えます」	河出書房新社
高等学校	課題	昆虫よ、ありがとう	奈良県立青翔高等学校　二年	益田理陽奈	アンヌ・スヴェルトルップ＝ティーゲソン・著　小林玲子・訳「昆虫の惑星：虫たちは今日も地球を回す」	辰巳出版
高等学校	課題	嫌いだった「綺麗ごと」	岩手県立宮古高等学校　二年	三上陽楓	安壇美緒・著「ラブカは静かに弓を持つ」	集英社
高等学校	課題	音楽と共に歩む人生	福井県立武生高等学校　二年	結川咲希	安壇美緒・著「ラブカは静かに弓を持つ」	集英社
高等学校	課題	食と人を繋ぐもの	静岡県立榛原高等学校　三年	沖田心優	白石優生・著「タガヤセ！日本：「農水省の白石さん」が農業の魅力教えます」	河出書房新社
高等学校	課題	ラブカは静かに弓を持つ	北海道　札幌光星高等学校　三年	野崎幸子	安壇美緒・著「ラブカは静かに弓を持つ」	集英社
高等学校	課題	チェロから伝えられたこと	群馬県立高崎女子高等学校　三年	吉田仁子	安壇美緒・著「ラブカは静かに弓を持つ」	集英社
小学校低学年	自由	せみのこと、しりたいな	島根県出雲市立神西小学校　一年	伊藤弘貴	ファーブル・原作　小林清之介・文「ファーブルこんちゅう記：絵本版5」	チャイルド本社

小学校低学年	自由	「おじさんのかさ」をよんで	大阪府堺市立榎小学校　一年	岡崎　栞	佐野洋子・作・絵「おじさんのかさ」	講談社
小学校低学年	自由	ぼくはおにいちゃん	愛知県豊田市立童子山小学校　一年	加藤晴一郎	福田岩緒・著「おにいちゃんだから」	文研出版
小学校低学年	自由	じぶんらしくていいんだ	鹿児島県奄美市立赤木名小学校　一年	加藤　花	キース・ネグレー・作　石井睦美・訳「せかいでさいしょにズボンをはいた女の子」	光村教育図書
小学校低学年	自由	わたしはわたし	名古屋市立笠寺小学校　一年	加藤由実	谷川俊太郎・ぶん　長新太・え「わたし」	福音館書店
小学校低学年	自由	ボニーと一しょの気もち	大阪市立浪速小学校　一年	小林己杜子	ルーマー・ゴッデン・さく　おびかゆうこ・やく　たかおゆうこ・え「ねずみの家」	徳間書店
小学校低学年	自由	すてきなしゅくだい	宮城県栗原市立栗駒南小学校　一年	佐藤帆夏	いもとようこ・文・絵　宗正美子・原案「しゅくだい」	岩崎書店
小学校低学年	自由	あいしているから	和歌山県日高郡みなべ町立高城小学校　一年	下浦大旺	マージョリー・ニューマン・ぶん　パトリック・ベンソン・え　久山太市・やく「あいしているから」	評論社
小学校低学年	自由	ありがとうのきもち	鳥取県米子市立福米東小学校　一年	住田裕亮	中川ひろたか・文　村上康成・絵「ランドセルがやってきた」	徳間書店
小学校低学年	自由	ぼくのすきなぼく	神戸市立鶴甲小学校　一年	高原世穏	キース・ネグレー・作　石井睦美・訳「せかいでさいしょにズボンをはいた女の子」	光村教育図書
小学校低学年	自由	どんなばあばもだいすきだよ	宮崎市立江平小学校　一年	田中心羽	楠章子・作　いしいつとむ・絵「ばあばは、だいじょうぶ」	童心社
小学校低学年	自由	とのさま、学校にいけてよかったね	青森市立浪館小学校　一年	福田美冬	長野ヒデ子、本田カヨ子・作・絵「とのさま1ねんせい」	あすなろ書房
小学校低学年	自由	けしごむくん、がんばったね	滋賀県近江八幡市立八幡小学校　一年	牧　感奈	こんのひとみ・作　いもとようこ・絵「けしごむくん」	金の星社

小学校低学年	自由	いろいろなきもちがはいったびん	長野県松本市立芳川小学校 一年	山﨑 侑	デボラ・マルセロ・作 なかがわちひろ・訳「びんからだしてごらん」	光村教育図書
小学校低学年	自由	ばあばだいすき	広島県府中市立栗生小学校 二年	赤繁柊汰	楠章子・作 いしいつとむ・絵「ばあばは、だいじょうぶ」	童心社
小学校低学年	自由	「とっても本がすき」	北海道函館市立北美原小学校 二年	有金空冴	如月かずさ・作 いちかわなつこ・絵「ふたりはとっても本がすき！」	小峰書店
小学校低学年	自由	カナと私の夏休み	福岡県北九州市明治学園小学校 二年	伊波悠梨	黒住耐二・監修 武田晋一・写真撮影「かたつむりのひみつ」	ひさかたチャイルド
小学校低学年	自由	ひゃっくんのたび	愛媛県西宇和郡伊方町立九町小学校 二年	上田 翔	竹中マユミ・文・絵「ひゃっくん」	偕成社
小学校低学年	自由	せんそうをやめてほしい	岡山県赤磐市立磐梨小学校 二年	内田陽葵	土家由岐雄・文 たけべもといちろう・え「かわいそうなぞう」	金の星社
小学校低学年	自由	「メガネをかけたら」を読んで	三重県伊賀市立府中小学校 二年	大田莱愛	くすのきしげのり・作 たるいしまこ・絵「メガネをかけたら」	小学館
小学校低学年	自由	「けしごむくん」が教えてくれたこと	福島県いわき市立小名浜東小学校 二年	小野瑛翔	こんのひとみ・作 いもとようこ・絵「けしごむくん」	金の星社
小学校低学年	自由	「心をひらいて、音をかんじて」をよんで	前橋市立駒形小学校 二年	柿沼尚志	シャノン・ストッカー・文 デヴォン・ホルズワース・絵 中野怜奈・訳「心をひらいて、音をかんじて：耳のきこえない打楽器奏者 エヴェリン・グレニー」	光村教育図書
小学校低学年	自由	今までのしっぱいにかんぱい	香川県丸亀市立城坤小学校 二年	加藤菜花	宮川ひろ・作 小泉るみ子・絵「しっぱいにかんぱい！」	童心社
小学校低学年	自由	「バスが来ましたよ」を読んで	京都市 ノートルダム学院小学校 二年	加藤右理	由美村嬉々・文 松本春野・絵「バスが来ましたよ」	アリス館

小学校低学年	自由	すきなこと　にがてなこと	富山県射水市立太閤山小学校　二年	櫛岡詩乃	新井洋行・作　嶽まいこ・絵「すきなこと　にがてなこと」	くもん出版
小学校低学年	自由	「ありがとさん♪」を読んで	高知県香南市立夜須小学校　二年	久保優季	こんのひとみ・作　いもとようこ・絵「ありがとさん♪」	金の星社
小学校低学年	自由	「ピカ」ってしってる?	長崎県松浦市立志佐小学校　二年	古賀伊織	丸木俊・え・文「ひろしまのピカ」	小峰書店
小学校低学年	自由	心ってすごい	千葉県市原市立八幡小学校　二年	三枝航大	こんのひとみ・作　いもとようこ・絵「心ってどこにあるのでしょう?」	金の星社
小学校低学年	自由	かぞくがすきだから	栃木県下都賀郡壬生町立壬生北小学校　二年	佐藤奏	くすのきしげのり・作　小泉るみ子・絵「まかせて!母ちゃん!!」	文溪堂
小学校低学年	自由	ミミズくんのふしぎな力	東京都板橋区立高島第六小学校　二年	佐藤穂実	真木文絵・ぶん　石倉ヒロユキ・え「ポットくんとミミズくん」	福音館書店
小学校低学年	自由	スキをたくさんもつこと	福井県今立郡池田町立池田小学校　二年	杉本瑚音花	藤井カゼッタ，シズカ・作・絵「ナイアル」	フレーベル館
小学校低学年	自由	「おさがり」はとくべつ	山口県岩国市立玖珂小学校　二年	田中彩愛	くすのきしげのり・さく　北村裕花・え「おさがり」	東洋館出版社
小学校低学年	自由	いいメガネとであったよ	大分市立松岡小学校　二年	筒井彩	くすのきしげのり・作　たいしまこ・絵「メガネをかけたら」	小学館
小学校低学年	自由	かわいい子ねこをもらってください	熊本県菊池郡菊陽町立菊陽西小学校　二年	中村紗菜	なりゆきわかこ・作　垂石眞子・絵「かわいいこねこをもらってください」	ポプラ社
小学校低学年	自由	ことばと気もち	沖縄県沖縄市立島袋小学校　二年	早川結菜	野呂きくえ・さく　松成真理子・え「ランカ‥にほんにやってきたおんなのこ」	偕成社
小学校低学年	自由	きもちぎんこうを思い出そう	新潟市立白山小学校　二年	深海幾	ふじもとみさと・作　田中六大・絵「ひみつのきもちぎんこう」	金の星社
小学校低学年	自由	いろんなよる	岩手県下閉伊郡山田町立山田小学校　二年	三浦楓汰	あさのますみ・作　よしむらめぐ・絵「ヨルとよる」	教育画劇

部門	区分	作品名	学校名・学年	氏名	読んだ本	出版社
小学校低学年	自由	苦手なままでもだいじょうぶ	奈良県橿原市立耳成南小学校 二年	村上勧亮	新井洋行・作 嶽まいこ・絵「すきなこと にがてなこと」	くもん出版
小学校低学年	自由	まほうのことば	山形県酒田市立南平田小学校 二年	森井陽向	いぬいさえこ・さく・え「きみのことがだいすき＝I Love You」	パイインターナショナル
小学校低学年	自由	ぼくとしろ	秋田県大館市立城西小学校 二年	矢守冬弥	芥川龍之介・原作 田中伸介・絵「しろ」	みらいパブリッシング
小学校中学年	自由	氷とぼくと地球	大分市立荏隈小学校 三年	安部凪	前野紀一・文 斉藤俊行・絵「こおり」	福音館書店
小学校中学年	自由	「ジョゼフィーヌ！」	鹿児島県薩摩川内市立可愛小学校 三年	池田葉奈	長崎夏海・作 ミヤハラヨウコ・絵「さよならのたからばこ」	理論社
小学校中学年	自由	「天使のかいかた」	石川県鹿島郡中能登町立鹿西小学校三年	石端恭佳	なかがわちひろ・作「天使のかいかた」	理論社
小学校中学年	自由	ともだちってさい高！	高知県安芸市立安芸第一小学校 三年	入交大志	内田麟太郎・作 降矢なな・絵「ありがとうともだち」	偕成社
小学校中学年	自由	今、ぼくにできること	兵庫県美方郡香美町立奥佐津小学校三年	岡 隆太	鈴木まもる・文・絵「戦争をやめた人たち：１９１４年のクリスマス休戦」	あすなろ書房
小学校中学年	自由	「ぼくのジユウな字」を読んで	徳島県美馬郡つるぎ町立半田小学校三年	鎌倉歩生	春間美幸・作 黒須高嶺・絵「ぼくのジユウな字」	講談社
小学校中学年	自由	宇宙をたびするながれ星	大阪市立四貫島小学校 三年	川原大芽	武田康男・監修・写真 小杉みのり・構成・文「ながれぼし」	岩崎書店
小学校中学年	自由	大切な思い出とおくりもの	和歌山県紀の川市立長田小学校 三年	神山愛理	スーザン・バーレイ・さく・え 小川仁央・やく「わすれられないおくりもの」	評論社
小学校中学年	自由	『どっちでもいい子』に出会って	福島県いわき市立泉北小学校 三年	庄司陽咲	かさいまり・作 おとないちあき・絵「どっちでもいい子」	岩崎書店
小学校中学年	自由	なりたいぼくへのちょう戦	長崎市立橘小学校 三年	菖蒲晴翔	村上しいこ・作 北澤平祐・絵「なりたいわたし」	フレーベル館

部門	区分	作品名	学校名	学年	氏名	読んだ本	出版社
小学校中学年	自由	大すきだ！ぼくの小学校	横浜市立下末吉小学校	三年	竹田朔透	麻生かづこ・作　大庭賢哉・絵「小学校がなくなる！」	文研出版
小学校中学年	自由	「本を読めるしあわせ」	長野県上田市立東小学校	三年	田中理香子	西村友里・作　大庭賢哉・絵「消えた図書室」	学研プラス
小学校中学年	自由	さい強のお母さんにかつために	福井市社北小学校	三年	中村美琴	いとうみく・作　佐藤真紀子・絵「かあちゃん取扱説明書」	童心社
小学校中学年	自由	「二平方メートルの世界で」を読んで	三重県伊勢市立みなと小学校	三年	中屋多喜	前田海音・文　はたこうしろう・絵「二平方メートルの世界で」	小学館
小学校中学年	自由	うわさってこわい	広島県福山市立深津小学校	三年	橋本芽依	林木林・作　庄野ナホコ・絵「二番目の悪者」	小さい書房
小学校中学年	自由	わたしのまほう	鳥取県米子市立車尾小学校	三年	長谷川志歩	茂市久美子・作　よしざわけいこ・絵「おひさまやのテーブルクロス」	講談社
小学校中学年	自由	ぼくのわすれられないおくりもの	島根県飯石郡飯南町立頓原小学校	三年	深石尚暉	スーザン・バーレイ・さく・え　小川仁央・やく「わすれられないおくりもの」	評論社
小学校中学年	自由	「それで、いい！」を読んで	佐賀県鹿島市立明倫小学校	三年	宮﨑錬	礒みゆき・作　はたこうしろう・絵「それで、いい！」	ポプラ社
小学校中学年	自由	自分にかんぱい	秋田県由利本荘市立尾崎小学校	四年	阿部祐子	宮川ひろ・作　小泉るみ子・絵「０てんにかんぱい！」	童心社
小学校中学年	自由	戦争って、ひつようなこと？	山形県鶴岡市立あつみ小学校	四年	荒木百恵	鈴木まもる・文・絵「戦争をやめた人たち‥１９１４年のクリスマス休戦」	あすなろ書房
小学校中学年	自由	愛がたっぷり詰まったウィッグはいかが…	千葉県我孫子市立布佐小学校	四年	小川稀生	別司芳子・著「髪がつなぐ物語」	文研出版
小学校中学年	自由	がんばりすぎなくてもいいよ	甲府市　駿台甲府小学校	四年	小川裕翔	ヨシタケシンスケ・著「メメンとモリ」	KADOKAWA
小学校中学年	自由	ぼくのなかのほんとう	高松市立木太小学校	四年	小野拓海	パトリシア・マクラクラン・作　若林千鶴・訳　たるいしまこ・絵「ぼくのなかのほんとう」	リーブル

小学校中学年	自由	本当の「やさしさ」とは	大阪府堺市　賢明学院小学校　四年	桒原　輪	岡田淳・著「雨やどりはすべり台の下で」	偕成社
小学校中学年	自由	音楽が大好きなモーツァルトとわたし	岐阜県可児市立春里小学校　四年	小林　葵	間所ひさこ・文　篠崎三朗・絵「モーツァルト」	ひさかたチャイルド
小学校中学年	自由	広がれわたしの「かのうせい」	茨城県鹿嶋市立鹿島小学校　四年	坂﨑結衣	池上彰・監修「なぜ僕らは働くのか‥君が幸せになるために考えてほしい大切なこと」	学研プラス
小学校中学年	自由	おおきな木とわたし	群馬県藤岡市立小野小学校　四年	櫻井夢栞	シェル・シルヴァスタイン・さく・え　ほんだきんいちろう・やく「おおきな木」	篠崎書林
小学校中学年	自由	民主主義に目を向けること	宮崎市立大塚小学校　四年	迫田那陸	プランテルグループ・文　マルタ・ピナ・絵　宇野和美・訳「民主主義は誰のもの？」	あかね書房
小学校中学年	自由	私ができること	新潟市立大通小学校　四年	支田佳菜子	柴田昌平・文　阿部結・絵「ももちゃんのピアノ‥沖縄戦・ひめゆり学徒の物語」	ポプラ社
小学校中学年	自由	耳と目と心をつかって「聞く」	東京都葛飾区立梅田小学校　四年	高橋　暖	ミヒャエル・エンデ・作　大島かおり・訳「モモ」	岩波書店
小学校中学年	自由	ひろきのココロ	滋賀県甲賀市立大野小学校　四年	頓宮朱美玲	梨屋アリエ・作　菅野由貴子・絵「ココロ屋」	文研出版
小学校中学年	自由	私と「きみのことがだいすき」	熊本市立尾ノ上小学校　四年	西本こと音	いぬいさえこ・さく・え「きみのことがだいすき＝I Love You」	パイインターナショナル
小学校中学年	自由	「情報を正しくあつかうために」	岡山市立妹尾小学校　四年	服部笑愛	林木林・作　庄野ナホコ・絵「二番目の悪者」	小さい書房
小学校中学年	自由	私とお母さん・私の未来	同志社大学附属同志社国際学院初等部　四年	濱永九重	池上彰・監修「なぜ僕らは働くのか‥君が幸せになるために考えてほしい大切なこと」	学研プラス
小学校中学年	自由	命と向き合うために	福岡市　西南学院小学校　四年	原田　蒼	岩貞るみこ・作「しっぽをなくしたイルカ‥沖縄美ら海水族館フジの物語」	講談社

学年	部門	題名	学校・学年	氏名	読んだ本	出版社
小学中学年	自由	「ぼくたちの時間」	愛知県西尾市立平坂小学校 四年	福田璃衣也	ミヒャエル・エンデ・作・絵 大島かおり・訳「モモ：時間どろぼうと、ぬすまれた時間を人間にとりかえしてくれた女の子のふしぎな物語」	岩波書店
小学中学年	自由	『ココロ』を育てる	盛岡市立飯岡小学校 四年	藤崎萌々香	梨屋アリエ・作 菅野由貴子・絵「ココロ屋」	文研出版
小学中学年	自由	わたしの「芯」	富山県高岡市立下関小学校 四年	前田せり	日野原重明・著「十歳のきみへ：九十五歳のわたしから」	冨山房インターナショナル
小学中学年	自由	生きていることのすばらしさ	名古屋市立有松小学校 四年	真島沙良	前田海音・文 はたこうしろう・絵「二平方メートルの世界で」	小学館
小学中学年	自由	人と友達になるためには	埼玉県比企郡滑川町立月の輪小学校 四年	松島凪夏	高田由紀子・作 ゆうこ・絵「ハッピー・クローバー！」	あかね書房
小学中学年	自由	糸子になりたい	奈良県橿原市立耳成西小学校 四年	山本佳那	いとうみく・作 佐藤真紀子・絵「糸子の体重計」	童心社
小学高学年	自由	独りじゃない	東京都豊島区立教小学校 五年	穴沢信憲	吉野源三郎・著「君たちはどう生きるか」	ポプラ社
小学高学年	自由	「つながれた小さな奇跡」	栃木県那須塩原市立大山小学校 五年	磯和奏	バージニア・リー・バートン・文・絵 いしいももこ・訳「せいめいのれきし」	岩波書店
小学高学年	自由	楽しい思い出をつくりたい	近畿大学附属小学校 五年	江藤悠	緒川さよ・作 久永フミノ・絵「おばあちゃん、わたしを忘れてもいいよ」	朝日学生新聞社
小学高学年	自由	私の「うつわ」に注ぐもの	大阪市立梅香小学校 五年	大湊舞奈	日野原重明・著「十歳のきみへ：九十五歳のわたしから」	冨山房インターナショナル
小学高学年	自由	「何度でも確かめよう」	名古屋市立稲西小学校 五年	栗栖怜奈	林木林・作 庄野ナホコ・絵「二番目の悪者」	小さい書房
小学高学年	自由	「いつも心の中に」を読んで	長崎県大村市立大村小学校 五年	榊原彩未	小手鞠るい・著「いつも心の中に」	金の星社

小学校高学年	自由	役に立たないモノなんてない	岩手県花巻市立新堀小学校 五年	佐藤公志朗	ベッテ・ウェステラ・文 ヘンリエッテ・ブーレンダンス・絵 塩﨑香織・訳「ゆりかごになりたい、とヤナギは言った」	化学同人
小学校高学年	自由	兄弟から学んだこと	宮城県登米市立錦織小学校 五年	佐藤爽太	岸川悦子・作 末崎茂樹・絵「走るんや」	新日本出版社
小学校高学年	自由	国をこえてつないだ命	佐賀県唐津市立浜崎小学校 五年	福田みな実	ジーン・ブッカー・作 岡本さゆり・訳 中山成子・絵「だれにも言えない約束」	文研出版
小学校高学年	自由	当たり前のことをやるということ	愛知県刈谷市立住吉小学校 五年	松田永羽	岩貞るみこ・文 たら子・絵「キリンの運びかた、教えます：電車と病院も!?」	講談社
小学校高学年	自由	めんどくさいから広がる希望	山口県周南市立今宿小学校 五年	村上瑚遥	小学館クリエイティブ・編「めんどくさい図鑑：すべての成功はめんどくさいからはじまった!?」	小学館クリエイティブ
小学校高学年	自由	自分らしく生きる	福島県郡山市立薫小学校 五年	森合美羽	中島信子・著「太郎の窓」	汐文社
小学校高学年	自由	心のとびらを開けて	福岡県北九州市敬愛小学校 五年	安田彩乃	森埜こみち・著 生駒さちこ・イラスト「すこしずつの親友＝Little by little, best friends」	講談社
小学校高学年	自由	家族のすばらしさを学んだ	沖縄県浦添市立牧港小学校 六年	伊佐優音	アンナ・ウォルツ・著 野坂悦子・訳 きたむらさとし・絵「ぼくとテスの秘密の七日間」	フレーベル館
小学校高学年	自由	私の正解	埼玉県春日部市立川辺小学校 六年	石川咲希	吉野万理子・著「いい人ランキング」	あすなろ書房
小学校高学年	自由	透明な耳と半透明な耳	三重県四日市市立下野小学校 六年	伊藤櫻	村本大志・著「透明な耳。」	双葉社
小学校高学年	自由	当たり前ってなんだろう	香川県さぬき市立長尾小学校 六年	今川藍子	如月かずさ・著 たなか・画「スペシャルQトなぼくら」	講談社

部門	区分	題名	学校・学年	氏名	書名	出版社
小学校高学年	自由	「でんでんむしのかなしみ」を読んで	青森県三沢市立木崎野小学校 六年	浦津陽向	新美南吉・著 かみやしん・絵「でんでんむしのかなしみ」	大日本図書
小学校高学年	自由	心の中で生き続ける命	和歌山県日高郡印南町立稲原小学校六年	大川瑛太	大谷美和子・作 白石ゆか・絵「りんごの木を植えて」	ポプラ社
小学校高学年	自由	名前が教えてくれるぼく	岐阜県羽島市立堀津小学校 六年	川辺展慈	春間美幸・著「それぞれの名前」	講談社
小学校高学年	自由	「もしも」が持つ可能性	岡山市立吉備小学校 六年	児玉亜子	重松清・著「小学五年生より『おとうと』」	文藝春秋
小学校高学年	自由	理解し合うということ	大分市立竹中小学校 六年	後藤優奈	キャサリン・バーキンショー・作 吉井知代子・訳「ラスト・チェリー・ブロッサム：わたしのヒロシマ」	ほるぷ出版
小学校高学年	自由	戦争のない平和な世界へ	鹿児島市立草牟田小学校 六年	坂口羽菜	西村すぐり・作 中島花野・絵「ぼくはうそをついた」	ポプラ社
小学校高学年	自由	なりたい自分へ向かって	新潟県柏崎市立半田小学校 六年	品田敬太	蓼内明子・著「金曜日のヤマアラシ」	アリス館
小学校高学年	自由	ひとにやさしくするためには	大阪府高石市立加茂小学校 六年	水津真実	赤羽じゅんこ・作 はらぐちあつこ・絵「ひと箱本屋とひみつの友だち」	さ・え・ら書房
小学校高学年	自由	目に見えない想い	滋賀県彦根市立城西小学校 六年	土本想來	熊谷千世子・作 宮尾和孝・絵「星明かり」	文研出版
小学校高学年	自由	一度しか咲かない美しい花	群馬県伊勢崎市立赤堀小学校 六年	津布工陽翔	ミヒャエル・エンデ・作 大島かおり・訳「モモ」	岩波書店
小学校高学年	自由	「手で見るぼくの世界は」を読んで	富山県砺波市立砺波東部小学校 六年	富田愛理	樫崎茜・作「手で見るぼくの世界は」	くもん出版
小学校高学年	自由	表も裏もない心で	茨城大学教育学部附属小学校 六年	中島千智	鎌田洋・著「ディズニーおもてなしの神様が教えてくれたこと」	SBクリエイティブ
小学校高学年	自由	はっきりわかった、私にとっての壁とは	京都市立桂小学校 六年	西諒人	ブリッタ・テッケントラップ・作 風木一人・訳「かべのむこうになにがある？」	BL出版

小学校高学年	自由	なんで勉強しなきゃいけないの?	愛媛県大洲市立大洲小学校 六年	兵頭　昴	秋山仁〔ほか〕・著 WILLこども知育研究所・編著「いろんな人に聞いてみた『なんで勉強しなきゃいけないの?』」	金の星社
小学校高学年	自由	夢、はじまる	徳島県名西郡石井町浦庄小学校 六年	平島裕希	折山淑美・著「北島康介 夢、はじまる」	学習研究社
小学校高学年	自由	命の光の珠が輝く社会へ	山形県寒河江市立寒河江小学校 六年	細谷依愛	今西乃子・著 浜田一男・写真「犬たちをおくる日‥この命、灰になるために生まれてきたんじゃない」	金の星社
小学校高学年	自由	ぼくが学ぶ理由	兵庫県三田市立すずかけ台小学校 六年	正木悠太郎	榊原英資・著「君たちは何のために学ぶのか」	文藝春秋
小学校高学年	自由	桜応援団	山梨県韮崎市立韮崎北東小学校 六年	三井陽香	佐野藤右衛門・作「桜守のはなし」	講談社
小学校高学年	自由	さすらい猫ノアの伝説	長野県上田市立丸子北小学校 六年	見波　咲	重松清・著「さすらい猫ノアの伝説」	講談社
小学校高学年	自由	人間とバッタが共に生きていく方法	横浜市立帷子小学校 六年	山口日菜	前野ウルド浩太郎・著「ウルド昆虫記 バッタを倒しにアフリカへ」	光文社
小学校高学年	自由	ひとりになる勇気	高知県香美市立山田小学校 六年	山本空和	齋藤孝・著「友だちってなんだろう?‥ひとりになる勇気、人とつながる力」	誠文堂新光社
小学校高学年	自由	「ありのままの自分」	広島県安芸高田市立愛郷小学校 六年	横山千桜	黒川裕子・作 宮尾和孝・絵「となりのアブダラくん」	講談社
小学校高学年	自由	「一人は皆のために、皆は一人のために」	熊本県上益城郡嘉島町立嘉島西小学校 六年	吉富永利加	あさのあつこ、池澤夏樹、鷲田清一、鎌田浩毅、橋爪大三郎、最相葉月、橘木俊詔、斎藤環、田中優・著「特別授業3.11 君たちはどう生きるか」	河出書房新社
中学校	自由	吉田都さんに学んだこと	奈良県磯城郡田原本町立北中学校 一年	上田陸月	吉田都・著「バレリーナ 踊り続ける理由」	河出書房新社

中学校	自由	胸を張って進む	岩手県北上市立東陵中学校 一年	岡本心葉	千葉望・著 マット和子・イラスト「大切な人は今もそこにいる‥ひびきあう賢治と東日本大震災」	理論社
中学校	自由	生まれた命と生まれなかった命	大阪市立三稜中学校 一年	中條雄斗	村上春樹・著 高妍・絵「猫を棄てる‥父親について語るとき」	文藝春秋
中学校	自由	たくましさのもとは本物の願い―『コレラを防いだ男 関寛斎』を読んで―	岡山県玉野市立荘内中学校 一年	三宅遼果	柳原三佳・著「コレラを防いだ男 関寛斎」	講談社
中学校	自由	「風さわぐ北のまちから」を読んで	長野県安曇野市立穂高西中学校 二年	會田菜々子	遠藤みえ子・著 石井勉・絵「風さわぐ北のまちから‥少女と家族の引き揚げ回想記」	佼成出版社
中学校	自由	僕は無名の小さな星	新潟県妙高市立新井中学校 二年	岡田紅吹	ソユン・著 吉川南・訳「小さな星だけど輝いている」	かんき出版
中学校	自由	思い出はいつもそばに	熊本市 熊本信愛女学院中学校 二年	尾﨑美晴	湯本香樹実・著「夏の庭‥The Friends」	新潮社
中学校	自由	唯一無二の物語に生きて	岐阜県本巣市立糸貫中学校 二年	笠井志歩乃	住野よる・著「腹を割ったら血が出るだけさ」	双葉社
中学校	自由	苦しみを「楽しむ」覚悟	京都市立西京高等学校附属中学校 二年	加藤那奈	額賀澪・著「タスキメシ」	小学館
中学校	自由	か!く/し1ご♠と↑	福井県敦賀市立粟野中学校 二年	北野結菜	住野よる・著「か「」く「」し「」ご「」と「」」	新潮社
中学校	自由	ヒロシマと平和	水戸市立見川中学校 二年	櫻井梓璃彩	梶本淑子・著「14歳のヒロシマ‥被爆者が伝える戦争と平和のはなし」	河出書房新社
中学校	自由	「てへぺろ」がくれた光	秋田県由利本荘市立西目中学校 二年	鷹嶋寿怜	小国士朗・著 森嶋夕貴・写真「注文をまちがえる料理店のつくりかた」	方丈社
中学校	自由	今、僕が生きているということは	徳島市応神中学校 二年	谷口琥児朗	やなせたかし・著「ぼくは戦争は大きらい‥やなせたかしの平和への思い」	小学館クリエイティブ

中学校	自由	やさしさが紡ぐ物語	兵庫県西宮市立総合教育センター付属西宮浜義務教育学校 二年	内藤虹子	町田そのこ・著「52ヘルツのクジラたち」	中央公論新社
中学校	自由	一人一人の夜明けまで	愛知県半田市立成岩中学校 二年	西畠和	瀬尾まいこ・著「夜明けのすべて」	水鈴社
中学校	自由	群青色の青春を捧げて筆を持つ	和歌山市立西脇中学校 二年	三尾美月	日比野恭三（ほか）・文「青春サプリ。：この一瞬にすべてを」	ポプラ社
中学校	自由	「生」の美しさ	那覇市立神原中学校 二年	宮城里菜	湯本香樹実・著「夏の庭：The Friends」	新潮社
中学校	自由	ひとのこころ—万葉集を読んで—	仙台市立富沢中学校 二年	宮田ちぐさ	伊藤博・訳注「新版 万葉集：現代語訳付き 第1巻」	角川学芸出版
中学校	自由	一人の時間と仲間との時間	広島大学附属中学校 二年	山口紗和子	森絵都・著「宇宙のみなしご」	KADOKAWA
中学校	自由	周りの目となりたい姿	名古屋市立円上中学校 二年	吉川真央	太宰治・著「人間失格」	金の星社
中学校	自由	『心のままに』	群馬大学共同教育学部附属中学校 三年	石原敬葵	スペンサー・ジョンソン・著 門田美鈴・訳「チーズはどこへ消えた？」	扶桑社
中学校	自由	ポイント——現在地から	山梨県山梨市立山梨北中学校 三年	市川暖乃	青山美智子・著「猫のお告げは樹の下で」	宝島社
中学校	自由	カラフルな世界を目指して	北海道空知郡上富良野町立上富良野中学校 三年	伊藤福	ブレイディみかこ・著「ぼくはイエローでホワイトで、ちょっとブルー」	新潮社
中学校	自由	「夏の庭」の死	千葉県野田市立東部中学校 三年	今井彩未那	湯本香樹実・著「夏の庭：The Friends」	新潮社
中学校	自由	大人になるための生き方	愛媛県八幡浜市立八代中学校 三年	宇都宮由奈	乾ルカ・著「明日の僕に風が吹く」	KADOKAWA
中学校	自由	ありのままの自分でいる勇気	愛知県岡崎市立竜南中学校 三年	加藤留如	岸見一郎、古賀史健・著「嫌われる勇気：自己啓発の源流「アドラー」の教え」	ダイヤモンド社

中学校	自由	バタフライ・エフェクト	大阪府堺市立東百舌鳥中学校 三年	菊永優介	WORLD DREAM PROJECT・編「WE HAVE A DREAM : 201ヵ国202人の夢×SDGs」	いろは出版
中学校	自由	気づきを与えてくれる大切な一冊	宮崎市立大宮中学校 三年	郡司雄斗	小川洋子・著「博士の愛した数式」	新潮社
中学校	自由	大切なのは数じゃない、それが「友だち」	大分大学教育学部附属中学校 三年	生野結眞	重松清・著「きみの友だち」	新潮社
中学校	自由	「ふり」に気づかせてくれた本	滋賀県湖南市立石部中学校 三年	谷田七星	佐原ひかり・著「ブラザーズ・ブラジャー」	河出書房新社
中学校	自由	信念	東京都江東区立大島中学校 三年	土屋都和	遠藤周作・著「海と毒薬」	新潮社
中学校	自由	私なら、どうする?	福島県郡山市立郡山第二中学校 三年	坪井英枝	フィリップ・フーズ・著 金原瑞人・訳「ナチスに挑戦した少年たち」	小学館
中学校	自由	私は神様当番	長崎県佐世保市 聖和女子学院中学校 三年	寺井くるみ	青山美智子・著「ただいま神様当番」	宝島社
中学校	自由	心の中	福岡県豊前市立八屋中学校 三年	中川結衣	春田モカ・著「半透明の君へ」	スターツ出版
中学校	自由	私たちの使命	高知県室戸市立室戸中学校 三年	畠中優妃奈	逢坂冬馬・著「同志少女よ、敵を撃て」	早川書房
中学校	自由	世界の見方を変えよう	横浜市立軽井沢中学校 三年	細尾雫	瀬尾まいこ・著「あと少し、もう少し」	新潮社
中学校	自由	本当の自分の姿	富山県高岡市立志貴野中学校 三年	間片遥香	住野よる・著「よるのばけもの」	双葉社
中学校	自由	数学の美とは	青森市立三内中学校 三年	萬谷桜凜	小川洋子・著「博士の愛した数式」	新潮社
中学校	自由	出会いで得ることができるもの	島根県益田市立益田東中学校 三年	村川律斗	いとうみく・著「天使のにもつ」	童心社
中学校	自由	私にとって「普通」とは	石川県七尾市立能登香島中学校 三年	山下歩夢	村田沙耶香・著「コンビニ人間」	文藝春秋

部門	区分	題名	学校・学年	氏名	書名	出版社
高等学校	自由	モモがいない世界で	群馬県 高崎健康福祉大学高崎高等学校一年	赤瀬 望	ミヒャエル・エンデ・作 大島かおり・訳「モモ」	岩波書店
高等学校	自由	イノセンスと共に生きる	鳥取県立鳥取西高等学校一年	安治智成	トルーマン・カポーティ・著 村上春樹・訳「ティファニーで朝食を」	新潮社
高等学校	自由	一本の葦、愛を知る	愛知県立岡崎高等学校一年	池山 花	三浦しをん・著「愛なき世界」	中央公論新社
高等学校	自由	出口のない海	島根県立松江北高等学校一年	伊藤真菜	横山秀夫・著「出口のない海」	講談社
高等学校	自由	誰かのための光	宮崎県立宮崎大宮高等学校一年	江崎佳音	村山早紀・著「百貨の魔法」	ポプラ社
高等学校	自由	「ゲルニカ」から学ぶこと	奈良県立畝傍高等学校一年	岡田夏葉	原田マハ・著「暗幕のゲルニカ」	新潮社
高等学校	自由	追悼	神奈川県 横浜雙葉高等学校一年	小野寺咲月	フランツ・カフカ・著 中井正文・訳「変身 改版」	角川書店
高等学校	自由	あなたはどんな人間？	秋田県立湯沢翔北高等学校一年	菅原 希	村田沙耶香・著「コンビニ人間」	文藝春秋
高等学校	自由	ジョン万次郎と僕	高知県立安芸高等学校一年	鈴田蒼斗	マーギー・プロイス・著 金原瑞人・訳「ジョン万次郎：海を渡ったサムライ魂」	集英社
高等学校	自由	「普通」の壁を超えて	山梨県 山梨英和高等学校一年	関 満理子	村田沙耶香・著「コンビニ人間」	文藝春秋
高等学校	自由	バトンを繋ぐ	石川県立金沢桜丘高等学校一年	谷猪瑠花	弓狩匡純・著「平和のバトン：広島の高校生たちが描いた8月6日の記憶」	くもん出版
高等学校	自由	死の理由に寄り添う	滋賀県立東大津高等学校一年	谷津夕子	楪一志・著「レゾンデートルの祈り」	ドワンゴ
高等学校	自由	最期を迎える覚悟	兵庫県立北摂三田高等学校一年	藤 奏葉美	関本剛・著「がんになった緩和ケア医が語る「残り2年」の生き方、考え方」	宝島社

高等学校	自由	戦争の果てにあるもの	福島県　東日本国際大学附属昌平高等学校　一年	緑川梨音	逢坂冬馬・著「同志少女よ、敵を撃て」	早川書房
高等学校	自由	信念は敵を撃つ	富山県立高岡高等学校　一年	村瀬理央	逢坂冬馬・著「同志少女よ、敵を撃て」	早川書房
高等学校	自由	アイを私へ	東京都　十文字高等学校　一年	山本結理乃	西加奈子・著「i」	ポプラ社
高等学校	自由	『蛍と月の真ん中で』を読んで	長野県上伊那農業高等学校　二年	有賀りな	河邉徹・著「蛍と月の真ん中で」	ポプラ社
高等学校	自由	多様性の中に生きる	山形県立山形東高等学校　二年	伊藤芳乃	有吉佐和子・著「恍惚の人　改版」	新潮社
高等学校	自由	『月の立つ林で』を読んで	鹿児島県立伊集院高等学校　二年	上薗一葉	青山美智子・著「月の立つ林で」	ポプラ社
高等学校	自由	小さな幸せと仮面の自分	青森県立八戸西高等学校　二年	小野寺海月	住野よる・著「麦本三歩の好きなもの」	幻冬舎
高等学校	自由	心に秘める強さの源	岡山県立岡山操山高等学校　二年	柿原美空	ヘミングウェイ・著　高見浩・訳「老人と海」	新潮社
高等学校	自由	「本当」の多様性	徳島県立脇町高等学校　二年	笠井理子	朝井リョウ・著「正欲」	新潮社
高等学校	自由	絆でつなぐ命	広島県　清水ヶ丘高等学校　二年	金子桃子	額賀澪・著「沖晴くんの涙を殺して」	双葉社
高等学校	自由	犠牲と存在	東京都　八王子学園八王子高等学校　二年	幸田優里	三浦綾子・著「塩狩峠　改版」	新潮社
高等学校	自由	八月六日に見た世界	福岡県立宗像高等学校　二年	小樋和紗	井伏鱒二・著「黒い雨　改版」	新潮社
高等学校	自由	私の正しさと覚悟のこと	栃木県立佐野高等学校　二年	菅野紗羽	森鷗外・著「山椒大夫・高瀬舟」	新潮社
高等学校	自由	探偵になるためには	千葉県　昭和学院秀英高等学校　二年	竹見ねね	カズオ・イシグロ・著　入江真佐子・訳「わたしたちが孤児だったころ」	早川書房
高等学校	自由	人生最期の選択	和歌山県立橋本高等学校　二年	俵和花	南杏子・著「いのちの停車場」	幻冬舎

高等学校	自由	十七歳の私は	愛媛県立今治西高等学校 二年	鳥生野乃花	太宰治・著「斜陽 改版」	KADOKAWA
高等学校	自由	幸せとは	北海道士別翔雲高等学校 二年	中原彩羽	住野よる・著「また、同じ夢を見ていた」	双葉社
高等学校	自由	舟を編むを読んで	長崎県立長崎北高等学校 二年	西中結珠生	三浦しをん・著「舟を編む」	光文社
高等学校	自由	かけがえのない一瞬のために	茨城県立下妻第一高等学校 二年	平岡歩莉	小川洋子・著「博士の愛した数式」	新潮社
高等学校	自由	弱者のための文学	大阪府 アサンプション国際高等学校 二年	藤井有沙	太宰治・著「人間失格 改版」	新潮社
高等学校	自由	愛情のバトン	佐賀県立唐津東高等学校 二年	堀川花菜	瀬尾まいこ・著「そして、バトンは渡された」	文藝春秋
高等学校	自由	出会いの虹を探して	熊本県立八代清流高等学校 二年	森田千晴	木皿泉・著「昨夜のカレー、明日のパン」	河出書房新社
高等学校	自由	誰かの靴を履いてみること	京都府立工業高等学校 三年	大隅一那	ブレイディみかこ・著「ぼくはイエローでホワイトで、ちょっとブルー」	新潮社
高等学校	自由	正しくなくても	沖縄県立知念高等学校 三年	兼島詩多	凪良ゆう・著「汝、星のごとく」	講談社
高等学校	自由	自分本位の生き方をするために	大分県立大分上野丘高等学校 三年	都留慈乃	芥川龍之介・著「戯作三昧・一塊の土」	新潮社

考える読書
第69回青少年読書感想文
全国コンクール入賞作品集

印刷　2024年4月20日
発行　2024年4月30日

編者　全国学校図書館協議会
発行人　小島明日奈
発行所　毎日新聞出版
〒102-0074
東京都千代田区九段南1-6-17　千代田会館5階
営業本部　03(6265)6941
図書編集部　03(6265)6745
印刷　精文堂印刷
製本　大口製本印刷
装丁　黒岩二三
[Fomalhaut]
装画　大宮いお

ISBN 978-4-620-52092-6